A Primer in
Game Theory &
Informational
Economics

入門 ゲーム理論と情報の経済学

神戸伸輔

日本評論社

はしがき

　私が1980年代の後半に大学院に進んだころは、ゲーム理論も情報の経済学も最先端の理論として扱われていました。とりあえず新しい理論を勉強しようと始めたところ、その面白さに取り付かれて今に至っています。その面白さを、難しい数式を抜きに分かりやすくかつ体系的に説明したいという気持ちが、しばらく前からありました。

　10年前に学習院大学に就職してからは、いろいろ試行錯誤を繰り返しながら、ゲーム理論と情報の経済学の入門の講義を何度か行いました。履修した学生の多くは、「ゲーム理論や情報の経済学は、現実のさまざまな経済現象を説明できる点がとても興味深い」と感想を述べてくれました。そうした中、日本評論社から月刊誌の『経済セミナー』に講義録を発表しないかという提案があり、2002年4月から2003年3月まで1年間にわたって「入門・ゲーム理論と情報の経済学」として連載しました。講義で話しながら説明する場合と、活字を通して説明する場合では、同じ内容でも伝わり方が異なります。そこで、連載に当たっては、読んで分かるようにいろいろ新しい工夫もしてみました。この本は、その連載を基に、講義や連載ではスペースの関係で触れられなかったいくつかの話題を追加してできあがりました。

　この本には私が多くの人から教わったことが詰まっています。学部時代の指導教授の石川経夫先生からは、経済を学ぶ姿勢を教わりました。米国留学時には、ロバート・ウィルソン教授にゲーム理論を広く深く教わりました。それ以降も、先輩、多くの同僚そして学生諸君ら（とりわけ神戸ゼミの参加者の諸君）に多くの刺激を受けてゲーム理論や情報の経済学を学んできました。『経済セミナー』連載に当たっては、編集部の飯塚英俊氏や小西ふき子女史に大変お世話になりました。とりわけ、連載中および本書執筆中は小西ふき子女史に校正などで助けてもらいました。本書の完成には家族の協力が欠かせませんでした。とりわけ妻の紀子は、素人として原稿を読んで分かりやすくするための多くの助言をくれました。これらすべての方々に感謝いたします。

2004年9月　神戸伸輔

目次

はしがき　i

イントロダクション　1

第1部　ゲーム理論入門

1　ゲーム理論とは何か　……………………………………………11

1-1．ゲームとは何か　11

1-2．ゲーム理論の2つのアプローチ　13

1-3．ゲーム理論を学ぶ目的と方法　14

第1章のまとめ　16

練習問題　16

2　ゲーム理論のやりかた　…………………………………………18

2-1．ゲーム理論による定式化　18

2-2．ゲーム理論における予測の難しさ　23

コラム　ゲーム理論で人間の行動は予測できるか？　24

2-3．支配戦略による予測　25

2-4．ナッシュ均衡　27

コラム　フォーカルポイント　30

2-5．混合戦略と純粋戦略　31

2-6．混合戦略によるナッシュ均衡　33

第2章のまとめ　37

練習問題　37

3　競争と協力　………………………………………………………40

3-1．競争と協力　40

3-2．2人ゼロサムゲーム　41

3-3．協調ゲーム　43

3-4．男女の争い　46

3-5．囚人のジレンマ　48

3-6．競争と協調：まとめ　51

第3章のまとめ　51

　　　　練習問題　51

　　　　数学付録：ミニマックス定理について　56

4　同時手番の寡占 ·· 58

　4-1．寡占とは　58

　4-2．寡占：数量競争　60

　4-3．寡占：同質財の価格競争　61

　4-4．寡占：差別化された財の価格競争　63

　4-5．寡占とカルテル　64

　　　　第4章のまとめ　65

　　　　練習問題　65

5　ベイジアンゲーム ·· 68

　5-1．相手の正体が分からない時のゲーム　68

　5-2．オークション　71

　5-3．オークションでの最適な戦略　72

　　　　第5章のまとめ　75

　　　　練習問題　76

　　　　数学付録1：ブランコをめぐる駆け引き　77

　　　　数学付録2：オークションの計算　80

6　時間を通して行われるゲーム ··· 81

　6-1．展開形の書き方　81

　6-2．ゲームにおける情報の表し方　83

　6-3．サブゲーム完全均衡と信用できない脅し　85

　6-4．サブゲーム完全均衡の求め方　89

　　　　コラム　ナッシュ均衡の精緻化　90

　　　　第6章のまとめ　91

　　　　練習問題　92

7　駆け引き ·· 94

　7-1．コミットメントの価値　94

　　　　コラム：マクロ経済学における時間的不整合　96

　7-2．ホールドアップ問題　98

　7-3．先手必勝？　101

7-4．逐次手番の寡占　103
　第7章のまとめ　105
　練習問題　105

8　2段階ゲーム　……108

8-1．2段階ゲームとは　108
8-2．競争前の投資：数量競争の場合　108
8-3．競争前の投資：価格競争の場合　110
8-4．一般のゲームにおける事前の駆け引き　111
　第8章のまとめ　114
　練習問題　115

9　協力の発生　……116

9-1．協力の発生　116
9-2．協力が維持できるための条件　118
9-3．繰り返しゲームとフォーク定理　120
9-4．協力の達成手段：長期の関係か契約か　124
　第9章のまとめ　125
　練習問題　126

10　評判　……129

10-1．評判とは　129
10-2．不完備情報によって起こる評判　132
10-3．評判の起こる2種類の仕組みについて　135
10-4．会社やブランドの評判　135
　第10章のまとめ　137
　練習問題　137

11　交渉の理論　……139

11-1．交渉の理論の難しさ　140
11-2．交渉力　141
11-3．提案する権利　142
11-4．我慢強さ　143
11-5．代替手段　146
11-6．ふりをすること　149
11-7．非協力ゲームアプローチと協力ゲームアプローチ　150

11-8．ナッシュ交渉解　151

第11章のまとめ　154

練習問題　155

第2部　情報の経済学入門

12　情報の非対称性とは ……………………………………………161

12-1．情報の非対称性とは　161

12-2．モラルハザードと逆選択　163

12-3．誘因整合性　164

12-4．情報の経済学の発展　166

コラム　「隠れた行動」と「隠れた情報」　168

第12章のまとめ　168

練習問題　168

13　リスクと保険 ……………………………………………………171

13-1．リスクについて　171

13-2．期待効用について　172

13-3．状態空間分析　176

第13章のまとめ　180

練習問題　181

数学付録：無差別曲線の傾きについて　183

14　モラルハザードとエージェンシー理論 ………………………184

14-1．モラルハザードとは　184

コラム　なぜ不良債権問題が起こったか　186

14-2．モニタリングとインセンティブ契約　189

14-3．セールスマンへのインセンティブ契約　190

14-4．リスク回避とインセンティブのトレードオフ　193

14-5．リスク中立的な代理人の場合　195

14-6．マルチタスクとインセンティブ契約　197

14-7．インセンティブ契約のいろいろ　200

コラム　コンビニのフランチャイズ契約　202

14-8．モニタリングかインセンティブ契約か　204

14-9．インセンティブ契約を導入すべきかどうか　205

14-10．インセンティブ契約を導入すべきかどうか：予備校の場合　206
14-11．インセンティブ契約を導入すべきかどうか：高校の場合　207

第14章のまとめ　209

練習問題　210

15　逆選択 215

15-1．逆選択とは　215
15-2．中古車市場の問題　216
15-3．保険市場での逆選択　218
15-4．貸出市場での割り当て　221
15-5．統計的差別　223
15-6．逆選択の解決法　226

第15章のまとめ　226

練習問題　227

16　スクリーニング 229

16-1．スクリーニングとは　229
16-2．非線形価格付け　230
16-3．スクリーニングと情報の非対称性のない時の比較　237
16-4．保険の自己負担　239
16-5．スクリーニングの設計方法　241
16-6．いろいろなスクリーニング　242
16-7．ラチェット効果　244

第16章のまとめ　246

練習問題　246

17　シグナリング 251

17-1．シグナリングとは　251
17-2．学歴モデル　253
17-3．分離均衡と一括均衡　255
17-4．シグナリングは得か　258
17-5．広告の分析　260
17-6．参入阻止価格　262
17-7．さまざまなシグナリング　264

第17章のまとめ　265

練習問題　265

18 情報の経済学から見た日本の人事システム ... 271

- 18-1．日本型の人事システムの特徴　271
- 18-2．年齢賃金プロファイル　274
- 18-3．長期勤続　275
- 18-4．職能給　276
- 18-5．出世競争　278
- 18-6．スクリーニングとしての年功序列制とシグナルとしての学歴　279
- 18-7．日本型の人事システムがうまくいかない状況　280
- 18-8．業績給について　282
- 18-9．日本企業の人事システムの今後　284
- 第18章のまとめ　286
- 練習問題　286

19 不完備契約 ... 288

- 19-1．不完備契約とは　288
- コラム　情報の経済学の2つの潮流　290
- 19-2．不完備契約と事前の行動　291
- 19-3．ホールドアップ問題　292
- 19-4．所有権　296
- 19-5．債権と企業統治　299
- 19-6．不完備契約の理論の今後　305
- 第19章のまとめ　305
- 練習問題　305

参考文献　309
索引　311

イントロダクション

この本の目的と特徴

　この本は、「ゲーム理論」と「情報の経済学」の入門的な解説となることを目指しています。数学はできるだけ使わず、これらに興味のある人なら誰でも容易に理解できるように解説します。理論の詳しい説明というより、「どんな経済現象を説明できるか」という側面に注目していきます。

　この本を書く上での方針として掲げたのは、1）数学的には容易にしつつ、概念はきちんと伝えること、2）経済現象の背後にあるゲーム理論的な論理を明らかにすること、3）情報の経済学をゲーム理論と連続的に扱うことの3つです。

　これまでのゲーム理論の紹介には大きく2つの種類があります。1つは、数学的に精密に分析するもので、ゲーム理論を応用数学の観点から紹介するものです。もう1つは、ゲーム理論の現実的な応用に焦点を当て、具体例を中心に物語風に紹介するものです（経営学修士MBA用の教科書に典型的に見られます）。これらに対して、この本は「概念はきちんと理解したいけれど数学的に厳密である必要はない」人に向けて書かれています。私の考えですが、ゲーム理論は、高度な数学を使わなくても、図と概念をきちんと理解できればある程度は理解できます。ミクロ経済学の市場分析でも、入門では高度な数学は使いません。この本はそれのゲーム理論版を目指しています。

　数学的には難しくしない一方で、概念に関しては、体系的に説明するよう心がけました。これが本書の第1の特徴です。こうすることでゲーム理論の論理が理解できると考えたからです。物語風の具体例は容易にかつ興味深く読める

反面、そこから一般的な教訓を理解することはそれほど簡単ではありません。それに対して、概念をきちんと理解すれば、一般的な状況に当てはめて議論することができます。そして、それを通して、経済現象の背景にあるゲーム理論の論理を理解できることを目指しています。

本書の第2の特徴は、概念の説明に当たっては理論的なつながりを整合的に順序だてて説明することで、経済現象の背景にあるゲーム理論的な論理を明らかにしようとしていることです。概念が導入されるごとに、具体的な状況を想定して、そこでその概念がどのように現れるかを分析を通して示しています。

経済現象を説明する上でとりわけ重要なことは、情報の役割を理解することです。情報の分析は、情報をめぐる駆け引きの分析であり、ゲーム理論の一分野ともいえます。ただ、経済学との関連ではその重要性は著しく、今日では独立して扱うだけの範囲と内容があります。そこで、本書では、ゲーム理論を学んだ後、情報を明示的に1つの独立した話題として扱います。これがこの本の第3の特徴です。情報を独立に扱うことは、私が大学院の時に学んだことでした。そのころは、最先端の理論として学んだのですが、それ以来10年が経ち議論も成熟したので、その内容を広く紹介したいということもこの本の狙いのひとつです。

この本は誰のために書かれているか

上記の特徴から、この本が想定しているひとつの読者グループは、市場分析または入門のミクロ経済学を学んだ経済学部の学生です。もちろん、経済に興味がある他学部の学生や社会人にとっても、ゲーム理論および情報の経済学の入門として役立つことを願っています。とりわけ、経営学を学んでいる学生や戦略に興味のあるビジネスマンが、例やケース分析に飽きたりずゲーム理論の体系的な知識を身に付けたいと考えた時に、ガイドブックとして使えるようにしたつもりです。

経済学とゲーム理論および情報の経済学の関係

ゲーム理論と情報の経済学は、近年相次いでノーベル経済学賞の対象となるなど何かと話題の分野です。大学でも講義されることが多くなってきました。

いったいこれらは経済学の中でどのような意味があるのでしょうか？　経済学とりわけミクロ経済学の従来の主流は一般均衡理論です。経済学入門などで学ぶ需要と供給といったいわゆる価格理論がこれに当たります。すべての取引が市場でなされるとして、何が起こるかとか社会的な望ましさといったことを分析します。その分析で明らかになったこと、たとえば市場の効率性は、われわれの経済に対する理解を大きく広げました。しかし、経済は価格を目安にする市場取引だけで成り立ってはいません。たとえば、企業同士の競争や企業内の組織を考えてみてください。そこでは、人々の行動は市場で決まる価格のみで決定されてはいません。お互いの直接の関係の中で駆け引きしたりまた協調したりして行動しています。これらを分析の対象にしているのが、ゲーム理論と情報の経済学です。

　このことを理解するために、一般均衡理論の前提としている完全競争市場が成り立つ条件を見てみましょう。いろいろな条件が考えられますが、たとえば倉沢資成著『入門価格理論』（日本評論社）は、1）情報の完全性、2）取引費用がゼロ、3）多数の取引主体の存在、の3つを上げています。「情報の完全性」とは、財の性質が市場の参加者に容易に分かることをいいます。情報の経済学はこれが成り立たない時の状況を分析します。「取引費用」は、情報が完全であればあまり問題でなくなるため、最近では情報の経済学の中で取り扱います。一方、「多数の取引主体の存在」は、数多くいる取引主体は一人一人では市場に大した影響を与えられないため、取引主体間の関係が市場の価格で調整されるということです。この条件が成り立たずに、少数の企業または人々の間で直接に関係が起こっている状況を扱うのがゲーム理論です。

　今日の経済では、完全競争市場の条件が成立しない状況が多くなってきています。そこで、現代の経済を理解する上では、ゲーム理論と情報の経済学は市場分析と並んで不可欠な知識となってきています。それを反映して、ゲーム理論や情報の経済学の手法による分析は、ミクロ経済学やマクロ経済学といった理論分野だけでなく、貿易や労働などの応用分野でも多くなされるようになってきています。

なぜゲーム理論と情報の経済学を一緒に扱うか

　上で述べたように、本書の特徴のひとつは、ゲーム理論と情報の経済学をそ

れぞれ独立に扱いながら、同じ本の中で説明していることです。

　情報の経済学では、ある人が財やサービスの性質を知っていて、別の人はそれを知らないという状況を扱います。最初は現実の経済現象を分析する中から経済学者が独自にモデルを作り上げていきました。しかし、この状況は知っている人間と知らない人間の駆け引きであり、ゲームの状況と捉えることができます。そこで、きちんと分析するには、ゲーム理論の手法を使うことが必要です。最近では、ゲーム理論の応用分野として理解されることもよくあります。これが、情報の経済学の前にゲーム理論を説明する理由です。

　その一方で、本書では情報の分析をゲーム理論から独立させて扱っています。これは、とりわけ経済社会で起こるゲームの状況では情報が絡んでくる場面が多いため、情報の観点で議論を整理したほうがより理解がしやすいと考えたからです。そこで、前半のゲーム理論の説明では、情報の分析は一般的な形にとどめて、細かい分析は後半に行っています。ゲーム理論を現実に応用する観点からは、このようにして情報の経済学を独立して説明したほうが、体系的に理解できると筆者は考えています。

ゲーム理論の簡単な紹介

　ゲーム理論は1930年ごろ、数学者のフォン＝ノイマンと経済学者のモルゲンシュテルンによって研究が始められました。彼らの発想は、物理学で成功した、構成する要素（原子や分子）で全体を説明する方法を、社会の分析に応用しようということでした。人間関係はある意味では駆け引きですから、確かにゲームともみなせます。そこで、人間関係の分析の学問をゲーム理論と呼びました（図０−１参照）。

　人間の関係を分析することには、原子や分子の関係を分析することと本質的に異なっている点があります。それは、人間が意思を持って行動することです。そして、相手の行動を読んで自分の行動を決めたり、自分の行動が相手に与える影響を考慮したりします。このように、人間が頭の中でいろいろ考えて行動することを分析することが、ゲーム理論が物理学と異なる点であり、またその分析を難しくする点です。

　ゲーム理論では、１）状況の定式化をして、そして、２）そこで何が起きるかを予測するという手順で現実を分析します。定式化とは、分析するために

図 0-1

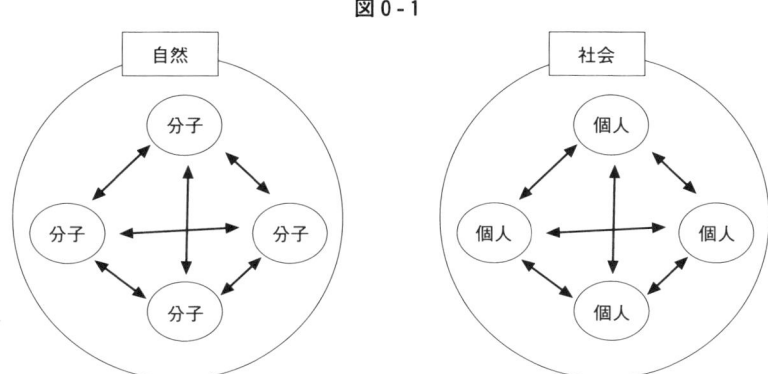

「何が起こっているか」を記述することです。現実は複雑なので、定式化をしただけでもわれわれの見方や理解はずいぶんと深まります。ゲーム理論の成功の理由のひとつは、体系的に定式化する方法を示したことです。手順の2番目の予測は、まだ絶対確実といえる理論はありません。また、今後そのようなものが出るという保証はありません。しかし、それなりに分かってきたこともあります。1994年にノーベル賞がゲーム理論の研究者（ハルサニ、ナッシュ、そしてゼルテンの3名）に与えられましたが、それはゲーム理論の分野で、研究の成果が十分に蓄積されたことを認めてのことでした。本書ではこれまでに分かってきたいろいろな成果を説明していきます。

情報の経済学の簡単な紹介

　上で述べたことから分かるように、情報の経済学はコンピューターや情報産業の経済学ではありません。ここでいう情報は、「取引に必要な情報」の意味です。従来の市場分析では完全情報を仮定していましたが、現実には多くの場面で情報は不完全です。たとえば、売っている商品の品質はよく分からないこと（八百屋で売っているりんごは甘いか）があります。また、労働サービスについては、たとえ雇っても一生懸命働いてくれるか分かりません。このような状況の分析をしようというのが情報の経済学です。その意味では、情報の経済学は個人の行動を分析するミクロ経済学の発展したものと理解できます。情報の経済学は1970年頃から盛んになり、いまでは、経済学の理論の重要な構成要素になっています。情報の経済学の分野では、1996年にマーリーズとヴィック

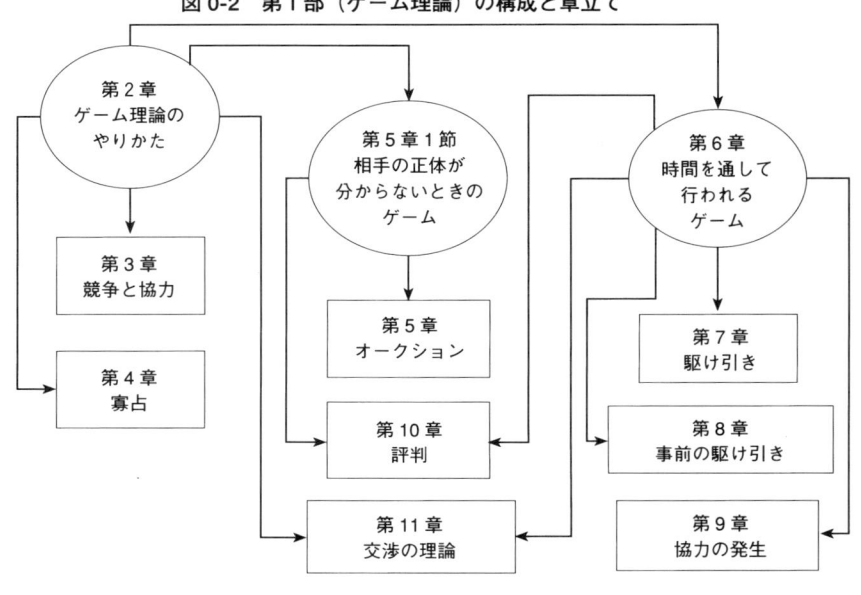

図0-2 第1部（ゲーム理論）の構成と章立て

リーが、そして2001年にはアカロフ、スペンス、スティグリッツがノーベル賞を受賞しています。

この本の構成

　簡単に本書の構成を説明します。前半（第11章まで）はゲーム理論を扱います。第1章では簡単にゲームについて説明します。第2章で、ゲーム理論の基本的な概念を説明します。第3章では、第2章で導入された概念を、同時手番の2人ゲームに当てはめて、戦略的な関係とはどんなものかを説明します。第4章では、同じ戦略的な関係の分析を企業の競争に応用します。第5章では、相手の正体が分からない時の分析の仕方を説明します。第6章から第10章までは、時間を通して行われるゲームを分析します。まず第6章で基本的な概念を説明します。第7章と第8章は、駆け引きについて考えます。第9章では無限回に繰り返されるゲームでは、自分勝手に行動しているプレイヤーが協力する可能性があることを示します。第10章では評判について、ゲーム理論の観点から説明します。第11章はそれまでの議論の応用として、交渉の理論を扱いま

図 0-3　第 2 部（情報の経済学）の構成と章立て

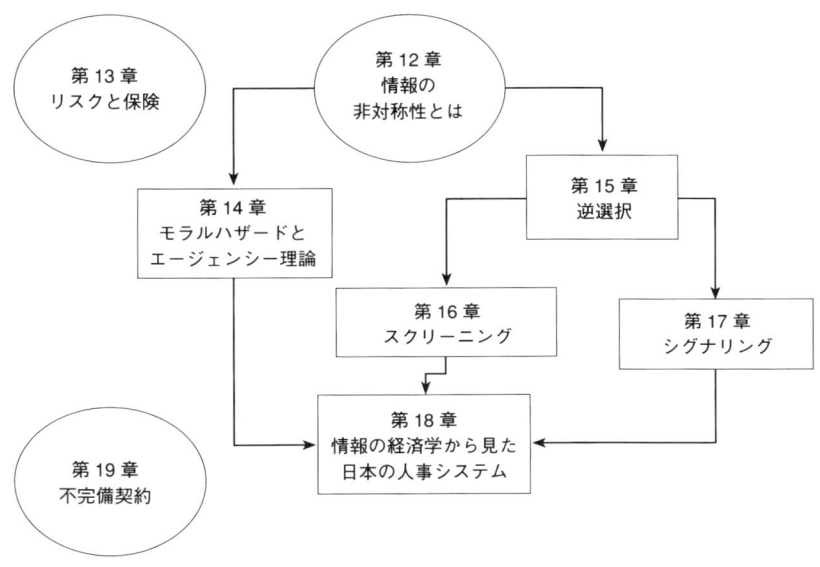

す。図 0 - 2 は前半の章立てを図に示しています。丸で囲んだ部分は理論的に基本となる部分です。四角で囲んだ部分は理論を応用して議論を発展させている部分です。矢印はそれぞれの章を読むのに、どの部分を先に読む必要があるかを示しています。

　後半では情報の経済学を扱います。最初の第12章で情報の経済学の基本的な概念とりわけ情報の非対称性について説明します。第13章は、不確実性やリスクを経済学ではどう扱うかを説明します。これは情報の経済学の直接の話題ではありませんが、後の章でここに出てくる概念を使います。第14章は、情報の非対称性によって引き起こされる問題の１つであるモラルハザードについて説明し、その対策を検討します。そして、第15章では、情報の非対称性によって引き起こされるもう１つの問題として、逆選択を説明します。第16章と第17章は逆選択の対策として、スクリーニングとシグナリングと２つの手法があることを順に説明します。第18章は、情報の経済学を日本の人事システムに応用して分析を試みます。第19章は、最近研究が進んだ不完備契約の理論を簡単に紹介します。図 0 - 3 は、後半の章立てを模式図で表しています。

この本の使い方

　ゲーム理論の中心的な概念だけを学びたい人は、第1章と第2章を読んだ後に第3章を読み、そして第5章1節と第6章と読んだ後に第7章1節と第9章の第1節から第3節を読めば、基本的な事柄は理解できます。第8章、第10章そして第11章は応用の水準が若干高いので、基本的な概念が理解できた後にもう一度読み返すと、よりよく理解できます。

　情報の経済学の最小限の理解には、第12章で情報の経済学の基本を学び、第14章の第1節から第6節でモラルハザードを、第15章の第1節と第2節そして第5節と第6節で逆選択を、第16章の第1節から第3節でスクリーニングを、そして第17章の第1節から第4節をシグナリングを学ぶことが基本です。不確実性やリスクを学んだことがない人は、第13章を参考にしてください。その他の節は、理解を深めるための例が豊富に説明されています。とりわけ、情報の経済学を一通り理解した後に第18章を読むと、この手法の有効性が実感していただけると思います。

　重要な用語が最初に説明されている箇所では、それぞれの用語は太字にしてあります。学習する際に参考にしてください。また、各章末には、簡単なまとめが載せてあります。それぞれの章にはまとまった考え方があるので、まとめを使ってそれぞれの章で何が説明されているかの理解の助けにしてください。

　各章の章末には、練習問題を出しました。練習問題は、その章の復習であると同時に、その章で扱った内容を発展させる内容も含んでいます。それなりに詳しく答を載せていますので、本文を読んで余裕のある時にはぜひ読んでください。

　いくつかの章には、末尾に数学付録が付いています。本文中で省いた数式の展開などが書いてあります。本文の理解にはそれほど必要ないのですが、数学の得意な読者は読むことで理解を深められます。

　ところどころにあるコラムは、本文の議論と関連していてそれを知ることでより理解が深まるような話題、たとえば経済学やゲーム理論の考え方（思想）の説明や面白い具体例を紹介してあります。時間のある時に、興味にあわせて読んでください。

第 1 部

ゲーム理論入門

1 ゲーム理論とは何か

ゲームとは何でしょう。あるいは、なぜゲーム理論を学ぶのでしょう。この章では、それらについて簡単に解説します。

1-1. ゲームとは何か

◆ゲームの状況

ゲーム理論とは一体何でしょう？　私が演習の募集でゲーム理論を扱うというと、なんだか楽しそうと入ってくる学生がいます。普通にゲームといえば、テレビゲームやオセロなどの遊びのゲームを想像するのは自然です。そもそもゲーム理論は、チェスなどの遊びのゲームも対象としていました。ただ、よく考えてみると、われわれの生活は巨大なゲームとも考えられます。そこで、ゲーム理論の創始者のフォン・ノイマンとモルゲンシュテルンは、ゲームを理論化することで、人間の関係を一般的に分析できると考えました。

ゲーム理論はゲームの状況を分析するわけですが、この**ゲームの状況**は、「自分の利益が相手の行動に依存し相手の利益が自分の行動に依存している時」と定義すると、ゲームという言葉に対するわれわれの直感と対応します。ゲームという言葉にはよい日本語訳がないので、そのまま訳さずに使われています。

ゲームの状況では、一般に相手の行動によって自分の取るべき一番よい行動が変わってきます。そこでは相手の出方を予想して自分の取るべき行動を選ぶ必要が出てきます。ゲーム理論はこのような相互依存関係の中で何が起こるかを分析する学問です。

われわれの社会では相互依存関係はたくさんあります。個人がするゲームとしては、スポーツ競技、チェスや将棋そして男女の恋愛関係などがあります。企業は製品開発や価格の面で競争していますが、これは典型的なゲームの状況です。また、国のレベルでも貿易摩擦や環境をめぐる国際交渉そして戦争などゲームの状況は多くあります。

◆ゲーム理論と市場あるいは最適意思決定理論との違い

われわれが行う意思決定が、すべてゲーム的状況での意思決定というわけではありません。実際には、ゲーム以外での意思決定が2種類あります。理解を深めるためにこれらとゲーム理論での意思決定がどう違うか比較してみましょう。

その1つは、統計的問題や技術的問題を解くことです。たとえば、外出する際に傘を持っていこうかとか、どういう形の車が一番速く走るかという問題です。これらは、相手がいない状況での最適化です。あえて言えば、これらは「自然」を相手にゲームをしているとも考えられます。ただ、これは本来のゲームではありません。なぜなら、自然はわれわれの行動に影響されて行動を変えてこないからです。傘を持たずに外出したからといって、自然が裏をかいて雨を降らせることはありません。

相手のいない状況での意思決定は、心の葛藤の場面でも表れます。たとえば、昼食にカレーを食べるかそれともラーメンを食べるかで真剣に迷っている状況です。ここでは、どちらの選択肢を選んだ方がよいかで、いろいろ考えをめぐらせて葛藤が発生しています。しかし、ここでの葛藤は自分自身の内部での葛藤です。ですから、これはゲームの状況ではありません。一方、カレーの好きな人とラーメンの好きな人がどちらを食べに行くかをめぐって話し合っている状況でも、葛藤が生じます。ここでは、相手がいますから立派なゲームの状況です。同じカレーかラーメンかの選択でも、相手がいるかいないかでゲームかそうでないかが変わってきますので注意してください。

もう1つの意思決定の種類は、市場での消費と生産の決定です。効用最大化とか利潤最大化という言葉は聞いたことがあると思います。ここでは、消費者や企業からなる市場参加者は、他の市場参加者と相互依存関係にあります。その意味で、市場はゲームの状況であるといえます。しかし、市場の分析ではゲーム理論を表立って使いません。完全競争市場では、「価格」が市場で決まっ

ている（価格所与といいます）として、市場の参加者は行動を決定すると仮定されています。この場合、価格が自分と他の市場参加者をつないでいて、価格さえ分かれば他の市場参加者の行動は自分の行動の決定においては無視できます。相手はいるのですが、価格に集約されていてあたかも自分一人の意思決定問題として考えることができます。その意味で、市場はゲームとしては特殊なケースです。一般均衡理論が美しい形で一般的な定理を打ち出すことに成功したのは、この仮定が基礎となっています。これに対し一般的なゲームの状況では、相手が何をするかで自分が何をすべきかが変わります。この駆け引きの分析は簡単ではありません。でも、そこにゲーム理論の面白さもあります。

1-2. ゲーム理論の2つのアプローチ

◆協力ゲームアプローチと非協力ゲームアプローチ

ゲームの状況を分析するのに、大きく分けて2つのやり方（アプローチ）があります。

1つは**協力ゲームアプローチ**といわれ、「話し合って契約を結ぶ時に利益がどう分配されるか」を考えます。具体的な行動はあまり細かく考えず、交渉が部分的あるいは全面的に決裂した時の利益と交渉がまとまった時の利益を比較して何が起こるかを予測します。

もう1つは**非協力ゲームアプローチ**といわれ、「それぞれが自分の利益を高めるために勝手に行動する時に何が起きるか」を考えます。具体的に誰がどう行動するかを分析して予測します。

たとえば交渉の分析を考えてみましょう。A社とB社があり、それぞれ単独で製品開発するとそれぞれ3と7儲かり、共同で行えば全体で20儲かるとします。さて、共同で開発した時の利益の分配はどうなるでしょうか。協力ゲームアプローチでは、たとえば「共同することで得られる追加の利益は10であるので、これを等分して5ずつ追加的に受け取ることで、A社とB社はそれぞれ8と12を得るように分け合う」というように抽象的に議論します（等分は考えられるひとつの基準でしかなく、これ以外にもいろいろな要因を考慮したさまざま分け方が考えられています）。一方、非協力アプローチでは、誰がいつ提案できるかそして交渉の費用はどれくらいかなどといった交渉の規則（ルール）をすべて記述して、それに基づいて予測をしようとします。

非協力ゲームアプローチは、具体的な状況に合わせて分析できる利点があります。しかし、具体的にどうゲームをしているかはなかなか外部の人間には分かりません。ですから非協力ゲームアプローチではどうやって定式化するかが大きな問題となります。一方、協力ができたりできなかったりした時に何が起こるかは比較的記述がしやすく、協力ゲームアプローチは定式化をするのが容易です。そこで、ゲーム理論が始まったころは協力ゲームアプローチにより多くの関心が集まりました。しかし、経済の分析では具体的な行動がどうなるかが重要ですので、ゲーム理論が経済分析に使われる時には、非協力ゲームアプローチの方がより多く使われています。もっとも、これらの手法はどちらがいいというものでなく、状況に合わせて使い分けることが必要です。本書では、経済への応用ということで主として非協力ゲームアプローチを使います。特に明記せずにゲーム理論といった時は、非協力ゲームアプローチのゲーム理論を指します（ただし、第11章で扱う交渉の分析では両方のアプローチを使います）。

　非協力ゲームアプローチの観点から見ると、ゲーム的状況は「相手の出方によって自分の最適行動が変わりうる」状況であるともいえます（最適とは自分の利益を最も高めることです）。その場合、相手の行動を読むことが重要になります。つまり、非協力ゲームアプローチのゲーム理論は「相手の出方を読んで一番よい行動を決める」やり方を扱う学問といえます。

◆「協力」と2つのアプローチの関係

　時々誤解されるのですが、非協力ゲームアプローチでは協力は分析できないと考えることは正しくありません。人々が自分勝手に行動してその結果として協力することは現実の世界でよくあることです。2つのアプローチの違いは、協力ゲームアプローチが協力を前提としているのに対して、非協力ゲームアプローチではそうでないことです。後者でもゲームの結果として協力が可能であることは、ゲーム理論の重要な論点で、本書では第9章で扱います。

1-3. ゲーム理論を学ぶ目的と方法

◆何のためにゲームを分析するのか

　本書の前半では、いろいろなゲームの状況を分析していきます。ゲームを分

析することには、大きく分けて3つの理由があります。

1番目は、実際にゲームの状況に直面した時、プレイヤーの置かれた状況を客観的に記述する技術を身に付けることで、「冷静によりよい選択が取れるようになる」ことです（後で説明しますが、よい選択は相手に勝つことだけとは限りません）。いろいろなゲームを分析することで、実際にそのような状況に直面した時、自分と相手の関係はどのようなものか、あるいは相手が何を考えるかについて、抽象的に考えることができるようになります。

2番目の理由は、あるゲームで何が起きるか分かれば、何が自分の利得に影響を与えるかが分かることです。そうなれば、「ゲームが始まる前に何らかの方法で自分の有利なようにいろいろ手を打つ」ことも可能になります。このような例として、寡占企業の投資があります。投資自体は直接相手に関係しなくても、投資の結果として費用の構造が変わればそれは製品市場での競争に影響を与えます。企業はそれを見越していろいろな投資を行っています。

ゲームの分析をする3番目の理由は、「自分がゲームのルールを作る時に役立つ」ことです。ルールを作るというと大げさですが、身近な例は契約です。いったん契約が結ばれると、複数の関係者がそのルールの下で相互作用つまりゲームをすることになります。その際に、望んだ結果が起こるように契約つまりルールを作ることが重要になります。たとえば、従業員がお互いに競争して会社のためによく働くようにするには、報酬体系を上手に設計することが大事です。契約については、情報の面とも関連させて本書の後半で扱います。

◆ゲーム理論の学び方

ゲーム理論を学ぶ上で一番大事なことは、個々のゲームの背景にあるゲームの論理（なぜそうなるか）を考えながら学ぶことです。つまり、「どういう要素が利得に影響するか」という点に注目しつつ読み進めて行くことです。ゲームの状況では少しの違いが結果に大きく影響することがあります。逆にまったく異なったように見える状況が、ゲームとしてみるとまったく同じ論理で考えられることもあります。ゲーム理論は、複雑な現実の入り組んだ相互関係を整理する手法としてこそ有効です。

第1章のまとめ

- ゲームの状況とは、人々の間で相互依存関係がある状況です。
- 非協力ゲームアプローチでは、自分勝手に行動する中でどのように人々が行動するかを調べます。

練習問題 1-1

野球の監督の決定に関して、次の3つはそれぞれゲームの状況といえるでしょうか。

a) シーズンオフの交換トレードで放出するのは、足の速いA選手かそれとも長打の多いB選手かどちらにしようか迷っている状況。なお、相手チームから来る選手は決まっているとします。

b) 試合の始まる前に、左打ちのC選手か右打ちのD選手のどちらを先発させるか迷っている状況。

c) 試合中でランナーが1塁にいる時に、ヒットエンドランの指示を出すべきかどうか迷っている状況。

略解

a) ここでは相手の行動は決まっていますから、自分の利得に影響を与えるのは自分の選択だけです。そこで、これはゲームの状況とはいえません。

b) どちらの選手を先発させるとうまくいくかは、相手チームの投手が右投げか左投げかで変わってきます。逆のことが相手チームの投手の選択についていえます。そこで、ここでは相互依存関係があり、ゲームの状況といえます。

c) ここでもbの場合と同じで、作戦が成功するかどうかは、相手が対策を取ってくるかどうかに依存します。そこで、これもゲームの状況といえます。

練習問題 1-2

学校の成績のつけ方を考えてみましょう。成績には絶対評価によるものと、相対評価によるものがあります。絶対評価とは、前もって定められたある基準に照らし合わせて点数をつける方法です。一方、相対評価は対象者の中の順位で評価をする方法です。通常の講義では多くの教師は絶対評価を使います。一方、入学試験では相対評価が一般的です。いずれの状況も複数の学生がかかわっていますが、これらは共にゲームといえるでしょうか?

🎬略解

　絶対評価では、自分の行動だけが自分の成績に影響するため、ゲームの状況ではありません。一方、相対評価では、自分以外の人の行動が自分の成績に影響を与えるため、ゲームの状況といえます。なお、絶対評価は一般に過去の生徒の成績を基準に作ります。その意味で、過去の生徒とのゲームとも考えられますが、自分の行動は過去の生徒には影響を与えないため、真のゲームとはいえません。

2 ゲーム理論のやりかた

　この章では、ゲーム理論の基本的な方法を説明します。それを一言で言えば、「定式化」と「予測」となります。まず、ゲームの状況を分析できるように定式化することが第1です。定式化したら、何が起こるかを予測します。そこでは、プレイヤーが合理的に戦略を選ぶ時、何が起きるかを調べることになります。

2-1. ゲーム理論による定式化

◆どうやって定式化するか

　ゲーム理論の成功の一因は、複雑な人間の相互関係を数式を使った形で抽象的に定式化したことにあります。文明の始まったころから、人間同士の葛藤や戦争は物語りや小説の中で語られてきました。しかし、そこから何か一般的な法則を導こうとかあるいはそれに基づいて予測をしようとしても、そこで語られる状況は大変込み入っていて一般にはうまくできません。もっともそこが物語りや小説の面白さであります。そこで、人間の行動を科学的に説明するためには、現実の状況の中で重要なところを思い切って選び出し（定式化）、それに基づいて分析を進める必要があります。ぎりぎりに切り詰めていくと、ゲームの状況を記述するには、「プレイヤー」、「戦略」、「利得」、「情報構造と手番」の4つの要素が本質的であると認められます。これらはゲームのルールといってもいいでしょう。この時、雰囲気とか、心の細かい動きとか、あるいは過去のしがらみとか、小説なら充分に時間を割いて語られることは上の4つに反映する以外では無視されます。でもそれが明確な分析を可能にするのです。

◆**ゲームの4つの構成要素**

ゲームの4つの構成要素である「プレイヤー」、「戦略」、「利得」、「情報構造と手番」について順に見ていきましょう。

最初の要素の**プレイヤー**とは、「誰がプレーするか？」ということです。プレイヤーが2人の時は2人ゲームといい、3人以上の時はn人ゲームと呼びます。

2番目の**戦略**とは「何ができるか？」ということです。日常的な意味での戦略とは長期の計画という意味で、その場その場での対応を戦術ということと対比して使われます。ゲーム理論では戦術という言葉は使わず、戦略の定義をより厳密にして、「相手がこうしてきたら自分はこうするというような、状況に応じた自分の行動の計画」という意味で使います。また、ゲーム理論では戦略と行動を用語として区別して使います。戦略と行動の違いを将棋を例にとってみると、「歩を動かして次に飛車を動かす」というのが行動です。それに対して、戦略とは「歩を動かした後にもし相手がこの歩を動かしたら自分も歩を動かし、それ以外であれば飛車を動かす」というように状況に応じて行動を指定するものです。

ゲーム理論でも経済学と同じように、人々は満足度（効用と呼ばれます）を高めるように行動していると考え、また企業は利潤を高めることを目的にしていると考えます。効用や利潤のように目的となる指標をすべてひっくるめて、ゲーム理論では**利得**といいます。ゲーム理論では、すべてのプレイヤーはこの利得（の期待値）を最大にするように行動すると想定します。

利得については、2つの約束事があります。1つは、期待値が計算できることです。たとえば、5の利得を得られる確率が1/2で3の利得を得られる確率が1/2であれば、期待利得は4となります。利得に関するもう1つの約束事は、利得の大きさ自体には意味がなく、利得の間の相対関係だけが意味があることです。具体的には、すべての利得をx（>0）倍しても、定数を一律に加えても（あるいは引いても）、利得の相対関係は変わりませんので、同じように分析できます。このことは少し分かりにくいので、例を使って説明します。AとBとCという3つの選択肢があるとします。Aという選択肢が5の利得で、Bという選択肢が3の利得で、Cという選択肢が2の利得であるという状況を考えます。この状況では、Aが一番よくBがその次でCが最後となっています。また、CからBに変わると利得の変化は＋1で、BからAに変わると利得の変

化は＋2ですから、BからAに変わる方が2倍うれしいことになります。この状況は、効用を一律に2倍して10と6と4にしても同じですし、一律に6を引いて、－1と－3と－4となっても同じです。なお、利得がマイナスであると、すべてだめと考える人がいますが、これは誤解です。たとえマイナスでも、その中でも一番大きい－1が一番よいのです。

情報構造と手番は、ゲームが時間を通して繰り広げられていく時に大事になってくる要素です。ゲームが進行するにつれ、誰が何を知っているかと次は誰が行動を選ぶかを記述するのがこの部分です。行動が同時に起こる時、これを**同時手番**といいます。また、順番に行動する時は、**逐次手番**といいます。情報構造と手番に関しては、第7章でより詳しく説明します。

この4つの要素を実際のゲームで見てみましょう。

[例1．ジャンケン]

　ジャンケンで勝ったら10円もらえるというゲームでは、プレイヤーは2人で、戦略は｛グー、チョキ、パー｝の3つで、利得は勝ったらプラス10、引き分けはゼロ、負けたらマイナス10となります。ジャンケンは同時手番のゲームです。なお、ここではゲーム内で戦略を選ぶのに必要な情報はありません。

[例2．デパートの参入阻止ゲーム]

　ある町にはそれまで大きなデパートAがありましたが、町の再開発に伴って別の地区のデパートBが新たに店を建ててその町に参入する計画を打ち出しました。これを聞いて、デパートAの社長は腹を立ててこう言いました。「この町はうちのデパートが長い間にわたりお客様によいサービスを提供して発展してきた。そこへよそ者がくれば、当然デパートAとしては戦う。デパートBの参入には、お互いに傷ついても大規模なセールで応じる。」もし、これを聞いてデパートBが参入を止めれば、デパートAは10億円の儲けがあり、デパートBは何も得られません。一方、参入が起こった時は、デパートAがセールをすればお互いに1億円ずつ損し、デパートAがセールをせずに平和共存すれば3億円ずつ儲かるとします。

　ここでのプレイヤーは2つのデパートです。デパートBの戦略は「参入する、参入しない」の2種類です。デパートAの戦略は「参入したらセールをする、参入したらセールをしない」の2種類です。利得は、上に書いたとおり、

図2-1 ジャンケン 戦略形

プレイヤー2

		グー	チョキ	パー
プレイヤー1	グー	0 / 0	−10 / 10	10 / −10
	チョキ	10 / −10	0 / 0	−10 / 10
	パー	−10 / 10	10 / −10	0 / 0

それぞれのデパートの行動によります。ここでは逐次手番で、後から動くデパートAは、デパートBが参入したかどうか知っていて、デパートBが参入した時のみ行動します。

◼ゲームの2種類の表現方法

上でゲームのルールを構成する要素には4つあるといいましたが、これを分析しやすいように表す方法が2種類あります。これは表し方なので、すべてのゲームは両方の方法で表現できます。それぞれ長所・短所があるので状況に応じて使い分けます。

1つの表し方は**戦略形（正規形）**と呼ばれ、各人の戦略の組み合わせに対しそれぞれの利得を示します。たとえば、2人ゲームの場合では戦略と利得を1つの行列の上に書けます。これを双行列といいます（なお、私は2人の利得を逆対角線上に斜めに書きますが、横に並べて一行で書く人も多くいます）。図2-1はジャンケンを戦略形で表したものです。行は1人目のプレイヤーの戦略を表し、列は2人目のプレイヤーの戦略を表します。それぞれのます目には、それぞれのプレイヤーの戦略に対応した結果の利得が書いてあります。左下の数字は行を選ぶプレイヤー1の利得を、右上の数字は列を選ぶプレイヤー2の利得を表します。たとえば、右下の0と0は、ここでは引き分けが起こってお金のやり取りがなかったということを示しています。

図2-2　デパートの参入阻止 展開形

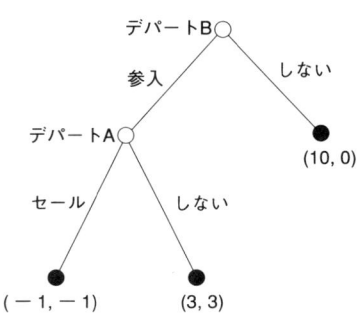

　もう1つの表し方は**展開形**と呼ばれ、手番ごとに何をするかを示して最終的に何が起こるかを時間を追って記述します。同時手番のゲームでは展開形にする意味はありませんが、時間を通してゲームが行われる場合には展開形を使うことでより豊富な分析ができます。図2-2は、デパートの参入阻止のゲームを展開形で表したものです。ここでは、ゲームは上から下へ進行します。分岐点はそれぞれあるプレイヤーが意思決定していることを示し、それを表すために意思決定するプレイヤーの名を添えてあります。分岐している枝は、そこでの行動の選択肢を表します。たとえば最初の分岐点はデパートBが参入するかどうかを決めていることを示し、そこでの選択肢は「参入」するか「しない」かの2つです。2度以上行動する場合には、選択肢はその分岐点における部分的な戦略を表します。全体の方針を示す戦略と区別するため、分岐点での選択肢の選び方は**行動戦略**と呼ばれます（デパートの参入阻止ゲームでは両者とも一度しか行動しないため、行動戦略と戦略は同じものです）。最後にたどり着く点はゲームがそこで終結することを示し、その下にその結果に対応する利得の組み合わせを記します。たとえば、左下の－1と－1はデパートBが参入し、デパートAがセールで応じたらデパートAとデパートBの利得はそれぞれ－1であることを示します。展開形で表された図は、数学的には**ゲームの木**（ツリー）といわれます。逆さまにすると茂った木の枝のように見えるのでこういわれます。

2-2. ゲーム理論における予測の難しさ

◆合理性に基づく予測

　ゲームの状況を定式化した後は、そこで何が起こるかを調べます。これがゲーム理論の中核ですが、現在に至るまで「絶対に正しいゲームでの予測の理論」は存在しません。人間の行動は気まぐれやその場の雰囲気に左右されたり、あるいは文化的社会的要因に左右され、なかなか100%説明できません。そこで、ゲーム理論では「ゲームをしている人間がすべて合理的な主体だったら何が起こるか」をまず予測しようとしています。ここで合理的とは、何らかの目的を持ってそれを達成しようとしていることです（社会学者のウェーバーは合理性を分類しましたが、その分類では目的合理性といいます）。この本で、合理的といった場合には、プレイヤーが利得を最大にしようと行動していることを意味します。

　ゲーム理論では、まずは合理的な場合を考えます。その上で、人間が合理的でない場合にそれがどう変わるかを考えて、より分析の精度を上げようとしています。多くの人がしばしば体験する状況では、やがて学習を通してよりよい選択が選ばれるようになるでしょう。また、多額のお金が絡む企業間の競争では多くの人が知恵を絞って利潤を高めるように行動を決めるでしょう。これらの場合には合理性の仮定がある程度は当てはまると考えられます。

◆なぜ予測が難しいか

　何が起こるかを説明する時のポイントは、「相手が何をしてくるかを人がどう予測するか」をきちんと示すことです。ゲームでは、相互依存関係のため、一般に何をすべきかは相手の行動によって変わります。そこで、人々は相手の行動を予測しながら行動します。この人々の予測は人間の頭の中でなされ、しかもそれは相手の考えを予想しています。つまり、これは2重の意味で人間の考えに関するものであり、これを明確に説明するのは大変な難問です。

　以下では、これまで考え出された予測の方法のうち、よく経済学の分析に使われているもっともらしそうな方法を2つ紹介します。

コラム　ゲーム理論で人間の行動は予測できるか？

　ゲーム理論は、人間の相互依存関係を理論的かつ科学的に説明しようとしています。ただ、ゲーム理論の研究者の間でも、理論がどこまで予測できるかに関して、いくつかの考え方があります。これらは思想の違いですので、どれが正しいというわけではありません。研究をする上での方針のようなものですが、違いがあることは興味深い事実です。

　ひとつの立場は、すべての自然の現象は1つの法則に従っていると考えるものです。もともとこの考え方は、一神教の考え方から出てきました。一神教では、すべては神が創ったもので、当然にその法則は存在します。近代物理学を打ち立てたニュートンなどはこう考えていたようです。この考えに従えば、人間も神が創ったものとして、その行動にも同じように法則があるはずとなります。そこで、ゲーム理論の研究は、それをなんとか探し出そうとするものであると主張します。この考えの研究者は、予測ができないのはまだ十分に分析ができていないためで、分析を尽くせば予測は必ずできるという信念を持っています。

　これとまったく正反対の立場は、人の行動は理論では決してすべて説明し尽くせず、偶然や歴史的経緯によって場当たり的に決まることが多いと考えるものです。つまり、ゲーム理論では、人間の行動をすべて説明したり予測するのは不可能であるという態度です。ここから2つのことが出てきます。1つは、社会が1つのパターンだけでなく、いろいろ多様なパターンを形成することを説明するのも、ゲーム理論の役割であるという考え方です。たとえば、日本とアメリカの社会制度が大きく異なっているのは、異なる均衡が起こっているからであると解釈します。もう1つは、たとえすべては予測できなくても、社会で何が安定的に保たれるかについてはある程度は分析できるはずという考えです。そのためには、社会的に何度も繰り返される状況を考えて、そこでどんな状況であれば安定的に発生するかを分析することになります。確かにいきなりあるゲームの状況が与えられて、そこで最適な行動は何かといわれても、多くの人は途方にくれます。多くの場合、ゲームで何をすべきかは、その社会の文化や慣習に依存して決まります。この考えに従えば、ゲーム理論は、文化や慣習のパターンとしてどんなものがありうるかを説明するものであるということになります。ですから、ゲームを単独で分析しても予測はいくつかの可能性を指摘するにとどまり、より精度の高い分析には前提となる文化や慣習を知らなければならないことになります。

　後者に似た立場として、ゲーム理論はそもそも予測をするためのものではなく、合理的に行動したらこうなるはずであるという基準を示すものであるという考えもあります。合理的な場合を基準として示すことのひとつのメリットは、それにより複雑な要因を解きほぐすことができることです。現実は合理性に基づかない要素も絡み合っていますが、ゲーム理論をつかうことで、合理的に説明でき

る部分はどこかが分かると、この考えによる人たちは主張します。これらの知識を活用して、ゲームをプレーする人は状況に応じて、現実の予測の精度を上げることができます。この考えによると、予測はゲーム理論の研究者が理論的にできるものではありません。ゲーム理論の研究者の仕事は、ゲームの論理を明らかにして、ゲームを実際にプレーする人に伝えることであるというのです。

　ゲームの予測についてはいろいろな考え方があり、それがゲーム理論の研究者の主張に影響しています。ですから、ゲーム理論家が書いたものを読む時は、多様な意見があることをわきまえて、無用な混乱をしないようにしてください。なお、ここでいろいろな考え方を紹介したのは、思想の違いについて追究してほしいからではありません。多くの人にとって、思想をめぐる議論はそれほど有用でありません。むしろここで強調したいことは、どの立場に立っても、ゲームの論理を科学的に追究することがゲーム理論の研究者の仕事であるという点では、見解が一致しているということです。

2-3. 支配戦略による予測

◆支配戦略による予測

　戦略Aと戦略Bを比べて、相手が何をしてきても戦略Aの方が戦略Bより低い利得をもたらす場合は、戦略Aは戦略Bに**優越される（支配される）**といいます。もし、ある戦略がすべての戦略を優越していれば、その戦略を取ることが利得を最大にします。このような戦略は**支配戦略**と呼ばれます。お互いに支配戦略がある時には、それぞれそのような戦略を取ることが予測されます。

　図2-3を見てください。これは囚人のジレンマという有名なゲームで、2人の囚人がプレイヤーです。2人はそれぞれの取調室で自白をすれば罪を軽くしてやると検事に言われています。もっとも、誰も自白しなければたいした罪には問われないですみます（図では、刑期を負の数字で表したものが利得であるとしています。このゲームについては第3章で詳しく論じます）。この場合、それぞれ囚人は「自白する」方が「しない」時より利得が高くなっています。つまり、「自白する」は支配戦略で、このゲームでは共に「自白する」ことが予測できます。

　もし支配戦略があれば、支配戦略が取られるという予測はかなり信頼性があるといえます。というのは、ここでの予測で使っているのは、プレイヤーが自分の損になることはしないというプレイヤーの合理性に関する想定のみだから

図2-3 囚人のジレンマ

		囚人B	
		しない	自白
囚人A	しない	−1, −1	0, −10
	自白	−10, 0	−3, −3

です。逆にいえば、プレイヤーが合理的に行動するのであれば、この予測が成立することになります。

◆**逐次的に優越される戦略の除去による予測**

　支配戦略がなくても、優越される戦略の考え方をうまく使うと、プレイヤーの合理性だけに頼って、予測ができる時があります。

　合理的なプレイヤーは優越されるような戦略を採るはずがありません。そのような戦略はすべて排除してもよいはずです。そして、残った戦略だけでまた新しくゲームを考えると、その中で新たに優越されるような戦略があることがあります。これをまた取り除き同じことを繰り返すと、プレイヤーの行動がすべて予測できることがあります。この方法を、**逐次的に優越される戦略の除去**といいます。

　図2-4のゲームでは、プレイヤー2にとって、「右」の戦略は「中」の戦略に優越されています。いったんこれを取り除くと、プレイヤー1にとって「上」が「下」を優越していることが分かります。プレイヤー1が「上」を取るなら、プレイヤー2は「中」を選びます。このように、このゲームの場合は優越される戦略を繰り返し除去することで1つの予測にたどり着きます。

◆**支配戦略による予測ができない場合**

　支配戦略を使う方法（あるいは逐次的に優越される戦略を除去する方法）は、プレイヤーの合理性にのみ頼る予測で、その意味で予測として強い力を持ちます。しかし、多くのゲームでこの方法はうまく使えません。優越されるよ

図2-4 優越される戦略を繰り返し除去

プレイヤー2

	左	中	右
上 (プレイヤー1)	0, 1	2, 1	1, 0
下	3, 0	1, 0	0, 2

図2-5 男女の争い

野球の好きな妻

	オペラ	野球
オペラ (オペラの好きな夫)	2, 3	0, 0
野球	0, 0	3, 2

うな戦略が全くないようなゲームがほとんどです。たとえば図2-5を見てください。これは夫婦の間での争いをゲームとして捉えたもので、男女の争いと呼ばれるゲームです。オペラが好きな夫と野球が好きな妻がいて、今夜どちらに行くか決めています。とにかく同じところに行くのが大事ですが、できれば自分の好きな方に一緒に行きたいと考えています（このゲームの内容については第3章で詳しく論じます）。このゲームではどの戦略も優越されていません。そういう場合には、次の節で述べるナッシュというゲーム理論家が提唱した均衡の考え方が有効です。

2-4．ナッシュ均衡

◆ナッシュ均衡による予測

　ゲーム理論の歴史は、「ゲームの状況で何が起こるかをどう予想すればよいか」に答えようとしてきた歴史です。

ゲームの状況では相互依存関係のため、プレイヤーの行動を相手に依存しない形で予測することは特殊な場合（たとえば支配戦略が存在する時）を除いてできません。この問題を回避するために、「均衡」の発想をゲームの予測に持ち込んだのがナッシュでした（この功績もあってナッシュはノーベル賞を受賞しました）。均衡の概念はある戦略の組み合わせを考えることから始まります。他のプレイヤーがその戦略の組み合わせどおりに行動するとして、あるプレイヤーが自分の戦略を変えたいと思うような状況は不安定で、現実には起こりにくいといえます。一方、その戦略の組み合わせが起こるとすると、誰もそこから自分の戦略を変えようと思わないような状況は安定していて現実に起こりそうです。ナッシュの主張は、ゲームの結果として後者の安定的なものだけに注目すればよいということでした。「各プレイヤーの行動を単独で考えて何が起こるかを予測するのではなく、プレイヤーの戦略の組み合わせで起こりそうなものを考える」というのがナッシュの発想の新しい点でした。

図2-5の男女の争いで具体的に見てみましょう。夫のするべきことだけをいくら考えても、何がよいかは分かりません。妻の行動によって夫のすべきことが変わるからです。では同じ例で均衡について考えてみましょう。夫も妻も「オペラ」に行くという左上の戦略の組み合わせが起こるとすると、夫も妻も自分だけ戦略を変えると利得が下がってしまうので、この組み合わせは安定的で確かに起こりそうです。相手がオペラに行く時に自分が野球に行っては利得が0になってしまうからです。一方、夫が「野球」で妻が「オペラ」という左下の戦略の組み合わせは不安定です。夫について見てみると、妻が「オペラ」を選ぶなら、自分も「オペラ」を選ぶ方が利得が高くなっています（妻も戦略を変更したいと思っています）。このような組み合わせは、確かに起こりそうとはいえません。こうして考えると「共にオペラに行く」と「共に野球に行く」が起こりそうな組み合わせといえます。これはピンポイントの予測とはいえません。しかし、夫の行動だけを考えていた時に何も分からなかったのに比べると、大きな前進です。

直接に何が起きるかを予測するのに比べると均衡の性質は考えやすく、この考え方は非協力ゲームアプローチのゲーム理論で最も広く使われる考え方になっています。しかし、ナッシュの均衡はこれが絶対起こるという予言の原理ではありません。上の説明から分かるように、安定的で起こり得る状況の条件を示したものです。その考え方がかなり常識的なことと、多くのゲームでこのナ

ッシュの均衡の考え方を使うことでかなり明確な予想ができるようになったことから、とりわけ経済学でゲーム理論を使う上では不可欠な考え方と受け入れられています（この均衡の概念を修正する試みもいろいろあります。これについては後でまた述べます）。ゲームでのこの均衡は、経済学の他の均衡概念と区別するため**ナッシュ均衡**と呼んでいます。

　もし優越される戦略があれば、それはいかなる状況でも最適な戦略ではありません。そこで、支配戦略による予測または逐次的に優越される戦略を除去する方法が可能な時は、ナッシュ均衡と支配戦略による予測は一致します。つまり、ナッシュ均衡は支配戦略による予測の考え方を広げたものになっています。しかし、逆は正しくありません。男女の争いのように、支配戦略の方法では予測不可能でも、ナッシュ均衡では予測が可能です。

◆ナッシュ均衡の見つけ方

　ナッシュ均衡を見つける時の最初のステップは、**最適反応**を求めることです。最適反応とは、「他のプレイヤーの戦略に対して自分の利得を最大にする戦略」のことです。相手の戦略が異なれば、最適反応も一般的には異なってきます。この用語を使うと、「ナッシュ均衡とはすべてのプレイヤーが予測される他のプレイヤーの戦略に対して最適反応を取っていること」と定義できます。

　ナッシュ均衡の見つけ方は、下の4つの段階で行います。

1）適当な戦略の組み合わせを選ぶ。
2）それぞれのプレイヤーについて、その戦略が最適反応になっているかどうか調べる。
3）誰かが最適反応を取っていなければ、ナッシュ均衡でない。すべてのプレイヤーが最適反応を取っていればナッシュ均衡である。
4）これをすべての組み合わせについて確かめる。

　簡単なゲームならこれですべてのナッシュ均衡を容易に見つけられます。上でも説明したように、ナッシュ均衡を考える際には、プレイヤー単独の観点で最適な行動を考えては、一般にうまくいきません。そうではなく、すべてのプレイヤーの戦略の組み合わせを考えて、その組み合わせを取ることが安定して

いるかどうかを調べることが必要になります。

先ほどの図2-5を見てください。まず、右下の組み合わせを見てみると、妻が「野球」を選べば夫の最適反応は確かに「野球」です。逆に、夫が「野球」を選べば妻の最適反応は「野球」です。つまり、ここは互いに最適反応を取っているような組み合わせなので、ナッシュ均衡であるといえます。一方左下の組み合わせを見ると、ここでは妻も夫も最適反応となっていません。よって、ここはナッシュ均衡ではありません。すべての組み合わせについてみてみることで、このゲームでは、左上と右下の2つがナッシュ均衡であると分かります（実は、混合戦略まで拡張すればもう1つ均衡があります。これは後でまた述べます）。

ナッシュ均衡についてよく間違えるのは以下のような考えです。

「確かにこれが均衡かもしれないが、もし、私がこれ以外の戦略を取れば、相手は自分の戦略に対して手を変えてくるだろう、そうすれば自分もそれに対して新たな戦略を取ることで、自分の利得が上がるのではないか」。

たとえば、上で述べた男女の争いで、「妻は自分が野球に行けば夫はついてくるだろうから、2人ともオペラに行くのは均衡でない」と考えるかもしれませんが、これはナッシュ均衡の考え方ではありません。ナッシュ均衡では、話し合いにより戦略を共同して決めることは考慮していません。それぞれが勝手に行動しようとして、落ち着く場所というのがナッシュ均衡です。

コラム　フォーカルポイント

男女の争いでは、両方がオペラに行くという組み合わせも両方が野球に行くという組み合わせも、共にナッシュ均衡です。このどちらがより起こりやすいかに関しては、ナッシュ均衡の考え方は何も教えてくれません。では現実の状況では、人々はどうやって、どちらが起こるかを予測しているのでしょうか？

実際の場合、カップルはこれまでの経緯で何らかの漠然たる予想を持っていることが多くあります。たとえば、このカップルではいつも女性の言うことが受け入れられるとか、あるいは野球とオペラを交互に行くとかです。たとえば、後者の交互に行くことが暗黙の了解である状況を考えてみましょう。前回行ったのがオペラだとすると、今回のゲームではお互いに野球に行くことを予想します。もし、この了解がお互いの間で共通であれば、今回は両方が野球に行くという状況がナッシュ均衡として実現します。

このように、これまでの経緯や文化的な影響でプレイヤーたちが共通に予想す

る組み合わせがある時、それを**フォーカルポイント**といいます。この考え方は、ゲーム理論の初期に多大な貢献をしたシェリングが導入しました。お互いに注目するところがありそれがナッシュ均衡なら、その組み合わせは実現します。そこで、フォーカルポイントさえ分かれば、かなりの精度で何が起こるかが予測できます。

難しいのは、当事者以外にはなかなかフォーカルポイントが何かが分からないことです。たとえば男女の争いでも、交互でなく夏は野球で冬はオペラと季節によって行く先を決めている場合もあるかもしれません。こういうことは当事者にはよく分かっていても、分析をするゲーム理論家には容易に分かりません。もっともゲームによっては、ある種の組み合わせがフォーカルポイントになりやすい場合があります。どのような要因がフォーカルポイントになるために影響するかは、ゲーム理論の重要な研究テーマのひとつです。

2-5．混合戦略と純粋戦略

◆テニスの戦略

私はテニスが好きでよくします。サーブを打つ時の戦略を考えてみましょう。サーブの時には相手の右か左のどちらかを狙って打ちます。相手のレシーバーはどちらに来るかを予想してサーブが打たれるのと同時に動きます（実際にはフェイントなどのもう少し複雑な戦略がありますが、ここでは説明のため右と左の方向だけに注目します）。相手は右利きとしましょう。まず左にサーブした時を考えます。レシーバーが右を予想して動けばサービスエースとなってサーバーには2の利得となりますが、レシーバーが左に動いた場合はそこそこ返されて両者互角で双方ゼロの利得となります。次に右にサーブした時を考えます。レシーバーが右を予想して動いた時は強烈なリターンを返されてしまいます。これはサーバーにとって−2の利得であるとします。レシーバーが左に動いた場合はレシーバーは返しにくいのでサーバーに有利な状況になります。これはサーバーには1の利得であるとします。勝負ですので、レシーバーの利得はサーバーの利得の正負を入れ替えたものになります。図2−6はこのゲームを戦略形を使って表しています。

サーバーからすればレシーバーが動く方向と反対に打つのが有利なわけですが、逆にレシーバーにしてみれば動いた方向にボールがきてくれると有利です。そのため、このゲームの場合にはどの戦略の組み合わせも両方にとって最

図2-6 サーバー対レシーバー

		レシーバー	
		左	右
サーバー	左	0 / 0	−2 / 2
	右	−1 / 1	2 / −2

適反応になることはありません。サーバーが右に打つと思えばレシーバーは右に動きます。しかしレシーバーが右に動くならサーバーは左に打ちます。こうしてどの戦略の組み合わせでもどちらか一方が戦略を変えたいと思います。ナッシュ均衡はすべてのプレイヤーが最適な反応を取っているような戦略の組み合わせでしたから、このゲームではどの戦略の組み合わせもナッシュ均衡となっていません。

▶混合戦略と純粋戦略

では実際のテニスではプレイヤーはどうするでしょう？ 一般に、サーバーは右と左にばらしてサーブします。また、レシーバーも時には右に時には左にと動いてきます。このように2つ以上の行動を確率的に取ることを**混合戦略**といいます。これと区別して、ある行動を確実に取ることは**純粋戦略**といいます。

混合戦略は確率を使って戦略を選ぶので少し分かりにくいかもしれませんが、現実によく使われます。テニス以外のスポーツでも、野球のピッチャーとバッターの駆け引きとか、サッカーのシュートとか、プレイヤーが取る戦略をわざとばらしてくることはよくあります。もっと身近な例としてはジャンケンの時を思い出してください。いつもパーばかり出しているわけではないでしょう。それが混合戦略です。相手が何をしてくるか分からない時にあれもこれもありそうだと感じる状況では、相手が混合戦略を取っている可能性が大きいと考えられます。

2-6. 混合戦略によるナッシュ均衡

◆数式で混合戦略を求める

　ナッシュ均衡はそのままの定義で混合戦略にも適用されます。もともと純粋戦略が有限個しかないゲームでは、混合戦略まで広げれば必ずナッシュ均衡が存在することが知られています。では上のテニスの例で混合戦略による均衡を求めてみましょう。

　混合戦略が最適反応になるということは、「混合戦略の中で取られる戦略はすべて同じ期待利得をもたらす」ということです。そうでなければ一番高い利得の戦略ばかりが取られることになるからです。また、「混合戦略の中で取られる戦略は取られない戦略に比べて、期待利得が同じか大きくなる」ことが必要です。この2つが混合戦略によるナッシュ均衡の条件です。この2つを使って、ナッシュ均衡を求めることができます。

　ナッシュ均衡を計算で求めてみましょう。サーバーが右にサーブする確率を p とし、レシーバーが右に動く確率を q とします。まずサーバーが右にサーブした時の期待利得を計算します。レシーバーは確率 q で右に動き、この時のサーバーの利得は -2 になります。また、レシーバーは確率 $(1-q)$ で左に動き、この時のサーバーの利得は 1 になります。ここで期待値を取って、サーバーが右にサーブした時の期待利得は $(-2)\times q + 1\times (1-q) = 1-3q$ であることが分かります。同様に左にサーブした時には、$2\times q + 0\times (1-q) = 2q$ が期待利得となります。サーバーが右にも左にもサーブを打つとすれば、これらの期待値は同じにならなくてはなりません。そこで、$1-3q = 2q$ が成立する必要があります。これを解いて、$q = 1/5$ となります。レシーバーについても同じように分析できます。レシーバーが右に動いた時の期待利得は $2\times p + (-2)\times (1-p) = -2+4p$ で、左に動いた時には $(-1)\times p + 0\times (1-p) = -p$ が期待利得となります。レシーバーが右にも左にも動くことがあるとすれば、これらの期待値は同じにならなくてはなりません。よって、$-2+4p = -p$ が成立する必要があります。これを解いて、$p = 2/5$ となります。

　この計算で注意してほしいことは、サーバーが右にも左にもどちらにも打つようにするには、レシーバーの取る確率をうまく選ぶ必要があることです。同じように、レシーバーが右にも左にもどちらにも行くようにするには、サーバ

ーの取る確率をうまく選ぶ必要があります。自分が複数の戦略の間でばらばらに選ぶためには、自分でなく相手がうまく確率を選ぶことが必要であることに注意してください。

このゲームにはナッシュ均衡がただ1つあり、そこではサーバーもレシーバーも混合戦略を使うことが分かりました。サーバーが右にサーブする確率は2/5でレシーバーが右に動く確率は1/5となっています。ここではレシーバーを右利きとしたので、サーバーは弱い左側により高い確率でサーブしてますし、レシーバーは弱点を補うべく左により頻繁に動きます。しかし、いつもそうなるかというとそうではありません。レシーバーが左に行く確率が高いのでサーバーは右にサーブするのも有利になり、確かにサーバーは時々は右にもサーブしてきます。これを受けて、レシーバーは右に打たれたサーブを強打するチャンスに賭けて、時々は右に動いてきます。

どうでしょう、なんとなくありそうな作戦が均衡として導かれました。もっともゲーム理論の予測は、サーブの方向やレシーバーの動きをどちらであるとは特定できていません。私がゲーム理論をやっているというと、時々ボールの来る方向を予測してくれと頼まれますが、現実にサーバーやレシーバーが戦略をばらして取っている以上、そんなことは不可能です。かといって何も分からないわけではありません。上の分析では、サーブの方向やレシーバーの動きについて確率を予想することに成功しました。これは何もないのに比べればかなりの進歩です（ランダムといっても、五分五分ではありません。来る確率はゲームの利得の構造に影響されて、方向によって異なることが予測できます）。

◆図で混合戦略を求める

2人ゲームで純粋戦略が2つの場合は簡単な図でナッシュ均衡をすべて求められます。上の例で示してみます。横軸に p を取り縦軸に q を取って、最適反応を図に書き込みます（図2-7）。

まずサーバーの最適反応を図に描きます。描かれた線は反応曲線と呼ばれます。$q > 1/5$ の時は、左に打ったほうがサーバーの利得は高くなります。そこで、サーバーの最適反応は右を取る確率を0とすること（$p = 0$）となります。$q < 1/5$ の時は、右に打ったほうがサーバーの利得は高くなります。よって、サーバーの最適反応は右を取る確率を1とすること（$p = 1$）となります。$q = 1/5$ の時は、右に打っても左に打っても同じ期待利得です。この場合

図2-7 サーバーとレシーバー：最適反応

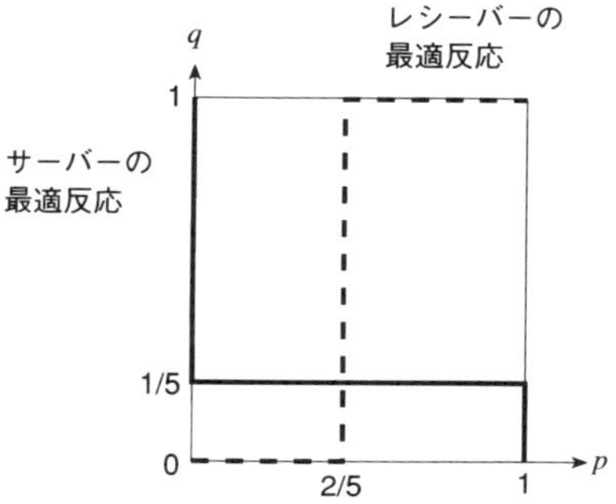

は右に打つ確率を何にしてもそれが最適反応となり、どんな混合戦略も最適反応となっています。これを繋いで図に描いたのが太い実線です。レシーバーの最適反応も同様に導けます。$p > 2/5$の時は、右に動いたほうがレシーバーの利得は高くなります。よって、レシーバーの最適反応は右に確率1で動くこと（$q = 1$）となります。$p < 2/5$の時は、左に動いたほうがレシーバーの利得は高くなります。よって、レシーバーの最適反応は左に確率1で動く（$q = 0$）となります。$p = 2/5$の時は、右に動いても左に動いても同じ期待利得が得られます。この場合はいかなる混合戦略も最適反応です。レシーバーの最適反応は太い破線で表してあります。ナッシュ均衡は反応曲線の交点ですから、ここでは$p = 2/5$で$q = 1/5$が唯一の均衡であることが分かります。たしかに、数式を使って求められた均衡が図でも求められました。

◆なぜ混合戦略を取るか

　上では混合戦略によるナッシュ均衡が存在すると示しました。最初に混合戦略を学ぶと、なぜプレイヤーはわざわざ混合戦略を取るのだろうという疑問を持つ人が多いようです。混合戦略では、自分の戦略を確率的にばらして取ります。そんな面倒なことを実際のプレイヤーがするのだろうかという疑問です。ここでは、混合戦略が現実においてどのように解釈できるか考えてみます。

　混合戦略によるナッシュ均衡の理解を深めるために、2台の自転車が狭い道でどうやってすれちがうかというゲームを考えてみましょう。ぶつかりそうになったので、右によけるか左によけるかをあわてて決めなくてはいけないとします。両方とも同じ方向にハンドルを切ったら、うまくよけられます。しか

図2-8　衝突しそうな自転車

	自転車B 左	自転車B 右
自転車A 左	0, 0	−1, −1
自転車A 右	−1, −1	0, 0

し、一人は右へそしてもう一人が左によけたらぶつかってしまいます。うまくよけたら、それぞれ利得はゼロとし、うまくよけられなければ、利得は−1とします。このゲームは、戦略形では図2-8のように表せます。

　このゲームでは、両者とも右によけることもまた両者とも左によけることも純粋戦略によるナッシュ均衡になります。そして、それらに加えて両者とも確率1/2で右によけ確率1/2で左によけることが混合戦略によるナッシュ均衡になります。混合戦略によるナッシュ均衡は、あわててどちらによけたらよいか分からず、運を天に任せて適当にハンドルを切っている状況です。ここでは、相手がどちらによけるか分からないので、自分としてもどちらによけるべきかはっきり分からない状況です。おそらく読者の皆さんも、経験されたことがあるのではないでしょうか。

　このナッシュ均衡では、プレイヤーは「相手の取る戦略が分からず、自分としてもどれが最適な戦略か分からない」状態で、混合戦略を取っていると解釈できます。この解釈は、混合戦略によるナッシュ均衡に一般的に当てはまります。

　ゲームによっては、上の解釈にとどまらず、プレイヤーが積極的に混合戦略を取ることが予測されます。その例が、上であげたテニスのゲームです。テニスのゲームの場合、いつも同じ方向に選択していたら相手に付け込まれてしまいます。ですから、プレイヤーたちは、わざわざ努力して方向をばらして選択します。衝突しそうな自転車のゲームでは、意思統一ができなかったことが確率的に戦略を取ることにつながり、わざわざばらばらに選択する積極的な理由がなかったのとは対照的です。テニスのゲームに似た例は、スポーツや遊戯のゲーム（じゃんけんなど）によくみられます。相手に読まれないようにばらして行動を取ることは、積極的に混合戦略を選んでいると解釈できます。

第2章のまとめ

- ゲームの分析には、まず定式化をすることが重要です。
- 定式化においては、「プレイヤー」、「戦略」、「利得」、「情報構造と手番」の4つの要素を記述する必要があります。
- 何が起こるか予測するには、ナッシュ均衡の考えが有用です。ナッシュ均衡とは、それぞれのプレイヤーが最適反応を取っているような戦略の組み合わせです。
- 混合戦略とは複数の戦略を確率的に選択することです。

練習問題 2-1

男女の争いには、純粋戦略だけによるナッシュ均衡が2つとそれ以外に混合戦略によるナッシュ均衡が1つあります。これらをすべて求めなさい。

略解

夫がオペラに行く確率を p として妻がオペラに行く確率を q とします。夫の期待利得は、夫がオペラに行くと $3q+0$ で、野球に行くと $0+2\times(1-q)$ となります。一方、妻の期待利得は、妻がオペラに行くと $2p+0$ で野球に行くと $0+3\times(1-p)$ となります。ここから、夫の最適反応は図2-①の太線で、妻の最適反応は図の破線で表せます。混合戦略のナッシュ均衡は両者の最適反応の曲線が交わるところです。この例の場合、$p=q=1$ の場合のオペラで落ち合う、$p=q=0$ の場合の野球で落ち合うという2つの純粋戦略のナッシュ均衡のほかに、混合戦略の $p=3/5$ と $q=2/5$ がナッシュ均衡になります(なお、純粋戦略は確率1である戦略を選択しているので、混合戦略の特殊な場合と考えられます。そう考えれば、最初の2つは混合戦略のナッシュ均衡とも考えられます)。

計算で(純粋戦略でなく)混合戦略によるナッシュ均衡を求めるには、両者にとって、それぞれの戦略の期待利得が同じにならなければならないことを利用します。つまり、夫にとっては、$3q+0=0+2\times(1-q)$ が成り立ち、妻にとっては $2p+0=0+3\times(1-p)$ が成り立ちます。これを解いて上の解を得ます。

注意する点は、夫の期待利得を同じにするために調整しているのは妻の選ぶ確率であることで、妻の期待利得を同じにするために調整しているのは夫の選ぶ確率であることです。これを間違えて、夫の期待利得を同じにするために、夫の選ぶ確率を調整すると答える人が多いので、注意してください。

図2-① 男女の争い：最適反応

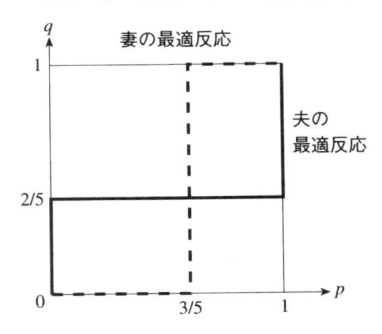

練習問題 2-2

以下の4つの同時手番ゲームで、ナッシュ均衡を求めてみましょう。

a) 純粋戦略でのナッシュ均衡をすべて求めなさい。
b) 混合戦略を使う（上で求めた以外の）ナッシュ均衡をすべて求めなさい。

図2-②

ゲーム A
プレイヤー2

	左	右
上	2, 2	3, 0
下	0, 3	1, 1

ゲーム B
プレイヤー2

	左	右
上	0, 0	4, 1
下	1, 4	0, 0

ゲーム C
プレイヤー2

	左	右
上	2, 2	0, −2
下	−2, 0	1, 1

ゲーム D
プレイヤー2

	左	右
上	2, 2	0, 4
下	1, 3	2, 2

🌸略解

a）純粋戦略によるナッシュ均衡をすべて求めるには、すべての戦略の組み合わせについて、それぞれのプレイヤーにとって最適反応になっているかどうかをチェックします。ここでは、（上、左）、（上、右）（下、左）、（下、右）の4つの組み合わせについてすべて確認する必要があります。

ゲームA：（下、右）のみ。ここでは、両者に支配戦略があります。そこで、それらの組み合わせが（唯一の）ナッシュ均衡です。

ゲームB：（上、右）と（下、左）。なお。左上と右下では少なくとも一人は（実際は両方とも）最適反応を取っていません。

ゲームC：（上、左）と（下、右）。

ゲームD：純粋戦略による均衡はありません。

b）プレイヤー1が上を取る確率をpとし、プレイヤー2が左を取る確率をqとします。

ゲームA：ここでは下がプレイヤー1の支配戦略なので、どんな状況でもプレイヤー1はそれを取るのが最適反応です。同じように、プレイヤー2は右を取るのがいつでも最適反応です。そこで、純粋戦略以外のナッシュ均衡はありません。

ゲームB：$(p, q) = (1/5, 1/5)$。（説明）プレイヤー1が上を取る時の期待利得は$1-q$で、下を取る時の期待利得は$4q$です。混合戦略による均衡ではこの両者が等しいので、$1-q = 4q$となります。これを解いて、$q = 1/5$を得ます。プレイヤー2が左を取る時の期待利得は$1-p$で、右を取る時の期待利得は$4p$です。混合戦略による均衡ではこの両者が等しいので、$1-p = 4p$となります。ここから$p = 1/5$を得ます。本文中で行ったように、図を使ってもできます。

ゲームCとゲームDも同じように分析できますので、混合戦略での均衡における確率(p, q)だけ示しておきます。

ゲームC：$(3/5, 3/5)$。

ゲームD：$(1/3, 2/3)$。

3 競争と協力

ゲームの状況ですべきは、相手に勝つことだけではありません。お互いにうまく協力して利得を高めることができることもあります。この章では、ゲームの分析の始めとして、いくつかのよく知られた同時手番の2人ゲームを戦略形で表して、競争と協力がゲームの中でどう現れるかを見ていきます。

3-1. 競争と協力

◆競争から協力まで

ゲームの状況では、相手の利得を犠牲にして自分の利得を上げるような場合もありますし、また、相手も自分も共に利得を高められるような状況もあります。つまり、競争と協力の両面があり得るということです。本書では、競争とは「相手の利得を減らすことで自分の利得を増やす戦略を取る」ことをいい、協力とは「社会的に望ましい状況を達成する戦略を取る」ことをいいます（社会的に望ましいとは、すべてのプレイヤーの利得がそれなりに高くて全体として利得が高い状況です）。

競争と協力を考える上でまず考えなくてはいけないのは、利得の和が一定かそうでないかです。2人ゲームで利得の和が一定の時は、一方のプレイヤーの得が他方のプレイヤーの損となり、純粋に競争的になります。損得を足すとゼロになるということから、**ゼロサムゲーム**といいます（サムとは足し算の和のことです）。一方、利得の和が一定ではない時には、協力して行動を取ることで全体の利得が増えたりして、単なる競争の状況ではありません。このようなゲームは、**非ゼロサムゲーム**と呼ばれます。

まず最初に、競争の状況であるゼロサムゲームを扱います。非ゼロサムゲームに関しては、協力のレベルに関して、「しやすい」、「利害対立はあるが可能」、「できない」の3つが考えられます。これは利得の構造によって決まってきます。それぞれに対応した代表的ゲームを順に取り上げて説明します。なお分析の際には前の章で述べたように、まず定式化をして、次にナッシュ均衡を使って何が起きるか予測して、最後に解釈を加えるという手順をとります。

3-2. 2人ゼロサムゲーム

◆ゼロサムゲームとミニマックス定理

2人ゼロサムゲームでは、プレイヤーの利得の和が一定ですから、一方の得が他方の損になります。ここでは協力の余地はありません。以下では2人ゲームに限って分析します。

ゼロサムゲームの状況として、野球の例を見てみましょう。変化球の苦手なバッターを考えます。直球がきた時、バッターはフルスイングすれば長打となりバッターには2の利得があり、短くスイングするとヒットとなりバッターには1の利得があります。苦手な変化球が来た時、フルスイングすると当たり損ねで内野ゴロとなりバッターには－2の利得となり、短くスイングしてもせいぜいファールでバッターには－1の利得となります。この状況を、戦略形に表したのが図3-1です。

このゲームでは、右下の組み合わせ（ピッチャーは変化球を投げ、バッターは短くスイングする）がナッシュ均衡になります。ここでは利得の和が一定ですから、プレイヤーは自分の利得を高めるために相手の利得を一番低くしようと戦略を取ります。一方、相手はこのプレイヤーの戦略に対して相手自身の利得を最大にするように戦略を選んできます。こうして攻守がせめぎ合うため、均衡では「相手が何をしてきても確保できる利得の最大値」（＝マックスミニ値）しか得ることができません（ゼロサムゲームでなければ、一般に均衡の利得はこの値より大きくなります）。この意味でゼロサムゲームでは、利得に関して確実に予測可能です。またそのような利得を達成する手段がはっきり決まっているという点で、最善の手があるともいえます。これは**ミニマックス定理**と呼ばれます（ミニマックス定理の導出に関しては、章末の数学付録参照）。

ミニマックス定理が成り立っていることを上の例で見てみましょう。バッタ

図3-1　ゼロサムゲーム

		バッター	
		フル	短
ピッチャー	直球	2 −2	1 −1
	変化球	−2 2	−1 1

ーは、短くスイングすると少なくとも−1の利得を得られます。一方、フルスイングをした場合には最悪の場合−2の利得となります。つまり、バッターは短いスイングをすることで、最低でも−1の利得を確保できることになります。同じことをピッチャーについて考えてみると、ピッチャーは変化球を投げることで最低1の利得が確保できることが分かります。確かに均衡の利得は両者にとって絶対に確保できる最低限の値であることが分かりました。

◆ゼロサムゲームの他の例

　ゼロサムゲームの例としては、将棋やチェスなどのボードゲーム、そしてスポーツ競技がこれに当たります（戦争は一般にゼロサムゲームではありません。結局はどちらかが勝ちどちらかが負けるわけで、少ない犠牲で早く戦争を終えることが双方にとって望ましいからです）。

　上では、ミニマックス値を達成する戦略は、純粋戦略でした。ゲームによっては、ミニマックス値を達成する戦略が混合戦略になります。そのような例として、第2章でも取り上げたジャンケンを見てみましょう。さて、プレイヤーが最低限確保できる利得はどうなるでしょう。どんな純粋戦略を取っても、最悪の場合には相手に負けて10円損します。ですからこれらの場合は−10です。これに対して、すべての手を均等に取る混合戦略では、相手のどんな手に関しても勝つ・引き分ける・負けるの確率はそれぞれ1/3になります。ですから確保できる期待利得は0とできます。ちょっと考えれば分かりますが、最悪のケースを想定すると、これ以上よくすることはできません。ですから、じゃんけんではすべての手を均等に取る混合戦略が、最低限確保できる利得を最大にすることになります。ミニマックス定理は、これが均衡で取るべき戦略であると示しています。確かに、ジャンケンでは相手に読まれたら必ずつけこまれま

す。自分の利得を高く保つためには、相手は常に自分にとって最悪の戦略を取ってくると想定した状況で、自分の利得を最大にする必要があります。ですから、最低限確保できる利得を最大にする必要が出てきます。ジャンケンではすべての手を均等に取る混合戦略がこれを達成します。ゼロサムゲームではこれ以上の利得は望めません。相手は利得を高めようとして、そのためにこちらの利得を下げようとしてくるからです。

◆ゲームはゼロサムゲームとは限らない

　ゲーム理論の初期には、ゼロサムゲームが注目されました。その理由のひとつにはミニマックス定理がきれいな形で証明されて関心を集めたことがあります。もうひとつの理由は、冷戦が続いていた状況の下で軍事的な意味での応用が考えられたからです。そこで、昔のゲーム理論を知っている人は、どうやって戦いに勝つかを調べるのがゲーム理論であると言ったりします。しかし、これは現在のゲーム理論の記述としては正しくありません。現実のほとんどのゲームの状況では、利得の和が一定ではなく非ゼロサムゲームとなっています。そこではお互いに得をしたりまたお互いに損したりすることがあり、相手の利得を下げる戦略が有効とは限りません。協力することでお互いの利得を上げることができるからです。ですから、ゲーム理論の関心も単に相手に勝つだけでなく、どういう状況で競争的に行動し、どういう状況で協力的に行動するかに移ってきました。この章の残りの節ではそういった状況を見ていきます。

3-3. 協調ゲーム

◆協調ゲームとは

　利得の和が一定でない非ゼロサムゲームでは、協力することでお互いの利得を上げることができます。そのため相手との協力を通して自分の利得を高める工夫が必要になります。しかし、一般には相手の犠牲の上に自分の利得を上げることもあり得ますので、たとえ協力の可能性があっても常に協力できるわけではありません。

　まずこの節では、お互いの利得が共通で、相手の利得が上がれば自分の利得も上がる状況を考えます。これは、最も協力がしやすい状況といえます。相手と自分の戦略の組み合わせをうまく選びさえできればお互いに高い利得が得ら

図 3-2　協調ゲーム

		花子さん	
		改札	ハチ公
太郎君	改札	2 2	0 0
	ハチ公	0 0	1 1

れるので、このゲームは**協調ゲーム**と呼ばれます。

　次の状況を想像してください。太郎君が花子さんと渋谷でデートの約束をしました。待ち合わせ場所はいつもハチ公の前で、今日もそこで待ち合わせることにしていました。ところが、雨が降り出してだんだん強くなってきたので、太郎君は屋根のある改札の前で待っていたいと思っています。花子さんが気をきかせて改札の前で太郎君を探してくれれば、二人とも濡れずに済みます。しかし、太郎君が改札で待っていて、花子さんがハチ公の前に行って待っていたら後でこっぴどくしかられます。花子さんは携帯を持っていかなかったので連絡が取れません。ただ、花子さんにしても濡れるのはいやなはずですから、わざわざハチ公の所まで出て行かずに改札の前で落ち合いたいと思うでしょう。さてこの場合、太郎君はどちらで待つべきでしょうか？

◆協調ゲームのナッシュ均衡

　この状況は、図3-2のように定式化できます。お互いに改札の前で待つことが最良で、その次はお互いにハチ公の前で待つことです。別々の所に行ってしまっては、利得が下がってしまいます。この図を基にナッシュ均衡を考えると、「共にハチ公前で待つ」、「共に改札の前で待つ」、「それぞれ確率1/3で改札の前で待ち2/3の確率でハチ公の前で待つ」の3つがあることが分かります。

　利得が一致していて協力がしやすそうなのに、ナッシュ均衡による予測は、必ずしも一番よい結果が達成できるとは限らないことを示しています。たとえば、「共にハチ公前で待つ」のもナッシュ均衡です。これも均衡ですから、いったんそこが起きると予想されると、実際にそこが起きることになります。このように、よりよい均衡があるのに悪い均衡が起こることを**協調の失敗**といいます。協調の失敗は現実にはしばしばあります。たとえば、パソコンのキーボ

ードは必ずしも打つのに適した配列にはなっていません。タイプライター時代に、機械の内部でキーを支える軸がもつれないように配列を決めたのが、今日までそのまま続いてきているのです。利用者が従来のキーボードを好むと思うからメーカーは従来のキーボードを売り、従来のキーボードしか売っていないと思うから利用者は従来のキーボードの打ち方を覚えてそれを使い続けるという悪循環が続いています。

　もう1つナッシュ均衡がありますが、これは混合戦略による均衡です。そこではお互いにどちらの戦略が取られるか分からなくなってしまっていて、どちらの戦略もよりよいといえなくなってしまっています。疑心暗鬼というか迷っているうちにどちらがよいか分からなくなり、結局適当に決める、というのがこの均衡に対応します。混合戦略ですから、右上や左下の組み合わせのように、違う場所で待って利得が低くなることが正の確率で起こります。これも協調の失敗の一種です。

◆協調ゲームではどう行動すればよいか

　このゲームでは、双方にとって最良の結果はナッシュ均衡となっています。連絡がついて話し合えばきっとそこが達成できるでしょう。また、どちらかが先行して戦略を決めて相手に伝えれば、もう一人のプレイヤーは安心して協調できます。その意味で、このゲームでは協力がしやすい状況です。それにもかかわらず、一般には一番よい協力が達成できるとは限らず、場合によっては協調の失敗が起きることがあります。

◆協調ゲームの他の例

　この状況の日常の例としては、第2章で扱った細い道で両方からやってきた自転車がぶつかりそうになることが当てはまります。別の方向に避ければ何の問題もないのに、意思疎通がうまくいかずに同じ方向に避けてあわててブレーキをかけて気まずい思いをしたことは皆さんもあると思います（私などは一度ぶつけて自転車を大破したことがあります）。

図 3-3　男女の争い

	野球の好きな妻	
夫＼妻	オペラ	野球
オペラ	2 3	0 0
野球	0 0	3 2

3-4. 男女の争い

◆男女の争い

協調ゲームでは双方の利得が同じでしたが、そこに少し利害の対立が加わった「男女の争い」と呼ばれるゲームを見てみましょう。

夫婦が今日の夕方オペラか野球を見に行こうと考えています。夫はオペラに行きたいのですが妻は野球に行きたいと考えています。しかし、別々の所に行くくらいなら、自分の好きでない方でも一緒に行った方がましだと考えています。朝食の時に話し合ったのですがうまくまとまらず、2人とも会社に行ってしまって夕方まで連絡が取れません。自分の好きな方に一緒に行けば3の利得、自分の好きでない方でも一緒に行けば2の利得、別々の所に行ってしまったら0の利得としましょう。これを図に表したのが図3-3です。

このゲームは、同じ所に行くという点では協調の要素があり、協力することで高い利得が得られます。しかし、どちらに行くかでは対立しており競争の要素が入っています。もっとも、別々になっては利得がゼロになってしまって元も子もないので、あまり自分の主張を押し通そうとすることは得策ではありません。

◆男女の争いのナッシュ均衡

ナッシュ均衡は、「共にオペラに行く」、「共に野球に行く」、「夫は3/5の確率でオペラに行き、妻は2/5でオペラに行く」の3つです。最初の2つの均衡は、社会的に望ましい結果といえます。興味深いのは3番目の混合戦略による均衡です。どちらかが譲って同じ所に行けばよいのに、自分の主張ばかり言ってい

ると結局どちらに行くのか分からなくなることがあります。こうなると、夕方になってどちらに行くか決める時に、運を天に任せて選ばなくてはいけません。それが混合戦略による均衡です。この場合、双方の利得は6/5となり、どちらかで合意した時と比べると下がってしまっています。同じ所に行けないという協調の失敗がここでも正の確率で起こっています。

◆男女の争いではどう行動すればよいか

　このゲームでは利害の対立があるため、協調ゲームとは違い単に話し合ったら必ず社会的に望ましい結果に合意できるとはいえません。お互いに有利な均衡に固執して協調に失敗することは十分考えられます。また、どちらかが先に戦略を決めれば確かに社会的に望ましい結果が起きますが、それは先に決めた方に有利なものとなります。そのためお互いに先に決めたがることになり、それが新たな利害対立となります。

◆男女の争いと類似のゲーム

　男女の争いに似た状況は、一般に交渉の状況で起こります。話し合って合意するのが社会的にも望ましくまたそうなることはナッシュ均衡です。しかし、混合戦略によるナッシュ均衡もあり、その場合は正の確率で協調に失敗して交渉が決裂します。そこでは、お互いに相手が妥協してくると思って妥協しないためにそうなります。たとえば、会社と労働組合が賃金交渉をしている時を考えてください。ストライキでは生産が停まり売り上げが減ってしまうので、それなしで合意できればより多くのパイを分け合えることになります。しかし、お互いに相手が譲歩して合意にたどり着けると考えているとストライキに突入してしまいます。ストライキは、昔は日本でもよくありましたし、今でも諸外国ではしばしば見られます。

　これと似た状況が、複数の企業が製品の規格統一をしようとしている過程でよく起こります。規格統一で製品の普及が早まるので規格統一は全体の利益を高めます。しかし、どうせなら自社に有利な規格で統一しようと各企業は交渉します。うまくまとまることもありますが、お互いが自社の規格に固執して規格統一に失敗することもあります。ビデオの規格では当初はVHSとベータが並存して混乱し社会的に非効率な状況が発生しました。一方、映画用のDVDに関してはかなり早い段階で規格がまとまりました。そして、2004年の時点で

図 3-4　囚人のジレンマ

		囚人 B	
		しない	自白
囚人 A	しない	−1 −1	0 −10
	自白	−10 0	−3 −3

は、記録型の DVD に関して熾烈な規格統一争いが数年にわたって続いています。

3-5. 囚人のジレンマ

◆囚人のジレンマ

　強盗があり不審な 2 人組が捕まりました。持ち物から盗んだ物が出てきましたが、2 人は拾ったと主張しています。このままでは、盗品を所持していた罪でせいぜい懲役 1 年です。しかし、どちらかが自白して犯行に使った凶器などが見つかれば、数年の懲役になります。そこで警察は 2 人を別々の部屋に連れて行ってこうもちかけました。「このままではおまえたちは懲役 1 年だ。しかし、もしおまえの相棒が黙っていておまえの自白で凶器が見つかったら、おまえは協力したということで無罪放免してやろう。そしておまえの相棒は強盗の罪で10年の懲役となる。もしおまえが自白した時におまえの相棒も自白していた場合は、自白していなければ10年のところを協力したということで 3 年の刑にしてやる。さあどうする？」ここでは、刑期をマイナスの利得と考えます。

　これは**囚人のジレンマ**と呼ばれるゲームで、「自白する」ことが支配戦略となっています（図 3 - 4 参照）。相手が自白しなければ、自分が自白することで無罪になれますし、相手が自白していた場合では自白することで刑期を10年から 3 年に縮められます。そこで、それぞれ自白することが唯一のナッシュ均衡となります。しかし、2 人にとっては共に自白しない方が高い利得が得られます。

　それぞれのプレイヤーは自分の利得を最大にするように行動しているのにもかかわらず、全体としては利得が下がっています。ここにジレンマがありま

図 3-5　一般の囚人のジレンマ

	左	右
上	a / a	b / c
下	c / b	d / d

プレイヤー2／プレイヤー1

す。たとえ事前に話し合ったとしても、この問題は解決できません。自分にとってはとにかく自白することが有利だからです。もし事前の話し合いで相手が自白しないと約束してくれれば、もっとよいことになります。相手が自白しなければ自分の利得が上がるからです（そして自分だけ自白すればよいのです）。ここでは協力の可能性がありながら、お互いに自分の利益を上げるために相手の利益を下げるような競争的行動を取り、協力を達成できません。

◆一般の囚人のジレンマ

一般に囚人のジレンマとは、次の3つの性質を満たすものをいいます。

1) 自分にとって相手が何をしてきても非協力的に行動した方が利得が高い（非協力的に行動することが支配戦略）
2) 自分が非協力的に行動すると相手の利得は下がる
3) お互いが私的利益を追求することで、協力した時と比べてそれぞれの利得が下がってしまう

図3-5のゲームが囚人のジレンマで右下がナッシュ均衡となっているとすると、1) $a<b$ と $c<d$、2) $a>c$ と $b>d$ そして3) $d<a$ が成り立つことになります（厳密には、$b+c<2a$ も通常は要求されます。そうでなければ、左下と右上を半々の確率で取ることが左上よりよくなって、左上がよい結果であるとの想定に合わなくなるためです）。

一般の囚人のジレンマでも、上の例と同じように、それぞれが自己の利益を追求する結果、かえって利得が下がってしまいます。ここで、囚人のジレンマが発生する理由は、経済学でいう**外部不経済**が働いているからです。上の条件のうち、2番目と3番目がこれに対応します。それぞれの個人が自分の利得を

上げるように取る行動が相手の利得を下げることになっています。自己の利益が上がるより、相手の利得の下がるほうが大きいため、自分のことだけ考えて行動すると、全体としては利得が下がるのです。

◆囚人のジレンマが起こっている他の例

このような例は他にもいろいろあります。軍備拡張競争もその例です。軍事的に緊張関係にある場合には、相手より軍備を持てば軍事的に優位に立て、逆に相手より軍備が少なければ不利になります。そこで、お互いに相手より軍備を持とうとするため、結局同じように軍備の拡張が起こって、どちらも優位に立てません。そして軍備ばかりが増えてしまうのです。この他にも、乱獲や環境破壊など囚人のジレンマの例は社会に多くあります。

◆囚人のジレンマへの対応

市場経済ではアダム・スミスが示したように個人の利己的行動が社会の富を増やします。その意味で個人と社会の間にジレンマはありません。このことは近代の個人主義の道徳的基礎の一部となっています。ところが、囚人のジレンマでは個人の最善と社会の最善が一致していません。そこで、このゲームは経済学者のみならず広く社会科学の学者の関心を集めてきて、いろいろな対策が考えられました。

ひとつは、契約によりこの問題を解決することです。上述の軍備拡張競争を抑えるために、主要国は条約をいくつも結んだりしてきました。

もうひとつの解決法として、取引が繰り返し行われる場合には、評判を使うことが有効な方法としてあります。協力しないプレイヤーはよい評判を失うとし、よい評判のプレイヤーにのみ他のプレイヤーが取引に協力的に応じるとしましょう。その時、プレイヤーは自分勝手な行動を取るとよい評判を失って将来の協力が得られなくなることを恐れ、自分勝手な行動を控えることになります。このように、利己的なプレイヤーがゲームの中で協力関係を築くことができることは、ゲーム理論の重要な論点であり、第9章と第10章で詳しく扱います。

3-6. 競争と協調：まとめ

読者の皆さんがあるゲームの状況に直面した時、まず最初に考えなくてはならないことは、そのゲームがゼロサムゲームかどうかということです。もしゼロサムゲームなら、相手に勝つ戦略が自分にとって最適です。しかし、ゼロサムゲームでない時は相手に勝つことだけを考えてはいけません。協力の可能性も考慮しつつ、自分にとってよい利得が得られる戦略を考えることが必要になってきます。多くの場合、人間関係は非ゼロサムゲームとなっていますから、この点はゲーム理論が教える重要な教訓のひとつです。

非ゼロサムゲームで考慮すべきことは、利得の構造によって協力のしやすさにもいろいろな程度があることです。上で見てきたように、それに応じて異なる対応策が求められるからです。

第3章のまとめ

- 利得の和がゼロの時（ゼロサムゲーム）は競争的になります。
- 利得の和がゼロでない時（非ゼロサムゲーム）は、協力することで全体の利得を増やすことができます。しかし、協調の失敗など協力はうまくいかないこともありますし、また私的な最適化が協力に反する結果をもたらすこともあります。

練習問題 3-1

第2章の練習問題2にある4つのゲームは、それぞれこの章で扱ったどのゲームに対応しますか？

略解

ゲームA：囚人のジレンマ。ゲームB：男女の争い。ゲームC：協調ゲーム。ゲームD：ゼロサムゲーム（利得の和が一定ですからゼロサムゲームです）。

練習問題 3-2

以下の2つの状況をゲーム理論を使って分析しましょう。それぞれ、戦略形

で書いて、本文の分類のどれに当たるか調べなさい。また、すべてのナッシュ均衡を求めなさい。

a) 1994年から1995年にかけて、S社とT社は市販用の映画のためのDVDの規格統一について激しく争いました。それぞれの規格には特徴があり、どちらがよいとは簡単には決められませんでした。別々の規格を選ぶと普及が遅れて利益が上がらないため、規格統一は不可欠でした。しかし、自分の規格が選ばれれば相手から特許料が入るため、何とか自分の規格に統一して欲しいと考えました。

この状況を分析するために、S社とT社の利得は次のようであったとしましょう。規格統一の効果は、それぞれの利益（利得）を5だけ上げます。規格が統一された場合は、相手が自分の規格を使う時は相手は自分に1の特許料を払い、逆に自分が相手の規格を使えば自分は相手に1の特許料を払う必要があります。

b) 第二次世界大戦後、ソビエト（当時）とアメリカ合衆国は、競い合って軍備を拡張しました。この状況をゲーム理論を使って分析しましょう。

軍備は量的に変化させることができますが、ここでは簡単化のために、軍拡をするかしないかの二者択一が戦略であると考えます。また、それぞれの行動は以下のような利得に対応していたとします。

自分の軍備が相手より多ければ、自分の効用は4上がるとしましょう。逆に、相手の軍備の方が多ければ、自分の効用は4下がるとします。もし、両者が同じだけ軍備を持っていればタイであり、そこからの利得は得られないとします。ただし、軍備を拡張することは費用がかかり、利得を3だけ下げるとしましょう。なお、お互いに軍拡しない時は、ゼロの利得が得られるとします。

略解

a) ゲームを戦略形で表すと下の図3-①のようになります。これは、「男女の争い」と同じように、協調する組み合わせが複数あり、その中では利害が相反している状況です。

図3-① 規格統一

		S社	
		T社	S社
T社	T社	4, 6	0, 0
	S社	0, 0	6, 4

ここには3つのナッシュ均衡があります。共にT社方式を採用、共にS社方式を採用、T社はT社方式を3/5で採用しS社はS社方式を3/5で採用する組み合わせ（混合戦略）です。

ナッシュ均衡をすべて求めるには、2つのやり方があります。1つは、反応曲線を図に描くことで、交点がナッシュ均衡です。もう1つは、純粋戦略によるナッシュ均衡と混合戦略によるナッシュ均衡を別々に求める方法です。この方法では、まず純粋戦略のすべての組み合わせを調べて純粋戦略の均衡をすべて求めます。次に、混合戦略による均衡は2つの戦略の間で利得が同じになる性質を利用して、ナッシュ均衡で取られる確率を計算します。たとえば、T社がT社方式を取る確率を p とします。この時、S社がT社方式を取る時の期待利得は $4 \times p$ になり、S社方式を取る時の期待利得は $6 \times (1-p)$ になります。この両者が等しいことから、$p = 3/5$ になります。S社がS社方式を取る確率も同様の方法で求められます。

なお、実際には、T社の方式を基本に規格が統一されました。

b）ゲームを戦略形で表すと下の図3-②のようになります。ここでは、軍拡することが支配戦略になっています。軍拡の結果、お互いに軍拡しない時より利得が下がっていて、「囚人のジレンマ」と同じ状況が起こっています。

図3-②　軍備拡張競争

アメリカ

		しない	軍拡
ソビエト	しない	0 0	1 −4
	軍拡	−4 1	−3 −3

ここでは「軍拡しない」は優越される戦略です（軍拡することが支配戦略です）。そこで、ただ1つのナッシュ均衡は、共に軍拡する組み合わせです。

練習問題 3-3

立地ゲームと呼ばれるゲームを分析しましょう。夏の海水浴場で、2人の経営者AとBが屋台のアイスクリーム屋を開くことを考えています。ここでは、価格は固定されていて、経営者の選択肢はどこに店を構えるかということだけです。お客は海岸にまんべんなく散らばっていて、近い方の屋台に買いに行くとします。（純粋戦略による）ナッシュ均衡を求めなさい。

略解

このゲームはホテリングという研究者が最初に分析して有名になりました。ここではその中でも一番簡単なケースとして、客の取り合いの面に注目しています。客の取り合いでは、一方の得は他方の損ですので、ゼロサムゲームとなっています。消費者が消費量を変えたり、供給側に価格の選択肢を入れたり、あるいは質を選択できるようにするなどすると、非ゼロサムゲームになります。それにより、より複雑でより現実的な分析をすることができます。このようなモデルは、立地論あるいは都市経済学の分野で非常によく使われます。

さて、上のゲームのナッシュ均衡を求めましょう。簡単に分かることは、AとBが離れて店を構えることはあり得ないことです。図3-③を見てください。仮にAとBが図のように離れて店を構えているとします。この場合、Aより左の客はすべてAで買います。また、Bより右にいる客はすべてBで買います。AとBの間の客は近い方に買いに行きます。ここで、Aが右に移動してA′まで屋台を動かしたとします。こうすることで、今までの客は確保した上に、AとBの間の客の大半も確保できることになります。

図3-③　離れて立地することはない

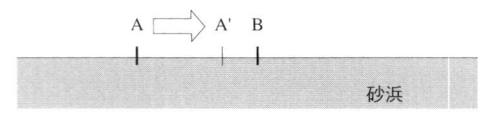

次に、立地は端の方ではあり得ないことを示します。もし、図3-④のようにAとBが左端の方に店を構えたとしましょう。Aに買いに来るのは、Aより左のわずかな客だけです。この場合、AはA′のようにBの右に店を構えることで、右側のより多くの客を確保できます。

図3-④　端の近くに立地することはない

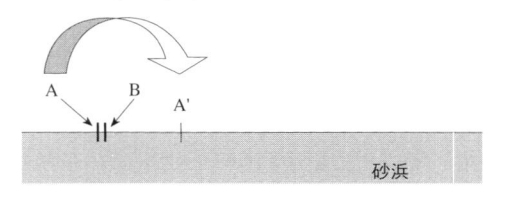

結局、2つの店は砂浜の中央で隣り合って立地することになります。ここでは、他のどこに移動してもお客を増やすことはできません（いろいろ試してみてください）。つまりこれがナッシュ均衡になっています。興味深いのは、わざわざ広い海岸の中央に隣り合わせに立地することです。この現象は、2つの企業が製品の特徴を選ぶ際に、似たような中間的で無難なものを選ぶ際にも起

こっています。また、2大政党制の下で2つの政党の政策が似てくることも、この議論を応用して理解できます。

図3-⑤ 立地は中央に収集する

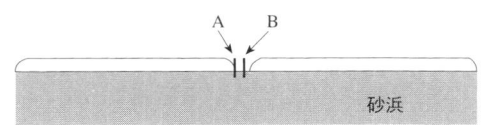

練習問題 3-4

なぜ人は遅刻するのでしょう？　ここではこれをゲーム理論を使って考えます。2人の友人がいて待ち合わせをしました。2人とも時間ちょうどにくればそれぞれ「満足」できます。相手が遅れてきて自分だけが時間ちょうどに来た場合は、早く来た方は「不満」ですが、遅れて来た方は悪いと思いますが自分は待つ必要がないので「不満はない」となります。両方とも遅れてくれば、お互いにしようがないと思い、「そこそこ満足」できます。「満足」の時の利得を2、「そこそこ満足」できる時の利得を1、「不満はない」時の利得を0、そして「不満」の時の利得を-2とします。なお、遅刻しそうな時に携帯で連絡を取ることは考えないとします。

ⅰ) このゲームを戦略形で定式化しなさい。
ⅱ) ゲーム理論は、遅刻に関してどのような予測をしますか？　簡単に説明しなさい。

略解

ⅰ)

図3-⑥ 遅刻のゲーム

	相手 ちょうど	相手 遅れる
自分 ちょうど	2, 2	0, -2
自分 遅れる	-2, 0	1, 1

ⅱ) これは本文の協調ゲームと似ています（囚人のジレンマではありません）。純粋戦略によるナッシュ均衡は、お互いに遅刻しないとお互いに遅刻するの2種類あります。一方、混合戦略によるものが追加的にもう1つあり、そこでは遅れるかちょうどかを両者は確率的に取ります。よって、予測としては「遅刻が起こらないこともある。しかし、両方ともあるいは一人だけ遅刻す

ることもある。どちらが起こるかはプレイヤーがどんな均衡を選んでいるかによる」ことになります。「ちょうど」だと相手が遅れた時に損が大きいから「ちょうど」には来ないという議論は、これはナッシュ均衡の考え方でなく不正解です。

数学付録：ミニマックス定理について

ここでは、数学的な性質に興味のある人のためにミニマックス定理を数式を用いて説明します。数学に興味のない人はどうぞ飛ばして読んでください。

x をプレイヤー1の戦略とし、y をプレイヤー2の戦略とします。そして、$\prod_1(x, y)$ をプレイヤーの戦略の組み合わせが (x, y) の時のプレイヤー1の利得とします。

この時、プレイヤー1が x という戦略を取った時に得られるプレイヤー1の最小限の利得（数学的には $\min_y \prod_1(x, y)$）を保証水準といいます。保証水準を最大にするようにプレイヤー1が x を取った時得られる利得を、マックスミニ値といいます。これは、マックスミニ値が数式では、$\max_x \min_y \prod_1(x, y(x))$ と書けるからです。一方、$\min_y \max_x \prod_1(x(y), y)$ のことはミニマックス値といいます。一般のゲームでは、マックスミニ値で得られる利得は、かなり低いものとなります。これは、保証水準が最悪のケースを想定して戦略を選んでいるからです。ですから、一般のゲームでは、マックスミニ値のほうがミニマックス値より小さくなります。次の定理に示すように、ゼロサムゲームではこの2つが一致するばかりでなく、マックスミニ値を達成する戦略こそがナッシュ均衡を達成する戦略になります。

ミニマックス定理

純粋戦略の数が有限個であり、プレイヤーは混合戦略を使えるとします。2人ゼロサムゲームでは、$\max_x \min_y \prod_1(x, y(x)) = \min_y \max_x \prod_1(x(y), y)$ が成り立ちます。ミニマックス値（またはマックスミニ値）を達成するような戦略はどの組み合わせでもナッシュ均衡となります。
(証明)

任意の x と y について $\min_y \prod_1(x, y(x)) \leqq \prod_1(x, y)$ ですから、両辺を

xについて最大化して、

$$\max_x \min_y \prod_1(x, y(x)) \leq \max_x \prod_1(x(y), y) \tag{1}$$

を得ます。この式は任意の y について成立しますから、右辺の y に関する最小値をとって、

$$\max_x \min_y \prod_1(x, y(x)) \leq \min_y \max_x \prod_1(x(y), y) \tag{2}$$

を得ます。この式は任意のゲームで成立します（マックスミニ値 ≦ ミニマックス値）。

ゼロサムゲームのナッシュ均衡 (x^*, y^*) では、任意の x と y について、

$$\prod_1(x, y^*) \leq \prod_1(x^*, y^*) \leq \prod_1(x^*, y) \tag{3}$$

が成立します。最初の不等式はプレイヤー1の最適反応から、2番目の不等式はプレイヤー2の最適反応から成り立ちます（プレイヤー2の利得とプレイヤー1の利得は相反しています）。

(3)の左の不等式について x について最大化して $\max_x \prod_1(x, y^*) \leq \prod_1(x^*, y^*)$ を得ます。(3)の右の不等式について y について最小化して $\prod_1(x^*, y^*) \leq \min_y \prod_1(x^*, y^*)$ を得ます。

これらを組み合わせて、以下の不等式が成立します。

$$\max_x \prod_1(x, y^*) \leq \prod_1(x^*, y^*) \leq \min_y \prod_1(x^*, y) \tag{4}$$

$\min_y \max_x \prod_1(x(y), y) \leq \max_x \prod_1(x, y^*)$ と $\min_y \prod_1(x^*, y) \leq \max_x \min_y \prod_1(x, y(x))$ は常に成立しますから、これらと(4)の不等式を組み合わせて

$$\min_y \max_x \prod_1(x(y), y) \leq \prod_1(x^*, y^*) \leq \max_x \min_y \prod_1(x, y(x)) \tag{5}$$

が成立します。(2)と(5)から、以下の等式が成立します。

$$\min_y \max_x \prod_1(x(y), y) = \prod_1(x^*, y^*) = \max_x \min_y \prod_1(x, y(x)) \tag{6}$$

これはミニマックス値とマックスミニ値が一致することを示します。

ナッシュ均衡で取られる戦略を取れば（相手の戦略によらず）マックスミニ値が確保できます。ですから、あるナッシュ均衡で取られるプレイヤー1の戦略と別なナッシュ均衡で取られるプレイヤー2の戦略を自由に組み合わせたものも、やはりナッシュ均衡になります。

4 同時手番の寡占

　ゲームの状況では競争と協力の2つの対立する要素があると第3章では説明しました。この章では、この観点の応用として寡占を分析します。寡占の理論はミクロ経済学でもよく扱われますが、ここでは寡占の状況で何が利得に影響を与えているかに注目していきます。なおこの章では多少の数式を使いますが、数式を読み飛ばしても理解できるように書いてあります（数式の展開は詳しく書いてありませんので、数学の得意な読者はぜひ計算で分析が正しいことを確かめてください）。

4-1. 寡占とは

　寡占とは供給する企業の数が少数である状況をいいます。とりわけ2社しかいない場合には複占といいます。寡占の下では競争が不完全なため、各企業の行動が市場価格に影響します（完全競争の場合には、各企業は市場の価格は与えられたものとして行動します）。そのため企業は他の企業の出方を予想しつつ自分の行動を決めることになり、典型的なゲームの状況が生まれます。

◆競争形態のいろいろ

　寡占の状況で各企業はいろいろな決定を下しますが、この章では価格と生産量の決定に注目します（第8章では投資の決定について扱います）。価格と生産量といっても、企業は両方を独立には決められません。安くすればたくさん売れますし、たくさん売るためには安くする必要があるからです。企業が価格と生産量のどちらを操作して行動しているかは、その企業の属している産業の

特性によって決まります。

　それぞれの企業が生産量を決め、全体の生産量に見合うように価格が市場で決まる時は**数量競争**と呼ばれます。いったん生産量を決めると変更が難しい産業ではこうなります。例としては、家畜などの農産物や鉄鋼そしてコンピューターのメモリーなどがあります。

　各企業が価格を決め、消費者の選択で需要量が決まる時は**価格競争**と呼ばれます。生産量の変化が簡単にできるような市場では価格競争が起こると考えられます。例としてはハンバーガーなどの外食産業があげられます。

　競争において重要なことは、それぞれの企業が他の企業の決定を知らずに自社の戦略を決めるか、あるいはそれまでに決定した企業の行動を見て順番に自社の戦略を決めるかです。前者の場合は、ゲーム理論的には、すべての企業が同時に戦略を選ぶという形で定式化します。これは**同時手番**のゲームです。一方、それぞれの企業が順番に決定する時は、逐次手番のゲームとなります。この章はまず同時手番の寡占を扱い、第7章で逐次手番の寡占を扱います。

　競争の状況は、お互いの財がまったく同じ質かあるいは何らかの差があるかによっても異なります。前者を**同質財**といい、後者を**差別化された財**といいます。同質財の場合は、消費者はとにかく安い方を買います。ごみ袋などの日用雑貨がその例です。一方、差別化されている場合には、すべての消費者が一番安いものを買うわけではありません。ハンバーガーを考えてみてください。各企業のハンバーガーの価格には差がありますが、どの企業のものもそれなりに売れています。しかし、ある企業が値下げすれば一部の消費者は他の企業の商品を止めてその企業の商品を買うようになりますし、値上げすれば反対のことが起きます。

　この章では2つの企業が同時手番で競争している状況を見ていきます。そこでは、企業1の生産量は x_1 で表し1個当たりの費用は c_1 で表すこととします（ミクロ経済学の言葉で言えば、限界費用は c_1 で固定費用はゼロとなります）。同じように、企業2の生産量は x_2 で表し1個当たりの費用は c_2 で表します。また、価格競争において両企業が別々な価格を付ける場合には、企業1の価格を p_1 で表し企業2の価格を p_2 で表すこととします。

図 4-1　クールノー均衡

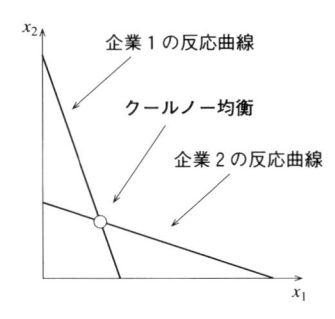

4-2．寡占：数量競争

◆反応曲線

ここでは同質財での数量競争を考えます（差別化された財の場合でも、数量競争の場合はだいたい同じような結果が得られます）。同質財ですので、両者の価格は同じとなります。具体的に考えるために、市場での需要が D となるような価格 P は右下がりの直線の $P = 1-D$ で与えられているとします。数量競争ですから、価格は市場で需要と供給が等しくなるところで決まります。ここでは供給は2社の生産量の合計の x_1+x_2 ですから、需要と供給が等しいことは $D = x_1+x_2$ と表せます。そこで、市場での価格は $P = 1-D = 1-(x_1+x_2)$ となります。1個当たりの利潤は $P-c_1$ ですから、企業1の利潤は $(P-c_1) \times x_1 = \{1-(x_1+x_2)-c_1\} \times x_1$ となります。企業2の生産量が企業1の利潤に影響を与えることに注意してください。これを最大化することで企業1の最適反応が求まります。計算の結果、企業1の最適反応は $x_1 = (1-c_1-x_2)/2$ であることが分かります（なお、利潤最大化の条件は、利潤を生産量について微分してゼロとなるように生産量を選ぶことです）。

最適反応を図に示したものを反応曲線といいますが、数量競争では反応曲線は図4-1に示されているように一般に右下がりになります（図中では反応曲線は直線で示してありますが、一般には曲線になります。このように曲線になる時も直線になる時もあるような場合は、直線でも曲線と言い表すのが数学の言い方です）。反応曲線が右下がりになることは相手の異なる生産量に対して

の最適反応を考えるとよく分かります。もし相手がたくさん作ってくると、たとえ自分がまったく生産しなくても市場の価格は低くなります。そのため、そこでの自分の最適な生産量は少なくなります。逆に、もし相手があまり作らなければ自分が多少作っても市場の価格はそれほど下がりません。そのため自分の最適な生産量は多くなります。つまり、自分の最適反応は相手の生産量と反対に動き、その結果として反応曲線が右下がりになるのです。

◆クールノー均衡

ナッシュ均衡ではお互いに最適反応を取るので、図の上では反応曲線が交わるところになります。ミクロ経済学では数量競争でのナッシュ均衡のことを、それを最初に研究した研究者にちなんで**クールノー均衡**または2人の名前をつなげてクールノー＝ナッシュ均衡と呼んでいます。計算で求めるには、最適反応の連立方程式を解くことになります。企業2の最適反応は $x_2 = (1 - c_2 - x_1)/2$ ですので、連立方程式を解いてクールノー均衡では $x_1 = (1 - 2c_1 + c_2)/3$ で $x_2 = (1 - 2c_2 + c_1)/3$ となります。

クールノー均衡では、お互いに相手の生産量を前提にして、自分の利得（利潤）を最大にするように生産量を選びます。生産量を増やすと価格が下がるのであまりたくさん生産するのはかえって利得を下げてしまいます。低コストの企業ほど生産を増やしたいので、均衡では一般に自分の限界費用が低いほど生産量が増え、相手の限界費用が低いほど生産量が減ることが分かります。これは低コストの企業ほど市場のシェアが大きいというわれわれの直感に合っています。

4-3．寡占：同質財の価格競争

◆価格引き下げ競争

価格競争では、同質財と差別化された財では競争の性質が異なります。この節ではまず同質財の価格競争がどのように起こるかをみます。

同質財の場合は、製品の質に差がないので一番安い企業の製品のみが需要されます。その結果として、価格の引き下げ競争が起きます。相手の価格より1円安くするだけで、市場の需要をすべて独占できるからです。逆に相手の価格より1円でも高ければまったく売れません。価格が限界費用よりも高くその価

図 4-2　同質財の価格競争

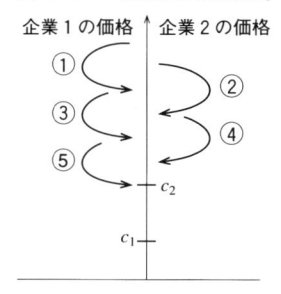

格で売れれば儲かるとすると、企業は価格を引き下げて市場を独占しようとします。こうしてそれぞれの企業は、その企業だけが市場に残るか、あるいは価格がその企業の限界費用まで下がってもうそれ以上価格を下げたら損するところまで、価格引き下げを続けます。図4-2では、企業1の限界費用の方が低い時に企業1の独占が起こる過程を表しています。企業1がまず引き下げ、それに企業2が対抗して引き下げ、引き下げが繰り返されて、最後は価格が企業2の限界費用に等しい（厳密にはそれより少し低い）ところまで下がり企業1の独占になります。これがここでのナッシュ均衡です。数量競争のナッシュ均衡をクールノー均衡というのと同じく、ミクロ経済学ではこの均衡を最初に研究した学者にちなんで**ベルトラン均衡**とかベルトラン＝ナッシュ均衡とかいったりします。

　もし2つの企業が同じ限界費用を持つなら、価格引下げの結果として価格はこの限界費用に等しくなり、均衡ではどちらの企業にもまったく利益が発生しません！　2つの企業の限界費用が違う場合でも、市場の価格は2番目に低い限界費用になります（最後に競争から脱落するのは、限界費用が2番目に低い企業だからです）。たとえ企業の数は少なくても、同質財で価格競争が起こるとそれぞれの企業は市場の価格を支配する力をほとんど失うことになります。一般に数量競争では企業は正の利潤を得ていますしまた個々の企業の生産量の変化は市場価格に影響しますから、数量競争と価格競争はかなり異なる性質を持つことが分かります。

図 4 - 3　ベルトラン均衡

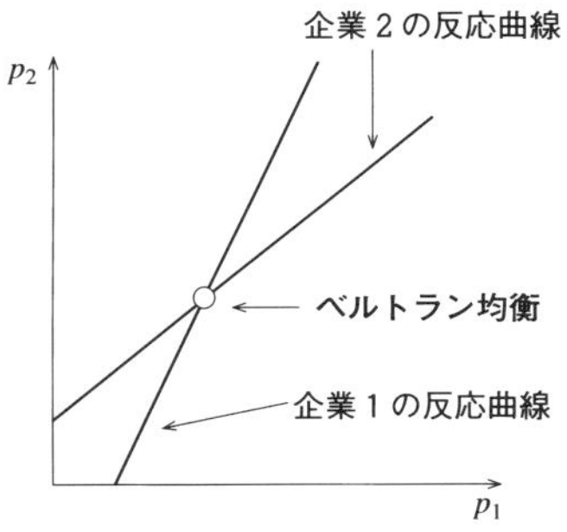

4-4．寡占：差別化された財の価格競争

◆差別化された財

差別化された財の場合は、多少価格が異なってもすべての需要が安い企業に取られてしまうわけではありません。しかし、同じような財を作っているわけですから、相手が安くすればある程度自分の顧客は取られてしまいます。逆に自分が安くすればある程度相手の顧客を奪うことができます。この状況のひとつの表し方は、それぞれの企業の需要が自分の価格と他の企業の価格の両方に依存しているとすることです。たとえば具体例として、企業 1 の需要が $x_1 = 1 - 2p_1 + p_2$ で企業 2 の需要が $x_2 = 1 - 2p_2 + p_1$ と表せる場合を考えましょう。これらの式では、企業 1 が値上げをすると企業 1 の需要は減り企業 2 の需要は増えるようになっています。

企業 1 の利潤は $(p_1 - c_1) \times x_1 = (p_1 - c_1) \times (1 - 2p_1 + p_2)$ です。最大化の条件は価格 p_1 に関する微分がゼロと等しいことですから、$1 - 2p_1 + p_2 - 2(p_1 - c_1) = 0$ となります。これを解いて、最適反応は、$p_1 = (1 + p_2 + 2c_1)/4$ となります。注目したいのは、最適反応は相手の価格が上がると大きくなることです。これを図の上で表すと反応曲線が右上がりになります（図 4 - 3）。数量競争の時は右下がりであったのと対照的です（第 8 章でこの性質の違いが事前の投資行動に影響することを説明します）。

◆ベルトラン均衡

両社の最適反応を連立方程式と見て解くと、$p_1 = (5+8c_1+2c_2)/15$ で $p_2 = (5+8c_2+2c_1)/15$ となります。これがこの場合のベルトラン＝ナッシュ均衡です。ある企業が均衡で付ける価格は自分の限界費用が高いほどそして競争相手の限界費用が高いほど大きくなります。

同質財の場合と違い、差別化された財では一般に企業は正の利潤を得られます。これは一番安くなくても購入してくれる顧客がいるからです。このような顧客に対しては、多少は価格を吊り上げて利潤を高めることが可能です。つまり、企業は独占力をある程度は行使することができます。これに対し、同質財では1円でも安ければ市場を独占できるため、相手の利得を下げて自分の利得を高めようとする競争的な力が強く働きます。

同質財では利益が出にくいため、多くの企業で自社の製品を差別化しようと日夜努力が続けられています。この点で、私が最近感心したのがフライパンの市場です。普通のフライパンはほとんど完全な同質財で、誰もブランドなど見ずに安くてよさそうなものをスーパーなどで購入します。最近では日常には十分使えるものが2千円も出せば買えて、正直安いと感じます。一方、デパートでは1個1万円を超えるようなブランド品のフライパンが多く売られています。機能的には大きく異なっているわけではないように見えますが、ブランド品ということで他の製品から差別されていて、高い価格を付けることができるのです。一般に、衣服の世界はこの傾向が強く、ブランド品でなければかなり価格が低くなります。

4-5. 寡占とカルテル

◆カルテル

企業の利潤の総計は、寡占の時より独占の時の方が高くなります。寡占においては、「それぞれの企業はその企業の行動が他の企業に与える負の効果を考慮せずに行動を決定する」からです。これは、前の章で扱った囚人のジレンマと同じ状況です。それぞれのプレイヤーは自分にとって最適な行動をしていても、全体の利益は下がってしまっています。まず数量競争のところで分析した例でこのことを見てみましょう。もし独占だとしたら、限界費用が c の企業は $(1-c)/2$ を生産します。複占で両企業の費用が c で等しいとすると生産量

の合計は $x_1 + x_2 = 2(1-c)/3$ となります。つまり、独占から複占になることで総生産量は約3割多くなり、それにつれて複占での価格は独占価格より低くなります。お互いに生産量を増やすことで自社の利益を上げようとしているのですが、両企業を合わせた観点からは生産が過剰になって結局利益が下がってしまうのです。同質財の価格競争でしかも限界費用が等しい時には、もっと極端なことが起きて価格が限界費用まで下がってしまい利益がなくなってしまいます。

経済史を振り返ると、多くの企業がこのような利益の低下を避けるためにいろいろ工夫してきました。競争相手を合併して、独占を達成しようとすることも多くありました。20世紀初頭の米国ではスタンダードオイルを始め合併により巨大な企業がいくつも生まれました。また、企業同士が話し合いにより結託して生産量を減らすカルテルもしばしば行われてきました。日本の建設業界では談合として価格競争の下で価格を下げさせない工夫をしてきました（ちなみに現在の日本では談合は違法です）。また、石油の産出では産油国の集まりであるOPECが生産量を調整して価格の下落を防ぐ努力をしています。

もっとも消費者の立場からそして社会の立場からはこれらの非競争的な工夫は望ましくありません。そこで、独占禁止法が制定され競争を維持することになってきました。米国でマイクロソフトの独占力を巡って裁判になったのは記憶に新しいところです。市場は実は自由放任だけではうまくいかないことがあります。市場が効率よく機能するためには競争が十分に行われている必要があることは、資本主義の前提として覚えておく必要があります。

第4章のまとめ

- 寡占の状況では、生産量で競争するか価格で競争するか、あるいは同質財であるか差別化された財であるかで競争の状況が大きく変わります。
- 寡占においては他の企業に与える負の効果を考慮せずに行動を決定するため、企業の利潤の総計は、独占の時より下がります。

練習問題 4-1

完全な同質財の市場における寡占の状況を、2社の複占の場合で分析しましょう。市場価格を P とし、需要を D とします。企業1において、生産量を x_1、

価格を p_1、限界費用を c_1 と表します。企業 2 についても、同じように x_2、p_2 と c_2 を定義します。なお、固定費用は存在しないとします。市場の逆需要関数は $P = 2 - D$ で与えられるとします。市場均衡は $D = x_1 + x_2$ で表されます。

この問題では、同時手番で両社の限界費用が分かっている状況を考え、$c_1 = c_2 = 1$ とします。

a）企業 1 が市場を独占できるとします。利潤最大化の時の、企業 1 の生産量と利潤を求めなさい。

b）2 企業が数量競争するとします。クールノー均衡での各社の生産量と利潤を求めなさい。

c）2 企業が価格競争するとします。ベルトラン均衡での各社の価格と利潤を求めなさい。

略解

a）1 個当たりの利潤は $2 - x_1 - 1$ ですから、利潤は $(2 - x_1 - 1)x_1$ となります。利潤最大化の条件はこれを微分して 0 となることです。つまり、$1 - 2x_1 = 0$ です。これを解いて、$x_1 = 1/2$ となります。ここから、企業 1 の利潤は $1/4$ になることが計算できます。

b）企業 1 にとって 1 個当たりの利潤は $2 - x_1 - x_2 - 1$ ですから、利潤は $(2 - x_1 - x_2 - 1)x_1$ となります。利潤最大化の条件はこれを微分して 0 となることです。つまり、$1 - 2x_1 - x_2 = 0$ です。これを解いて、$x_1 = (1 - x_2)/2$ となります。これが企業 1 の最適反応を表します。同じように企業 2 の最適反応は、$x_2 = (1 - x_1)/2$ となります。これらを連立方程式として解くことで、クールノー均衡では、$x_1 = x_2 = 1/3$ となります。ここから、それぞれの企業の利潤は $1/9$ になることが計算できます。

なお、企業の生産量の和は $2/3$ で、これは独占の時より多くなっています。そこで価格が独占の時より下落し、利潤の和は独占の時の $1/4$ から $2/9$ へ減少しています。

c）同質財ですから、1 社のみが残りそれ以外の企業はその価格では利潤が出ないか、またはすべての企業の利潤がゼロとなります。ここでは 2 企業の限界費用は等しいですから、利潤がゼロとなります。つまり、$p_1 = p_2 = 1$ で、それぞれの企業の利潤は 0 になります。

練習問題 4-2

差別化された財の市場における寡占の状況を、2 社の複占の場合で分析しましょう。企業 1 において、生産量を x_1、価格を p_1、限界費用を c_1 と表しま

す。企業2についても、同じように x_2、p_2 と c_2 を定義します。なお、固定費用は存在しないとします。企業1の需要が $x_1 = 4 - 2p_1 + p_2$ で企業2の需要が $x_2 = 4 - 2p_2 + p_1$ と表せるとします。同時手番で両社の限界費用が分かっている状況を考えます。$c_1 = c_2 = 1$ とします。なお、この需要関数は、価格の式(逆需要関数と呼ばれます)に変形すると、$p_1 = (12 - 2x_1 - x_2)/3$ で $p_2 = (12 - 2x_2 - x_1)/3$ となります。

a) 2企業が数量競争するとします。クールノー均衡での各社の生産量と利潤を求めなさい。

b) 2企業が価格競争するとします。ベルトラン均衡での各社の価格と利潤を求めなさい。

略解

a) 1個当たりの利潤は $(12 - 2x_1 - x_2)/3 - 1$ ですから、利潤は $x_1(9 - 2x_1 - x_2)/3$ となります。利潤最大化の条件はこれを微分して0となることです。つまり、$9 - 4x_1 - x_2 = 0$ です。これを解いて、$x_1 = (9 - x_2)/4$ となります。これが企業1の最適反応を表します。同じように企業2の最適反応は、$x_2 = (9 - x_1)/4$ となります。これらを連立方程式として解くことで、クールノー均衡では、$x_1 = x_2 = 9/5$ となります。ここから、それぞれの企業の利潤は $54/25$ になることが計算できます。

b) 企業1にとって1個当たりの利潤は $p_1 - 1$ ですから、利潤は $(p_1 - 1)(4 - 2p_1 + p_2)$ となります。利潤最大化の条件はこれを p_1 に関して微分して0となることです。つまり、$4 - 2p_1 + p_2 - 2(p_1 - 1) = 6 - 4p_1 + p_2 = 0$ です。これを解いて、$p_1 = (6 + p_2)/4$ となります。これが企業1の最適反応を表します。同じように企業2の最適反応は、$p_2 = (6 + p_1)/4$ となります。これらを連立方程式として解くことで、ベルトラン均衡では、$p_1 = p_2 = 2$ となります。ここから、それぞれの企業の利潤は2となることが計算できます。

5 ベイジアンゲーム

　この章では、相手の正体がよく分からない場合のゲームを扱います。この場合には、相手の行動を予測するほかに、プレイヤーは相手の正体に関しても推測する必要がでてきます。どうやってこの状況を定式化すればよいか、またそこでの戦略はどう考えればよいかを説明します。そして、このような状況の代表例としてオークションを分析します。

5-1. 相手の正体が分からない時のゲーム

◆不完備情報

　ゲーム理論は、相手の正体がよく分からない状況をどのように定式化するでしょうか。まずは次の例を見てください。

　太郎が公園で遊んでいました。1つしかないブランコで遊ぼうとしていたら、向こうから次郎が来て次郎もブランコで遊びたいと言い出しました。太郎と次郎にはそれぞれ2つの戦略があります。ブランコのところに残るか、あるいは他の遊びに行くかです。ここではそれぞれ同時に戦略を選ぶとします。どちらかが他に遊びに行ってもう1人が残った時は、ブランコが取れた子は嬉しいので1の利得を得て、他に行った子は悔しいので－1の利得を得るとします。両方とも他の遊びに行った時はそれぞれ0の利得を得ます。両方とも残った時はけんかになります。けんかの場合の利得は、次郎のけんかの強さによります。いずれにせよ勝った子は1の利得を得て負けた子は痛い思いをして－2の利得を得ます。太郎のけんかの強さはそこそこであるとみんな知っています。しかし、次郎がけんかに強いかどうかは本人は知っていますが他の人は知

図 5-1 ブランコをめぐる駆け引き

強い次郎

		ブランコ	他の遊び
太郎	ブランコ	1 −2	−1 1
	他の遊び	1 −1	0 0

弱い次郎

		ブランコ	他の遊び
太郎	ブランコ	−2 1	−1 1
	他の遊び	1 −1	0 0

らないとします。ただ、一般的に男の子が太郎よりけんかが強い確率は p であるので、次郎が太郎より強い確率は p であると太郎は思っています。

次郎が強いか弱いかが太郎に分かっていれば今までのやり方を使って分析できます（図 5-1 参照）。次郎が強ければ次郎は必ずブランコのところに残り（支配戦略になっています）太郎は他の遊びに行きます。逆に次郎が弱ければ、太郎にとってブランコで遊ぶことが支配戦略になり、次郎は他の遊びに行きます。しかし、次郎のけんかの強さがはっきり分からない時には、これまでの定式化ではうまくいきません。2人の利得の構造がはっきりと定まっていないからです。このようにゲームの構造の一部（たとえば利得）をあるプレイヤーが知らない時、このゲームは**不完備情報**であるといいます。これに対して、相手の行動について分からない時は、**不完全情報**といいます。この2つはゲームの状況で異なった意味があるので、ゲーム理論では区別して使います（不完備情報では、「ふり」や相手の利得を知ろうとする活動が重要になるのに対し、不完全情報では相手の行動を推測することが重要になります）。

◆ベイジアンゲーム

この状況を分析する手段としてゲーム理論家のハルサニが考え出した方法は、「けんかの強い次郎と弱い次郎は違う戦略を取るのだから違うプレイヤーと考える」ことでした。そう考えれば、太郎の戦略と強い次郎の戦略の組み合わせでは利得がきちんと定まり、また太郎の戦略と弱い次郎の戦略の組み合わせでも利得がきちんと定まり、利得の不確定性がなくなります。その上で、太郎は次郎が強いか弱いかを期待値を持って対応するとすればよいとしました。

この方法では、同じプレイヤーでもけんかの強さなど利得の構造の違いに応

じて違うプレイヤーと考えます。しかし、これでは混乱を招きやすいので、同じプレイヤーでも性質が違って利得が異なる場合は異なる**タイプ**というように呼び表します。上の例では、強いタイプと弱いタイプというように呼び分けます。不完備情報のゲームをこのように考えて定式化した場合は、**ベイジアンゲーム**と呼びます（ベイズは主観的に意思決定する時の分析を体系化した統計学者の名前です）。

つまり、ベイジアンゲームでは、
1）同じプレイヤーでも利得の構造が違うことを知っている場合は違うタイプであるとして、あたかも違うプレイヤーのように独立に戦略を選ぶとしますし、
2）相手の利得の構造が分からないプレイヤーは、相手にいろいろなタイプがあると考えて、期待値を取って最適反応を決めます。

ベイジアンゲームでのナッシュ均衡は、すべてのタイプとプレイヤーがそれぞれ最適反応を取っている時です。この場合はとりわけ**ベイジアン＝ナッシュ均衡**と呼ばれます。

上のゲームでは、強い次郎は必ずブランコのところに残ります（以下の分析の過程に興味がある読者は、章末の数学付録参照）。もし次郎が強いと思われる確率がもともと2/3より大きければ、太郎は次郎が強いことを恐れ他の遊びを選びます。弱い次郎はこれを見越してブランコに残ります。一方、次郎が強いと思われる確率がもともと1/2より小さい時には、ブランコに残った方が太郎にとって得になります。これを見越して、弱い次郎は他の遊びを選びます。ベイジアンゲームでは、一般に相手の正体に対する事前の予想が、均衡の結果に影響を及ぼします。

この例で興味深いのは、次郎が強いと思われる確率が2/3より大きい時です。この場合のベイジアン＝ナッシュ均衡では、太郎は他の遊びを選び、次郎はたとえけんかが弱くてもブランコを獲得できます。弱い次郎は、自分の正体を明かさないことで得をしています。このように、相手が自分の正体を知らない時に、何かの「ふり」をして自分に有利な結果を導けることは多くあります。フリーマーケットで価格交渉の時に、欲しくないふりをして価格を下げさせるのはこの例です。あるいは、企業が自社の技術が高いふりをして他社の参入を防ごうとするのもこの点から解釈できます。いずれの例も正体が分からないことを利用して、自分に有利にしようとしています。

5-2. オークション

◆オークションとは

　ベイジアンゲームの重要な具体例としてオークション（競売）があります。**オークション**とは、物を売る時に多数の参加者を集めてそれぞれいくらで買うかを言ってもらって（入札といいます）、一番高い価格を付けた人に売る（落札といいます）仕組みです。オークションでは、参加者がどれくらいその財を欲しがっているかが分からず、参加者の間で不完備情報が発生します。オークションをする側としては、このような不完備情報を利用してできるだけ高く売ろうとしています。参加者は、もしかして別の参加者の方がより欲しがっていて高い価格を付けるのではと考えると、ついつい高い価格を付けることになります。

　オークションは現実の経済でよく使われています。絵画や骨董品のオークションは TV などでも報道されたりしますから知っている人も多いと思います。魚市場や青果市場でのせりもオークションです。金額の大きいものでいえば、国債もオークションで販売されています。また、石油の採掘権なども国際的にオークションされることが多くあります。これらはすべて財を売る方ですが、財を買う時にも入札で行うことがあります。これはオークションとは反対に安く買うための手段ですが、オークションで得られた結論の多くは逆から読めば（つまり高くを安く）、そのまま買う方の入札にも適用できます。買う方の入札は、公共工事の発注あるいは原材料や部品の注文に際してよく行われます。

◆オークションの種類

　オークションの仕方にはいくつかの種類があります。

　ひとつの方式は、価格を順番に変えていって一番高く値を付ける人を決める方法です。絵画のオークションのように、順番に価格を上げていって最後まで残った人が買う方式をイングリッシュ・オークションといい、逆に価格を下げてきて一番最初に買うと言う人が買える方式をダッチ・オークションといいます（これらはそれぞれイギリスとオランダでよく行われていたのでそう呼ばれています）。

　もうひとつの方式は、封筒などに価格を隠して提出し一番高い価格を付けた

人が落札できる方式です。この方式の中で、一番高い価格を付けた人がその価格で買う方式をシールドビッド・ファーストプライス・オークションといい、一番高い価格を付けた人が入札された中で二番目の価格で買う方式をシールドビッド・セカンドプライス・オークションといいます（シールドビッドとは封をして入札するということです）。後者の方式は、一番高い価格を付けた人が少し安い二番目の価格で買えるので買い手に有利に見えます。しかし、次の節で述べるように安く買えると思うと高く入札してしまい、結局は両者の間でどちらが参加者に有利とは簡単にはいえません。

5-3. オークションでの最適な戦略

◆オークションのモデル

オークションでの最適な戦略を2人のプレイヤーが1枚の絵をめぐって競っている状況で考えてみましょう。プレイヤー1はこの絵は自分には（金銭で計って）v_1 の価値があると思い、プレイヤー2はこの絵は自分には v_2 の価値があると思っています。しかし、これらの判断は相手には分からないとします。また、絵の価値は個人の価値観できまり、プレイヤーの間で相関はないとします。この時オークションは、私的価値オークションと呼ばれます。ただこの絵の価値は1と2の間で一様に分布していると知られています。利得に関して相手の知らないことを知っているので、これはベイジアンゲームとなっています。双方がそれぞれ利得について相手の知らないことを知っているので、双方で価値が違うごとに違うタイプを考える必要があります。プレイヤーは、安く買えれば買えるほどよいと思っており、支払い金額は利得のマイナス要因です。

たとえばこの絵はピカソの傑作であるとして、利得の単位は1億円であるとしましょう。もし、$v_1 = 1.5$ であるとすると、プレイヤー1はこの絵が1.5億円の価値があると考えていることになります。注意したいのは、このプレイヤーは何が何でもこの絵を欲しがっているわけではないことです。もしこの絵の値段が1.5億円を超えるようであれば、むしろそのお金は他のことに使った方がよいとプレイヤー1は考えています。逆に、値段が1.5億円より低く買えるのであれば、その分だけより嬉しいとプレイヤー1は考えます。ここでの利得は、この絵を買うことが他の使途に比べてどれくらいよりうれしいかを測って

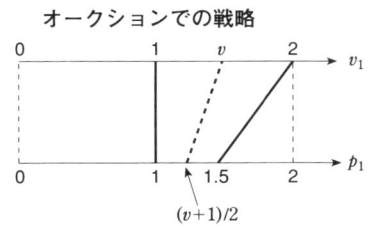

図 5-2　シールドビッド・ファーストプライス・オークションでの戦略

いると考えると、直感的に理解できます。

◆シールドビッド・ファーストプライス・オークションでの最適戦略

　最初に、シールドビッド・ファーストプライス・オークションでの最適戦略を分析します。この場合、プレイヤー 1 が p_1 という価格を書いて入札して勝ったとすると（つまり自分の書いた価格の方が高かったとすると）、このプレイヤーの利得は $v_1 - p_1$ となります。さてこの時自分にとっての価値が v_1 と思っているプレイヤーはいくらと書けばよいでしょうか？　価格を v_1 より高くしては、落札した時に損したと思うのでそんなことはしません。価格を v_1 と書けば、確かに自分が勝つ可能性は高まります。しかし、その場合は落札してもそれほどうれしくありません。v_1 の価値があるものを v_1 を払って買ったわけですから利得はゼロとなってしまいます。より多くの利得を得るためには、自分の本当の価値よりも低い価格で入札することが最適になります。価格を下げると、自分が勝てる可能性は低まりますが、競り勝った時の利得が高くなるからです。ただあまり価格を下げすぎてしまうと、勝てる可能性が大きく減ってしまいます。そこで、プレイヤーは勝てる可能性と勝った時の利得の 2 つを考慮して、最適な入札価格を決定します。

　ここでの例の場合は、$p_1 = (v_1+1)/2$ と $p_2 = (v_2+1)/2$ という価格を付けるとすると、お互いに最適反応を取っていることになり、ベイジアン＝ナッシュ均衡となります（これらが最適反応になることは、章末の数学付録で説明しています）。図 5-2 では、この関係をプレイヤー 1 について示しています。上の段がプレイヤーの評価による価値で下がプレイヤーが実際に付ける価格です。どのタイプの付ける価格も本当の価値より低くなっています。たとえば、$v_1 = 1.5$ の時は1.25 と価格を付けます。

◆シールドビッド・セカンドプライス・オークション

　今度は、シールドビッド・セカンドプライス・オークションを考えましょう。この場合は一番高い価格を付けた人が勝ちで二番目に高い人の付けた価格を払います。さてこの場合はどのような価格を付けたらよいでしょうか？　実はこの場合は支配戦略があって、相手が何をしてこようが「自分の価値と等しい価格を付ける」ことが最もよい戦略となります。なぜなら、支払う価格は自分の付けた価格ではないので、価格を付けるに当たって重要なのは自分が勝てるかどうかだからです。

　まず最初に、自分の価値 v_1 より低く価格を付ける戦略（p_1 という価格としましょう）と自分の価値と等しく価格を付ける戦略を比べましょう。他の人の方が自分の価値より高い価格を付けた時には、このどちらの戦略でも落札できないので、この両者は同じ利得をもたらします。また、他の人の価格が低くて、低い価格でも落札できる時にも、この両者からの利得は同じです。この場合、低い価格を付けても、落札で払う価格は、2番目に高い価格だからです。この2つの戦略で差が出るのは、他の人の付ける価格（たとえば p_2 としましょう）が p_1 より大きく自分の価値より低い場合です（$p_1 < p_2 < v_1$）。この場合は、価格を自分の価値である v_1 にしておけば、相手に勝ててしかも支払いは p_2 で済むので、正の利得を上げることができます。一方、低い価格 p_1 を付けた場合は落札に失敗して利得はゼロとなります。ですから、いかなる場合でも自分の価値より低く価格を付けて得をすることはないばかりか、損をすることもあります。

　次に、自分の価値より高い価格を付ける戦略（p'_1 という価格としましょう）と自分の価値と等しく価格を付ける戦略を比べましょう。上の場合と同じように、他の人の価格がすべて v_1 より低いか、p'_1 より高い場合には、この両者で利得の違いがないことが簡単に示せます。違いが出るのは、他の人の一番高い価格が v_1 より大きく p'_1 より小さい場合です。この場合、p'_1 という価格を付ければ落札に成功するのですが、支払う価格が自分の価値 v_1 より大きくなって、かえって損をしてしまいます。ですから、自分の価値より高い価格を付ける戦略もよくないことが分かります。

　ここから、自分の価値と等しい価格を付けることが、他のどんな戦略よりよい支配戦略になっていることが分かります。シールドビッド・ファーストプライス・オークションでは、わざと低く入札することが必要でしたが、シールド

ビッド・セカンドプライス・オークションでは、正直に自分の価値で入札することが最もよくなっています。

◆両者の比較

両者を簡単に比べてみましょう。ファーストプライスの場合は自分が書いた価格を払うので、自分の価値より割り引いて価格を書きます。一方、セカンドプライスの場合は、自分の書いた価格は勝つかどうかにだけ重要なので、正直に自分の払えるだけの高い価格を書きます。結果として、上の簡単な例では支払う金額の期待値は同じになります（計算過程を知りたい読者は数学付録を参照してください）。

もう少し複雑で2人の利得が相関している場合（共通価値オークションと呼ばれます）では、セカンドプライスの方がむしろ支払額が大きくなることがあります。というのは、ファーストプライスの場合、いわゆる「勝者の災い」と呼ばれる事態を懸念して入札価格を低めに言うからです。勝者の災いとは、自分が落札したのは自分の評価が過大であったためであり、落札するとかえって自分としては損することをいいます。一方、セカンドプライスでは、二番目の価格で買うので自分の過大評価は自分の払う価格に影響せず、入札価格を低めにいう必要はありません。そこで、オークションをする側としては、セカンドプライスの方式の方が有利になり、最近ではセカンドプライスの方式が取り入れられる例が増えてきました。

第5章のまとめ

- 利得構造についてゲームの開始時に知っているプレイヤーと知らないプレイヤーがいる場合、知っている利得構造の違いごとに違うタイプと考えて対応を考えるのがベイジアンゲームの考え方です。
- ベイジアン・ナッシュ均衡とは、それぞれのプレイヤーのそれぞれのタイプごとに最適反応となるような戦略の組み合わせです。
- シールドビッド・オークションでは、ファーストプライスの場合は自分の評価を割り引いて入札し、セカンドプライスの場合は自分の評価で入札することが最適な戦略です。

練習問題 5-1

第4章の練習問題4-1で、同時手番のまま不完備情報の状況を考えましょう。企業1の限界費用は $c_1 = 1$ であることが知られています。一方、企業2の限界費用は $c_2 = 1$ か $c_2 = 1.2$ のどちらかですが、企業2以外には知られていないとします。なお、企業2の費用が $c_2 = 1$ である確率は1/2であると知られています。ベイジアン・ナッシュ均衡での各社の生産量を求めなさい。

略解

ベイジアン・ナッシュ均衡を考えるためには、すべてのプレイヤーとすべてのタイプで最適反応を計算する必要があります。限界費用が安い企業2（安いタイプ）の生産量を x_2 とし、限界費用が高い企業2（高いタイプ）の生産量を y_2 とします。

企業2（安いタイプ）の最適反応は、その利潤 $(2-x_1-x_2-1)x_2$ を最大にすることで求まります。ここから最適反応は、$x_2 = (1-x_1)/2$ であることが分かります。

同じように、企業2（高いタイプ）の最適反応は、その利潤 $(2-x_1-y_2-1.2)y_2$ を最大にすることで求まります。ここから最適反応は、$y_2 = (0.8-x_1)/2$ であることが分かります。

企業1は期待利得 $(1/2)\times(2-x_1-x_2-1)x_1+(1/2)\times(2-x_1-y_2-1)x_1$ を最大化します。ここで、式の第1項目は企業2が安いタイプの時の利得で、第2項目は企業2が高いタイプの時の利得で、確率 $(1/2)$ をかけて期待値を計算しています。利潤最大化の条件は、$1-2x_1-(1/2)\times(x_2+y_2) = 0$ です。つまり、企業1の最適反応は $x_1 = \{1-(1/2)\times(x_2+y_2)\}/2$ となります。ここでの最適反応は、企業2の2つのタイプの平均を取ったものに対する最適反応とたまたま一致しています（一般には成立しません）。

企業1と企業2の2つのタイプについて、最適反応を連立方程式と見て解くと、$x_1 = 11/30$, $x_2 = 19/60$ で $y_2 = 13/60$ となります。ここから、利潤は簡単に計算できます。

練習問題 5-2

私的価値オークションを考えます。
a) シールドビッド・ファーストプライス・オークションと同じ結果をもたらすのは、イングリッシュ・オークションでしょうか、それともダッチ・オークションでしょうか？
b) シールドビッド・セカンドプライス・オークションと同じ結果をもたらす

のは、イングリッシュ・オークションでしょうか、それともダッチ・オークションでしょうか？

略解

a）ダッチ・オークションでは、価格が上から下がってくるので、自分が落札できるとすれば、それは自分が入札しようと思っていた価格が、他の誰よりも高かった時です。この価格は前もって決めておいたものですから、ダッチ・オークションとシールドビッド・ファーストプライス・オークションは同じ結果をもたらします。

b）イングリッシュ・オークションでは、価格が下から上がっていくので、自分が落札できるとすれば、それは他の人が全員脱落した時です。つまり、2番目に高い人の価格で買えることになります。ですから、イングリッシュ・オークションとシールドビッド・セカンドプライス・オークションは同じ結果をもたらします。

ただ、共通価値オークションの場合には、イングリッシュ・オークションとシールドビッド・セカンドプライス・オークションは必ずしも同じ結果をもたらしません（上の場合は、共通価値でも同じ結果になります）。共通価値の場合には、他の人の行動から他の人の持っている情報を類推することも重要になります。この点では、公開型のイングリッシュ・オークションは有利といえます。他のプレイヤーがどの価格で脱落していったかを見ることで、多くの情報が手に入ります。よりたくさんの情報が手に入ることで、勝者の災いの問題を軽減できます。もっとも、公開型では、参加者がその場で結託することで、価格を上げないように協力を始めてしまう可能性があります（お互いの入札価格が観察できるため、裏切りを防いだり牽制したりしやすいといわれています）。そこで、結託のしにくいシールドビッド・セカンドプライス・オークションも実務ではよく採用されます。

数学付録1：ブランコをめぐる駆け引き

それぞれのプレイヤーとタイプの最適反応を分析します。簡単に分かるのは、強い次郎は必ずブランコに残ることです。太郎が何をしてきても、ブランコに残ることが支配戦略になるからです。太郎と弱い次郎については、混合戦略による均衡を求めた時の手法を使います。弱い次郎がブランコに残る確率を a とし、太郎がブランコに残る確率を b とします。

太郎の期待利得を求めて、最適反応を求めましょう。太郎がブランコに残ると、次郎の方が強い確率は p ですから、その確率で -2 の利得とな

ります。そして、残りの確率$1-p$で次郎の方が弱くその場合は弱い次郎のどちらの戦略でも１の利得となります。そこで期待利得は、$-2p+(1-p) = 1-3p$となります。一方、他の遊びに行った時は、次郎の方が強い時は-1の利得です。そして、次郎の方が弱い時には、次郎が確率aでブランコに残ると太郎はマイナス１の利得になり、次郎が確率$1-a$で他の遊びに行くと太郎は０の利得になります。そこで、太郎が他の遊びを選んだ時の期待利得は、$-p-(1-p)a$となります。ここから、$1-3p$と$-p-(1-p)a$の大小関係で最適反応が決まります。つまり、aが$(2p-1)/(1-p)$より大きければ、ブランコに残る$(b=1)$ことが最適反応となり、逆に小さければ他の遊び$(b=0)$が最適反応となります。両者が等しい時はどの戦略も最適反応です。

弱い次郎の期待利得を求めて、最適反応を求めましょう。弱い次郎はブランコに残ると、確率bで太郎もブランコに残り-2の利得となり、確率$1-b$で太郎は他の遊びに行き１の利得になります。そこで、ブランコに残ると、期待利得＝$-2b+(1-b) = 1-3b$となります。弱い次郎が他の遊びに行った時の期待利得は、$-b$であることが示せます。そこで、$1-3b$と$-b$の大小関係で最適反応が決まります。つまり、bが$1/2$より小さければ、ブランコに残る$(a=1)$ことが最適反応となり、逆に大きければ他の遊び$(a=0)$が最適反応となります。両者が等しい時はどの戦略も最適反応です。

これらの最適反応を使ってベイジアン・ナッシュ均衡を求めます。

まず$p < 1/2$の場合を考えます。この時、$(2p-1)/(1-p)$はマイナスになります。そこで、aは常に$(2p-1)/(1-p)$より大きくなり、上の分析から太郎はブランコに残る$(b=1)$ことが最適反応となります。$b=1$ですから、弱い次郎は他の遊びに行くことが最適反応です。この場合のベイジアン・ナッシュ均衡では、強い次郎はブランコ、弱い次郎は他の遊び、そして太郎はブランコを選びます。

次に$p > 2/3$の場合を考えます。この時、$(2p-1)/(1-p)$は１より大きくなります。そこで、aは常に$(2p-1)/(1-p)$より小さくなり、上の分析から太郎は他の遊びを選ぶ$(b=0)$ことが最適反応となります。$b=0$ですから、弱い次郎はブランコに残ることが最適反応です。この場合のベイジアン・ナッシュ均衡では、強い次郎はブランコ、弱い次郎はブランコ、

そして太郎は他の遊びを選びます。

最後に $1/2 \leq p \leq 2/3$ の時を考えます。この時、$(2p-1)/(1-p)$ は 0 と 1 の間をとり、a はこの値をとります。この時は、太郎はブランコに残るか他の遊びに行くかどちらでもよくなります。簡単にこれが成り立つことを示しましょう。もし $a > (2p-1)/(1-p)$ とすると、上の分析から太郎はブランコに残る ($b = 1$) ことが最適反応となります。$b = 1$ ですから、弱い次郎は他の遊びに行く ($a = 0$) ことが最適反応です。しかし、$a = 0$ では想定した不等式は決して成り立ちません。同じように、もし $a < (2p-1)/(1-p)$ とすると、上の分析から太郎は他の遊びを選ぶ ($b = 0$) ことが最適反応となります。$b = 0$ ですから、弱い次郎はブランコに残る ($a = 1$) ことが最適反応です。しかし、$a = 1$ では想定した不等式は決して成り立ちません。ですから、$a = (2p-1)/(1-p)$ となり、上の分析から太郎は2つの選択肢のどちらからも同じ利得を得ることが分かります。

$1/2 < p < 2/3$ の時は、$0 < a < 1$ となり、弱い次郎は2つの戦略をばらしてとります。そこで、2つの戦略からの弱い次郎の利得は同じになります。このための条件は、$b = 1/2$ です。この場合のベイジアン・ナッシュ均衡では、強い次郎はブランコ、弱い次郎は確率 $(2p-1)/(1-p)$ でブランコ、そして太郎は確率1/2でブランコを選びます。

$p = 1/2$ の時は、$(2p-1)/(1-p) = 0$ となります。そこで、$a = (2p-1)/(1-p) = 0$ となります。$a = 0$ とは他の遊びが次郎にとって最適反応であることですから、他の遊びの期待利得がブランコからの期待利得を下回らないことが必要です。つまり、$b \geq 1/2$ です。そこで、ベイジアン・ナッシュ均衡では、強い次郎はブランコ、弱い次郎は他の遊び、そして太郎は確率1/2以上でブランコを選びます。

$p = 2/3$ の時は、同じように $a = (2p-1)/(1-p) = 1$ となります。$a = 1$ とはブランコが次郎にとって最適反応であることですから、他の遊びの期待利得がブランコからの期待利得を上回らないことが必要です。つまり、$b \leq 1/2$ です。この場合のベイジアン・ナッシュ均衡では、強い次郎はブランコ、弱い次郎はブランコ、そして太郎は確率1/2以下でブランコを選びます。

数学付録2：オークションの計算

　最初にシールドビッド・ファーストプライス・オークションで、$p_1 = (v_1+1)/2$ と $p_2 = (v_2+1)/2$ という価格を付けることが、ベイジアン＝ナッシュ均衡になっていることを説明します。

　価値が v_2 のプレイヤー2が $(v_2+1)/2$ という価格を付けてくることを前提に、価値が v_1 のプレイヤー1の最適反応を求めましょう。このタイプのプレイヤーが p_1 という価格を付けたとすると、p_1 が $(v_2+1)/2$ より大きければ相手に勝てます。つまり、$v_2 < 2p_1-1$ の時です。v_2 は1と2の間で一様分布していますから、そうなる確率は $2p_1-2$ となります。入札して勝った時の利得は v_1-p_1 ですので、期待利得は $(v_1-p_1)\times(2p_1-2)$ となります。これを p_1 に関して最大化する解は $p_1 = (v_1+1)/2$ となります。確かに、これがプレイヤー1の最適反応となります。

　同じように、プレイヤー1の戦略を前提とすると、プレイヤー2の最適反応が上で書いた形になることが示せます。ですから、これらの戦略の組み合わせがベイジアン＝ナッシュ均衡であることが分かります。

　次に、シールドビッド・セカンドプライス・オークションで自分の価値で入札する時の利得の期待値が、シールドビッド・ファーストプライス・オークションでの最適な入札価格と等しいことを示します。プレイヤー1の価値が v_1 とします。プレイヤー1が落札するとすれば、プレイヤー2の価値はこれ以下でなくてはいけません。つまり、プレイヤー1が落札するという条件の下でのプレイヤー2の価値の分布は $[1, v_1]$ の一様分布です。この分布の期待値は $(v_1+1)/2$ です。確かに、シールドビッド・ファーストプライス・オークションでの最適な入札価格と等しくなっています。

6 時間を通して行われるゲーム

　これまではプレイヤーが同時に戦略を選ぶ状況を分析してきました。ここから第10章までは、時間を通して戦略を選ぶ状況を分析します。そこでの主要な論点は、「自分の現在の行動に対して相手が将来どのように反応してくるかを読み込んで」戦略を選ぶことです。いわゆる駆け引きです。駆け引きにはどういう要素があり、どうやって予測をすればよいかについて見ていきたいと思います。

6-1. 展開形の書き方

◆展開形

　同時手番のゲームでは、戦略の組み合わせと利得の関係を示す戦略形で分析してきました。戦略は一度のみしかも同時に選ぶわけですから、戦略形で充分にいろいろな分析が行えます。これに対して、時間を通して戦略を選ぶような状況では、それぞれの意思決定の場面ごとにプレイヤーの観点からゲームを見ることで、ゲーム全体の戦略を見ているだけでは分からないような新しい見地が開けます。それを可能にするのが展開形です。展開形では、それぞれのプレイヤーが意思決定に当たってどういう選択肢を持ちまた何を情報として知っているかを考慮しながら、ゲームの進行に沿って分析をします。

　展開形では、人々が行動を選ぶところを**意思決定ノード**といいます。ノードとは分岐点のことです。それぞれの意思決定ノードはある1人のプレイヤーの手番となります。意思決定ノードから出ている枝は、その意思決定ノードにおいて取ることができる行動戦略を表します（そしてすべての状況で行動戦略を

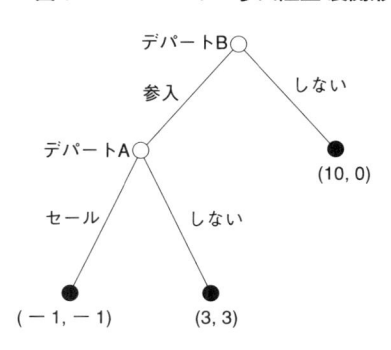

図6-1 デパートの参入阻止 展開形

```
            デパートB ○
           参入 /     \ しない
              /       \
       デパートA ○     ● (10, 0)
         セール /  \ しない
              /    \
         ●        ●
       (−1, −1)  (3, 3)
```

定めたものが戦略です）。なお、枝の全体は逆さまにすると木に見えるということで、**ゲームの木**といわれるということは第2章でも説明しました。一方、ゲームが終わるところを**終端ノード**といいます。どの終端ノードもゲームの最初からそこへたどり着く行動戦略の組み合わせは1つしかありません。図の上では意思決定ノードの横にそこで行動するプレイヤーの名前を書き、枝の横に行動戦略の種類を書きます。そして終端ノードにはプレイヤーたちの利得を書きます。

図6-1は第2章で紹介したデパートの参入阻止のゲームです。デパートBが参入するかどうかを考えています。これは一番上の白丸のところです（ここでは意思決定ノードを白丸で示します）。そこでの選択肢つまり行動戦略は「参入」するか「しない」かの2つです。参入しない場合にはゲームは終了し一番右の終端ノードにたどり着きます（ここでは終端ノードを黒丸で示します）。この時は参入が阻止されて、デパートAは10の利得を得ますが、デパートBは何の利益も得ません（図では、左側がデパートAの利得で右側がデパートBの利得です）。一方、デパートBが参入した時は、デパートAは値下げ「セール」で応じるかそれともセールは「しない」かを決めます。これは左側中央の白丸のところで表されています。ここでは、デパートAが意思決定を行い、行動戦略は「セール」か「しない」かの2つです。セールで応じた場合は、双方損をしてマイナス1の利得を得ます。セールをしなければ、それぞれ3ずつの利得を得ます。これらが、左下側の2つの黒丸のところに表してあります。

図 6-2　後出しありのジャンケン

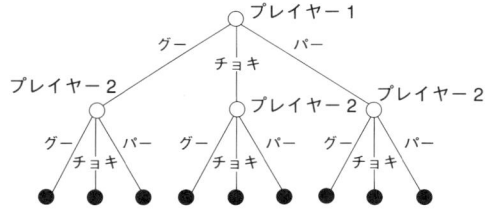

```
                      プレイヤー1
             グー         チョキ        パー
         プレイヤー2   プレイヤー2   プレイヤー2
        グーチョキパー グーチョキパー グーチョキパー
        ● ● ●       ● ● ●       ● ● ●
       (0,0)(1,-1)(-1,1)(-1,1)(0,0)(1,-1)(1,-1)(-1,1)(0,0)
```

6-2. ゲームにおける情報の表し方

◆情報構造

　それぞれの手番でプレイヤーが何を知っているかを**情報構造**といいます。情報構造は、プレイヤーの行動に大きく影響します。展開形でプレイヤーが何を知っていて何を知らないか（情報構造）をどう表すかを、例を使って見てみます。ジャンケンを考えてください。まず最初はプレイヤー2が後出しするじゃんけんを考えます。図6-2を見てください（左側がプレイヤー1の利得で右側がプレイヤー2の利得です）。ここでは、プレイヤー1が何をしたかを見て、プレイヤー2が行動戦略を選びます。そこで、プレイヤー2は、プレイヤー1のグー、チョキ、パーのそれぞれに対し違う行動戦略を立てられます。

　これに対して通常のジャンケンでは、プレイヤー2はプレイヤー1が何を出すかを知らずに自分の行動を決めます。図6-2でいうと、プレイヤー2は自分が3つの意思決定ノードのどこにいるか分からないことになります。展開形では、このことをこの3つの意思決定ノードを点線で結ぶか（図6-3）あるいはぐるりと雲形に囲って（図6-4）示します（このゲームは逐次手番を基に描いてありますが、プレイヤー2はプレイヤー1が何をしたか分からずに戦略を決めるので、同時手番のジャンケンと同じものと考えることができます）。この工夫で相手の行動が分からないようなゲームも展開形を使って表すことができます。

　本書では点線で結ぶ方式を使います。点線で結んだ意思決定ノードをひとまとまりと見ると、ひとつひとつのまとまりはプレイヤーがそこにいるというこ

図6-3　普通のジャンケン

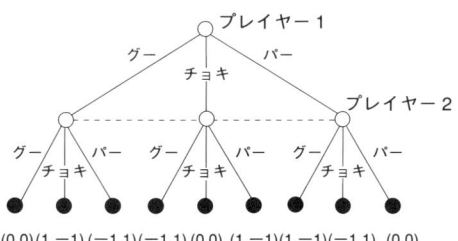

```
                    プレイヤー1
              グー      チョキ      パー
                                          プレイヤー2
           ○----------○----------○
         グー チョキ パー  グー チョキ パー  グー チョキ パー
         ● ● ●        ● ● ●        ● ● ●
```
(0,0)(1,−1)(−1,1)(−1,1)(0,0) (1,−1)(1,−1)(−1,1) (0,0)

図6-4　普通のジャンケン　その2

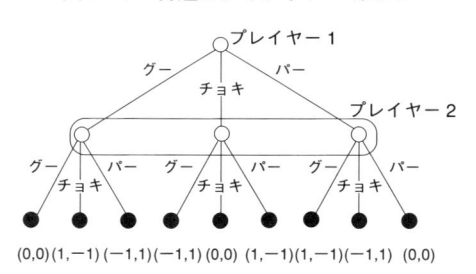

```
                    プレイヤー1
              グー      チョキ      パー
                                          プレイヤー2
           ○          ○          ○
         グー チョキ パー  グー チョキ パー  グー チョキ パー
         ● ● ●        ● ● ●        ● ● ●
```
(0,0)(1,−1)(−1,1)(−1,1)(0,0) (1,−1)(1,−1)(−1,1) (0,0)

とを知っていることを表します。それがプレイヤーの持っている情報であるという意味で、ひとまとまりの意思決定ノードの集まりを**情報集合**と呼びます。

　情報集合の考え方を理解するため、次の例を考えてください。ジャンケンをするのですが、プレイヤー1が先に出さなくてはいけないことになりました。ただ、細長い紙で手を覆ってよいことになりました。紙で覆うことでグーかチョキの時は上手に隠せます。そこで、プレイヤー1はそのどちらを出したかを相手から隠すことができます。しかし、パーの時は紙からはみ出して相手に分かってしまいます。このようなジャンケンはどのように展開形で描いたらよいでしょうか。図6-5を見てください。ここではプレイヤー2はプレイヤー1がグーかチョキを出したかは区別できませんので、左と中央に対応する意思決定ノードは点線でつないであります。一方、プレイヤー1がパーを取ったところ（右側の意思決定ノード）は点線で結ばれていません。プレイヤー2は、プレイヤー1がパーを取ればそれを知ることができるからです。この場合のプレイヤー2の情報集合は、{左（の意思決定ノード）、中央}と{右}の2つとな

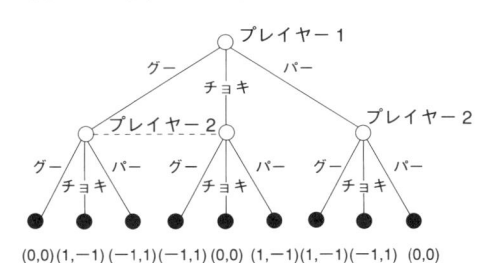

図6-5 細長い紙で覆える後出しジャンケン

```
                    プレイヤー1
              グー     チョキ      パー
         ┌─────────┼─────────┐
    プレイヤー2   プレイヤー2   プレイヤー2
   グーチョキパー グーチョキパー グーチョキパー
   (0,0)(1,-1)(-1,1) (-1,1)(0,0)(1,-1) (1,-1)(-1,1)(0,0)
```

ります。

　情報集合についてまとめてみましょう。プレイヤーは自分はどの情報集合にいるかは知っていますが、それぞれの情報集合の中ではそのどこにいるかは分かりません。つまり、「どの情報集合にいるかを知っていること」がプレイヤーの知っていることになり、「（2つ以上の）意思決定ノードが同じ情報集合に入っていること」が知らないということを表します。この意味で、情報集合はゲームの情報構造を表しています。なおプレイヤーは情報集合内ではどこにいるかが分からないので、情報集合の中のすべての意思決定ノードで同じ行動戦略を取ります。

◆展開形での戦略

　展開形での戦略は、すべての意思決定ノードで行動戦略を選ぶことです。ナッシュ均衡を考える上で注意しなくてはならないのは、実際には起きないと思われているところでも行動戦略を特定しておかなければいけないことです。ナッシュ均衡では、自分が行動を変えた時に相手が何をしてくるかを考え合わせて、自分の最適戦略を考えます。すべての可能な戦略の組み合わせで何が起きるかを特定できなければ、ナッシュ均衡を考えることはできません。

6-3．サブゲーム完全均衡と信用できない脅し

◆ナッシュ均衡

　ナッシュ均衡の定義は展開形でも戦略形でも同じものです。なぜならこれらは同じゲームを異なる表現で表しただけだからです。いずれの場合でも、ナッ

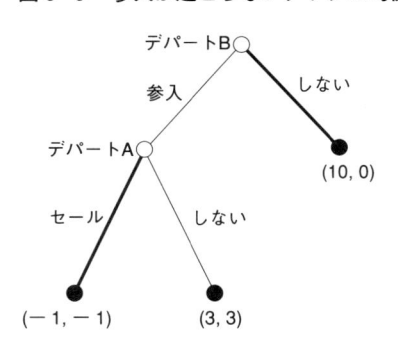

図 6-6　参入が起こらないナッシュ均衡

```
            デパートB ○
         参入 /      \ しない
              /        \
    デパートA ○          ● (10, 0)
      セール /  \ しない
           /    \
      ● (−1, −1)  ● (3, 3)
```

シュ均衡とは、すべてのプレイヤーが他のプレイヤーの戦略を前提として最適反応を取っている状態をいいます。

例として、デパートの参入阻止のゲームのナッシュ均衡を見てみましょう。このゲームには純粋戦略によるナッシュ均衡が2つあります。

その1つは、図6-6にあるように「デパートBが参入したらデパートAが値下げセールをする」として「デパートBが参入しない」という戦略の組み合わせです。デパートBは参入しないので、参入した時の戦略は何を選んでもデパートAの利得は同じです（この点はよく誤解されるので注意深く読んでください）。ですから、「デパートAにとってどんな戦略も最適反応」となります。もちろん、セールをすることも最適反応です。これを前提にすると、デパートBは参入しないことが最適反応になります。そこで、この戦略の組み合わせはナッシュ均衡となっています。図6-6では、この時に取られる戦略を太線で表しています（これ以降、展開形の図の上の太線はプレイヤーが取る戦略を表すこととします）。ここで注意してほしいのは、展開形では実際に起こらないとされている場所でも、戦略を定めておく必要があることです。参入は起きないとされていても、その時に何が起こるか定めておくことは、上の説明から明らかなように重要です。

もう1つのナッシュ均衡は、「デパートBが参入してもデパートAは値下げセールをしないので、デパートBが参入する」ような戦略の組み合わせです（図6-7）。ここでは、デパートBは参入するとされていますから、デパートAが参入後に何をするかは利得に影響します。ここではセールをしないことが（唯一の）最適反応です。また、それを前提とすれば、デパートBは参入する

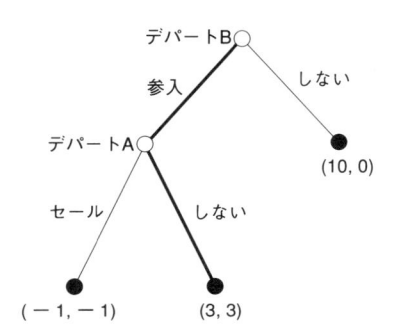

図6-7 参入が起こるナッシュ均衡

```
            デパートB ○
           参入 /    \ しない
              /      \
      デパートA ○      ● (10, 0)
       セール / \ しない
            /   \
      (−1,−1)  (3, 3)
```

ことが最適反応です。

　デパートの参入阻止のゲームには、2つのナッシュ均衡があることが分かりました。しかし、読者の皆さんの中には、最初のナッシュ均衡はあまり現実的でないと感じる人がいると思います。そこでは、デパートAは「デパートBが参入したらセールをする」と言っていますが、実際にデパートBが参入したらセールをするのはデパートAにとって損です。ですから、デパートBが実際に（均衡に逆らって）参入してしまえば、デパートAもセールはしないと考えるのが現実的です。しかし、そうだとするとこのナッシュ均衡は崩れてしまいます。

　この例は、時間を通して行われるゲームでは、ナッシュ均衡の中に必ずしも妥当でないものがあることを示しています。同じナッシュ均衡でも「より妥当性が高いものとそうでないもの」があるわけです。

◆サブゲーム完全均衡

　上で見た妥当でないナッシュ均衡では、いったんある行動が取られると、そこから先で均衡の戦略を取り続けることが合理的でなくなっていました。このことを厳密に考えるためには、まず「あるところから先のゲーム」という考え方をきちんと定式化する必要があります。それが**サブゲーム**の考え方です。サブとは部分という意味です。サブゲームとはある意思決定ノードから先のゲームの木が、他の場所と情報集合で結ばれていなくて独立しており、それ自体が1つのゲームとして考えられることをいいます。デパートの参入阻止のゲームでは、デパートAの意思決定ノードから先の部分がサブゲームです（全体のゲ

図 6-8　サブゲーム

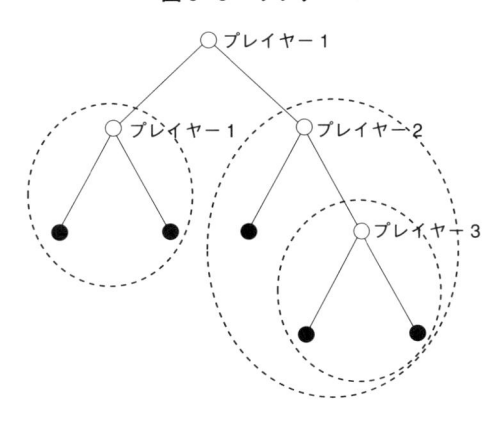

図 6-9　唯一のサブゲームは全体

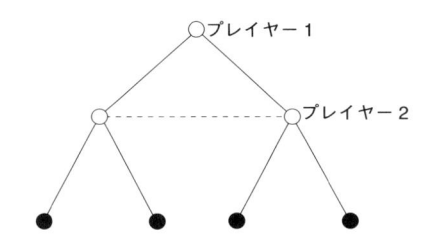

ーム自体もサブゲームと考えるのでこのゲームには2つのサブゲームがあることになります)。図6-8のゲームの木を見てください。ここでは、それぞれの意思決定ノードからスタートするゲームはすべて独立のゲームと考えられるので、全体のゲームの他に3つのサブゲームがあります。図6-9では、プレイヤー2の意思決定ノードがつながっていて、独立のゲームがそこから始まっているとはいえません。プレイヤー2がどの意思決定ノードにいるかはプレイヤー1が決めているからです。そこで図6-9では全体のゲーム以外にサブゲームはありません。

　サブゲームはある時点からスタートする小さなゲームです。ですから、そこまでたどり着いたプレイヤーたちが合理的なら、そこから先でもナッシュ均衡が起こると予測することは、ナッシュ均衡を使って予測するとした考え方と整合的です。そこで、すべてのサブゲームでナッシュ均衡となっているような均

衡がより妥当だとする考え方が出てきました（この考えを最初に提唱したのは、ノーベル賞を受賞したゼルテンです）。このような均衡を**サブゲーム完全均衡**といいます。もともとのゲームも１つのサブゲームですから、サブゲーム完全均衡はナッシュ均衡です。しかし、もともとのナッシュ均衡の定義では、ある時点から先というようなことは考慮していませんでしたから、ナッシュ均衡の中にはサブゲーム完全均衡でないものもあります。

◆信用できない脅し

サブゲーム完全均衡ではどこからスタートしてもそこから先がナッシュ均衡です。そこで、どんな状況が起こった時でもその時点から先ですべてのプレイヤーは最適反応を取り続けます。それに対し、デパートの参入阻止のゲームにおける参入が起きないナッシュ均衡で、「参入したら値下げセールをする」という戦略は、参入が起きないからそのような戦略が最適なのであって、実際に参入が起きたらそのような戦略は取りたくありません。実際にその状況が起こったら最適でなくなるような行動戦略は**信用できない脅し**と呼ばれます。実際に行動する時になると選ぶのが損な戦略は、信用できないというわけです。サブゲーム完全均衡でないナッシュ均衡では、信用できない脅しに脅されていると解釈できます。デパートの参入阻止のゲームでデパートＢが参入しないナッシュ均衡（図６-６）では、参入したら値下げセールを行うというのが信用できない脅しです。もしデパートの経営者たちが合理的であるなら、デパートＢはその脅しを信じずに参入し、デパートＡはセールを行いません。つまり、この状況ではデパートＡは参入阻止できないことが予想されます。

6-4．サブゲーム完全均衡の求め方

◆後ろ向き帰納法

サブゲーム完全均衡の見つけ方には、簡単な方法があります。まず終端ノードに一番近いサブゲームを取り出し、そこでのナッシュ均衡を一つ取り出します。そしてそのサブゲームではそのように行動戦略が選ばれるとして、今度は終端から２番目に近いサブゲームでナッシュ均衡を一つ選びます。このように繰り返してゲームの出発点までサブゲームごとにナッシュ均衡となる行動戦略を選んでいきます。すべてのサブゲームでナッシュ均衡となっていますから、

このように見つけられた全体の戦略はサブゲーム完全均衡となっています。逆に、サブゲーム完全均衡では、すべてのサブゲームでナッシュ均衡となっていなくてはいけませんから、サブゲーム完全均衡なら必ずこのようになっていなくてはいけません。

このように後ろ向きに解くことを**後ろ向き帰納法**といいます。帰納法とは順番にやるということの数学的な言い方です。小さいサブゲームを順番に解いていくことは、全体のゲームでの均衡を一度に扱うよりはるかに容易に行うことができます。時間を通して行われるゲームでは、何が起こるかを予測する上で後ろから解くことは必須の考え方となっています。ビジネスなどでも、一番結果に近い方から現在まで逆にたどってこれからの行動を決めることがありますが、それはこの考え方の応用です。

このことをデパートの参入阻止のゲームで見てみましょう。もう一度図6－7を見てください。まず左下側のサブゲームではデパートAは値下げセールをしないのが最適となります。これが決まればデパートBは参入するのが最適反応であり、これでサブゲーム完全均衡が求まります。たしかに、後ろから解くことで容易にゲームの均衡を求めることができました。

このサブゲーム完全均衡の考え方を応用して、次の章で駆け引きのいろいろな要素を分析します。

> **コラム** ナッシュ均衡の精緻化
>
> 　ナッシュ均衡がいくつかある時に、その中でよりもっともらしい均衡を選ぶことは**ナッシュ均衡の精緻化**と呼ばれます。一般にナッシュ均衡は1つのゲームに複数あります。これでは予測としては完全ではありません。前にも述べたように、ナッシュ均衡は安定するような結果ということだけを要求していたわけですから、もっと要求する条件を増やしていけばそれを満たす均衡の数は減っていきます。サブゲーム完全均衡は、すべてのサブゲームでナッシュ均衡となることを要求して、ナッシュ均衡の中でも妥当なものと妥当でないものを選び分けます（図6－①はこの関係を表しています）。
>
> 　ナッシュ均衡の精緻化として、この他にもいろいろな条件が考え出されました。精緻化を進めることで予測の範囲を狭めることができるので、多くの研究者が競って新しい条件を提案した時期がありました。しかし、この手法にはひとつ問題があります。条件を課せば課すほど、プレイヤーがそれだけ賢く戦略を選んでいるということを暗に仮定することになることです。たとえば、デパートの参

図6-① ナッシュ均衡の精緻化

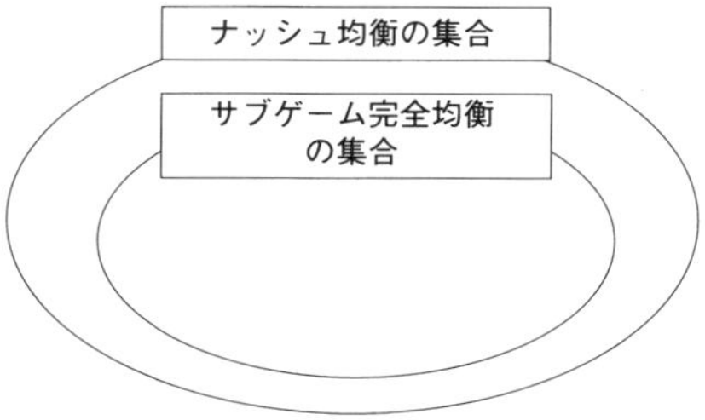

```
┌─────────────────────────┐
│   ナッシュ均衡の集合      │
│  ┌─────────────────┐    │
│  │ サブゲーム完全均衡 │   │
│  │ の集合           │    │
│  └─────────────────┘    │
└─────────────────────────┘
```

入阻止のゲームを考えてみてください。サブゲーム完全均衡では、デパートBは将来のことを予想して、「いったん参入したらデパートAは値下げセールをしないだろう。だから、参入する」と考えます。ナッシュ均衡では、「相手の戦略に対して自分の戦略が最適である」という意味での安定だけを要求していたことに比べると、この場合のプレイヤーはより深く考えていることが分かります。ところが、実際にプレイしているプレイヤーはそれほど深く考えているでしょうか？初めは予測の力を強めると歓迎された精緻化ですが、やがて多くの研究者から精緻化をどんどん進めていくことに疑いが出されました。

現在では、精緻化については、それが要求するだけの賢さがプレイヤーにあることが納得できる範囲で使うということになりました。多くの状況で、人々は多少は将来を読みます。たとえば、将棋や囲碁のようなゲームを考えてください。そこでは、将来を完全に読んで行動することはできません。しかし、まったく将来を考えていないわけでもありません。上手な人は数手先までは読んで戦略を考えます。この意味で、現在では、サブゲーム完全均衡の考え方は、あまり複雑ではない状況では妥当だと考えられています。しかし、それ以上の精緻化については、ゲーム理論家の間で大きく意見が分かれています。

第6章のまとめ

- 展開形では意思決定ごとに分析します。知っていることと知らないことは情報集合を使って表します。
- どこからはじめてもナッシュ均衡になっているような均衡を、サブゲーム完全均衡といいます。サブゲーム完全均衡では、信用できない脅しは排除されます。
- サブゲーム完全均衡は後ろから解くことで求められます。これを後ろ向き帰納法といいます。

練習問題 6-1

ゲームAを展開形で表しなさい。

図 6-② ゲーム A

		プレイヤー2	
		左	右
プレイヤー1	上	2, 2	0, −2
	下	−2, 0	1, 1

略解

同時手番は、プレイヤー2がプレイヤー1の戦略を見ずに自分の戦略を選ぶことと同じです。情報集合の考え方を使うと、これを展開形で表すことができます。

図 6-③ ゲーム A　展開形

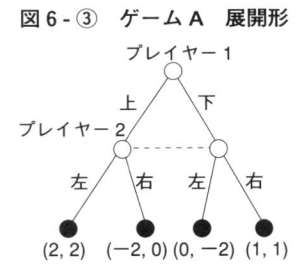

```
              プレイヤー1
               /    \
             上      下
    プレイヤー2 ○----○
            /  \   /  \
           左   右 左   右
         (2,2)(-2,0)(0,-2)(1,1)
```

練習問題 6-2

下の展開形のゲームについて答えなさい。カッコ内は左がプレイヤー1の利得で右がプレイヤー2の利得です。

図 6-④ ゲーム B

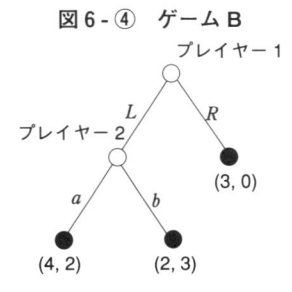

```
           プレイヤー1
           /       \
          L         R
   プレイヤー2        (3, 0)
      /   \
     a     b
   (4,2) (2,3)
```

図 6-⑤ ゲーム C

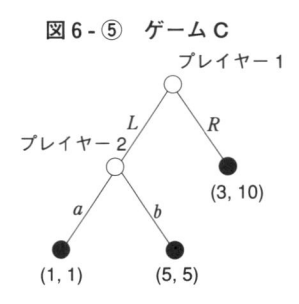

```
           プレイヤー1
           /       \
          L         R
   プレイヤー2        (3, 10)
      /   \
     a     b
   (1,1) (5,5)
```

a）それぞれのゲームで（純粋戦略による）ナッシュ均衡をすべて求めなさい。

b）それぞれのゲームでサブゲーム完全均衡をすべて求めなさい。

略解

a）ナッシュ均衡を探すには、プレイヤーの行動戦略のすべての組み合わせを考えて、お互いが最適反応になっているかどうかを調べます。たとえば、(L, a) のように、プレイヤー1の行動戦略とプレイヤー1が L を選んだ時のプレイヤー2の行動戦略のペアで考えます。

ゲームB：(R, b) のみ。これ以外は、どちらかが最適反応ではありません。たとえば、(L, b) では、プレイヤー1が最適反応を取っていないので、ナッシュ均衡ではありません。

ゲームC：(L, b) と (R, a)。この場合には2つナッシュ均衡があります。プレイヤー1が R を取る時は、プレイヤー2の最適反応は a でも b でもどちらでもなりますが、ナッシュ均衡となるためには、プレイヤー2の戦略は a でなくてはならないことに注意してください。

b）サブゲーム完全均衡を求めるには後ろから解きます。

ゲームB：プレイヤー2の意思決定ノードから始まるサブゲームでは、プレイヤー2は b を選んだ方が利得が高くなります。これを前提とすると、プレイヤー1は R を選びます。つまり、サブゲーム完全均衡は (R, b) のみです。ここではナッシュ均衡と一致します。

ゲームC：(L, b) のみ。ナッシュ均衡である (R, a) は、いったん L が取られると、プレイヤー2にとって b を取るのが最適になるので、サブゲーム完全均衡でありません。そこでは a は信用できない脅しとなっています。

7 駆け引き

　この章では、サブゲーム完全均衡の考え方を応用して、時間を通して行われるゲームでの駆け引きについて見ていきます。

7-1. コミットメントの価値

◆電器店の競争

　電器店の宣伝などで、「他店と同じ価格まで値下げします」というものがよくあります。それを見ると、激しい競争だと感じる人も多いと思います。しかし、実際にはこのような広告は値下げ競争を防止する役割を果たしています！
　この状況を展開形を使って分析してみましょう。ここでは、電器店Cと電器店Dが価格競争しているとします。電器店Cが先に値下げするかどうかを決め、電器店Cが値下げした時は電器店Dは追随して値下げするかどうか決めます。電器店Cが値下げしなければ、両者の価格は高いままだとします。両者の価格が高いままだと、電器店はそれぞれ3の利益が得られるとします。一方、電器店Cが値下げして電器店Dが値下げしなければ、電器店Cは売上を伸ばして4の利益となり、電器店Dは売上が減って2の利益となるとします。電器店Dが値下げに追随すると値下げ競争が起こり、それぞれ利益は1まで下がってしまうとします。
　このゲームを展開形に書いたのが図7-1です（図の利得は、左が電器店Cで右が電器店Dです）。このゲームのナッシュ均衡は、2つあります。1つは電器店Cが値段を据え置き電器店Dは電器店Cが値下げしたら追随するというもの（図7-2参照）で、もう1つは電器店Cが値下げし電器店Dは追随しな

図7-1 値下げします

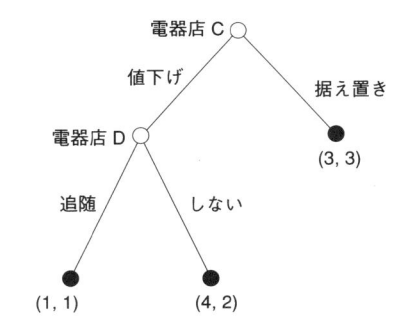

電器店 C
　値下げ　　　据え置き
電器店 D　　　(3, 3)
追随　しない
(1, 1)　(4, 2)

図7-2 値下げします：信頼できない脅し

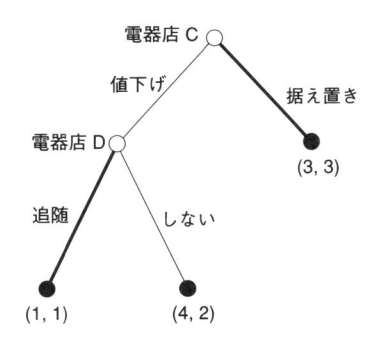

電器店 C
　値下げ　　　据え置き
電器店 D　　　(3, 3)
追随　しない
(1, 1)　(4, 2)

図7-3 値下げします：サブゲーム完全均衡

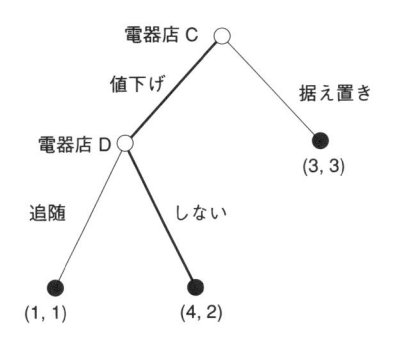

電器店 C
　値下げ　　　据え置き
電器店 D　　　(3, 3)
追随　しない
(1, 1)　(4, 2)

いというもの（図7-3参照）です。しかし、サブゲーム完全均衡となっているのは後者のみです。いったん値下げが起こったら、追随しない方が電器店Dにとって得です。そこで、電器店Dの「値下げしたら追随する」という行動戦

略は信用できない脅しになっています。こう考えると、電器店Cは安心して値下げしてきます。

◆コミットメント

　このような局面で、機転の利く電器店Dの店長が思いついたのは、店頭や広告で「他店と同じ価格まで値下げします」と宣言することでした（この手法は日本だけでなくいろいろな国で見られます）。約束した以上、電器店Dは値下げしてきたら追随することになります。約束して値下げしなかったら、訴えられるかあるいは消費者の信頼を失ってそのお店はやっていけないからです。こうなると、追随して値下げ競争を引き起こすという行動戦略はもはや信頼できない脅しではありません。その結果、電器店Cが値下げをせず電器店Dは値下げしたら追随するという状況が実現します。こうして電器店Dは電器店Cの値下げを防ぐことができます。つまり、「他店と同じ価格まで値下げします」という宣伝は、競争が激しいことを表しているどころか、値下げをしたら追随するという脅しを、信頼できるものにする手段と解釈できます。

　このようにゲームの状況では自分の選択肢をわざと減らすことに価値があることがあります。通常の意思決定では選択肢が多くて悪いことはないので、このことは注目に値します。このようにある行動を事前に決めてしまうことをゲーム理論では**コミットする**といい、その行為を**コミットメント**と呼びます。上の列では相手が値下げしたら追随するというだけでは信用されない脅しと取られて追随することにコミットできません。そこで、宣伝することで「他店と同じ価格まで値下げします」という行動にコミットしています。

> **コラム　マクロ経済学における時間的不整合**
>
> 　事後的に最適な行動をとるために全体にとって望ましい行動が実現できなくなる問題は、マクロ経済学では時間的不整合（タイム・インコンシステンシ）と呼ばれています。約束を守ることは、事前にはみんなに望ましいのに、事後的には破ることで得をする状況がこれにあたります。
> 　その例としては、景気をよくしたがっている政府がインフレ抑制に失敗することがあります。金融緩和を予想している時（インフレ期待の時）に金融抑制をすると、景気は悪化しインフレは簡単に収まらず、いわゆるスタグフレーションが発生します。一方、インフレ期待の下で、金融緩和をすれば、景気は普通のままでインフレが持続します。一方、インフレ期待がない時は、政府は財政金融政策

を少し緩めるだけで、インフレをあまり起こさずに景気を刺激できます。ただ、国民は期待はずれで、賃金が上がらなかったりして不満です。インフレ期待がない時に、金融緩和しなければ、景気は普通でインフレも起きません。この状況を展開形で表すと、図7-①のようになるとします（図の利得は、左が国民で右が政府です）。政府としては金融緩和をすることが常によくなっています。一方、国民にとっては金融緩和が起こるならインフレ期待を持った方がよくなっています。

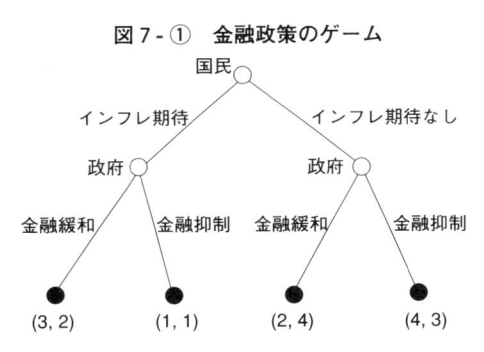

図7-①　金融政策のゲーム

```
                    国民
          インフレ期待      インフレ期待なし
            政府                政府
      金融緩和  金融抑制    金融緩和  金融抑制
       (3,2)    (1,1)      (2,4)    (4,3)
```

　インフレ期待を持たれると全体として利得が下がるので、政府がこれからは金融を抑制すると約束したとします。人々がこれを信じてインフレはないと思うと、利得の和は最低でも6になり、インフレ期待を持たれる時よりも全体としてよくなります。しかし、いったん国民が期待を決めると、政府は金融政策を緩めたくなります。ところが国民がこれを予想していれば、インフレ期待を持つことになります。いくら約束しても、政府が金融抑制の政策にコミットできなければ、政府は約束を破った方が得なので簡単には信じてもらえません。政府も、事前には約束を守ると信じてもらった方が得なので、時間の経過と共に、一番よい行動が変わっていきます。そこで、これを**時間的不整合**（タイム・インコンシステンシ）というようになりました。

　時間的不整合の解決のためには、何らかの手段で金融政策を緩和しないことにコミットする必要があります。そのひとつの手段は、中央銀行の独立性を高めることです。中央銀行の目的を通貨価値の安定とすれば、中央銀行は政府のように景気の動向に左右されなくなります。そこで、常に不必要な金融緩和を避けるため、時間的不整合が起きにくくなります。もっとも、こうすると中央銀行は景気刺激策を取れるのに取らないという状況が起き、政府からもっと緩和しろと圧力を受けることが起きます。逆に言えば、このような不満が起きることが、コミットメントが成功していることの証拠ともいえます。日本でも諸外国でも、しばしば政治家が中央銀行にもっと金融を緩和しろと要求する報道がなされますが、これは上のように解釈することができます。

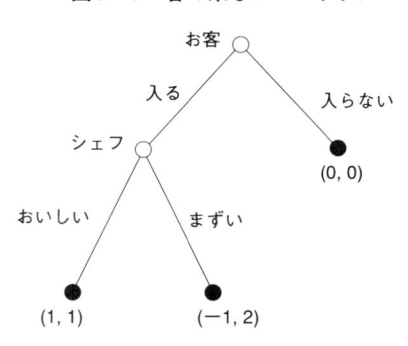

図7-4　客の来ないレストラン

```
              お客
         入る／    ＼入らない
         シェフ         (0, 0)
     おいしい／ ＼まずい
       (1, 1)    (−1, 2)
```

7-2. ホールドアップ問題

◆客の来ないレストラン

　コミットできないことで引き起こされる問題をもうひとつ見てみましょう。

　新装開店したレストランがあります。ところが、おいしいから食べに来てくださいと言っても誰も食べに来てくれません。この状況をゲーム理論で考えてみましょう。お客にはレストランに入るか入らないかの2つの選択肢があります。入らなければお客もシェフも利得は0です。お客がレストランに入っておいしい料理を食べると1の利得となり、まずい料理を食べるとマイナス1の利得となるとします。シェフはおいしい料理を作ると食材などに費用がかさむのでそれほど高い利益が得られません。そこでおいしい料理を作ると1の利得が得られ、まずい料理では2の利得が得られるとします。図7-4はこれを展開形で示しています（図では客の利得が左でシェフの利得が右に書いてあります）。

　この状況では、お客がレストランに入りシェフがおいしい料理を作ることが社会的に望ましい状況です。ところが、これはナッシュ均衡ではありません。もちろん、サブゲーム完全均衡でもありません。お客がレストランに入ってくれるなら、まずい料理を作った方がシェフは高い利得を得られるからです。これを見越してお客はレストランに入ってくれません。

　お客が入ってくれなければレストランも儲からないので、「おいしい料理を作りますから入ってください」とシェフは一生懸命訴えます。しかし、お客は

図7-5 部品の発注

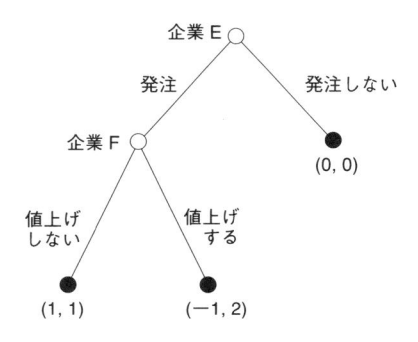

```
              企業E ○
         発注／    ＼発注しない
           ／        ＼
     企業F ○         ● (0, 0)
    値上げ／＼値上げ
    しない／  ＼する
        ／    ＼
   ● (1, 1)  ● (−1, 2)
```

信じてくれません。上で扱った信じられない脅しのように、ここでは約束は破る方が得なので、守られると信じてもらえない（コミットできていない）のです。これは、シェフに関しては囚人のジレンマとよく似た状況です。自分が最善の戦略を選択すると全体ではかえって利得が下がってしまいます。

◆ホールドアップ問題

　このような状況が、取引の場面でよく起きます。部品の発注の例で見てみましょう。企業Eは新製品を開発しました。その製品には特殊な部品が必要で企業Eでは作れません。部品を作ることができる企業はたくさんありますが、作るには特殊な工具が必要で、市場で買ってくるというわけにはいきません。企業Eはこれを企業Fに発注しようかどうか考えています。発注しなければ製品は売れず双方の利益は0です。発注に当たって企業Fは1個10円で納入できるだろうと言ってきました。その価格で部品が買えるとすると、双方には1億円の利益が生じます。いったん部品を発注して生産にかかると、この部品はほかの企業から買うことはできません。そこで、企業Eが宣伝などの必要な費用を投下した後で企業Fが部品を1個20円に値上げしてくると、企業Eとしては受け入れざるを得ません（その価格では投下した費用は回収できませんが、製品を販売すれば多少の儲けが入るとします）。その場合は、企業Eの利益はマイナス1億円で企業Fの利益は2億円だとします。

　このゲームは、上の客の来ないレストランの例で、シェフを企業F、お客を企業E、レストランに入るを発注する、おいしいを値上げしないとそれぞれ読み替えると、まったく同じ展開形で分析できます（図7-5参照）。ここでは、

企業Eは企業Fが値上げしてくることを恐れて、部品を発注せず製品の販売をあきらめることになります。

取引においてこの種の問題はよくあり、**ホールドアップ問題**として知られています。この言葉はウィリアムソンが取引費用の経済学を分析する中で考え出されました。ホールドアップとは手を上げろということで、西部劇で拳銃を突きつけていうせりふですので、聞いたことがあるかもしれません。「他からは代替的なものが購入できない時、いったん取引する契約を結んだら相手に足元を見られて好きなようにされてしまう」ということです。チャンスと見るや相手の弱みにつけこんで儲けることを、取引費用の経済学では機会主義的行動といいます。ホールドアップ問題は機会主義的行動によって引き起こされる問題です。

◆ホールドアップ問題の解決法

こういった状況はどうやって解決できるでしょうか？　部品の発注ゲームの状況でしばしばある解決方法は、企業Eが企業Fを買収してしまうことです。主要な部品を作る他企業を買収することは、現実の経済でも広く見られます。もっともこの方法では、上のレストランの問題は解決できませんし、多くの企業にとってすべての部品会社を買収することはできません。買収以外の重要な解決法としては、評判によるものと契約によるものがあります。これらの解決法については第9章と第10章で詳しく議論しますので、ここではホールドアップ問題に関連させて簡単に説明します。

客の来ないレストランのゲームでは、シェフとしてはおいしい料理を作るということにコミットしたいのですが、口約束だけでは信用してもらえません。対策のひとつは、評判を使うことです。評判のよいレストランにはお客が来るとしましょう。まずい料理を作れば評判を落とすので、将来のお客に逃げられることになります。そこでシェフはおいしい料理を作り続けて評判を保とうとします。評判のよいレストランはおいしい料理を出すと客は読み込んで、評判のよいレストランには入ります。こうして、評判を通して客がレストランに入り、おいしい料理が提供されるという社会的に望ましい結果が実現されます。

もうひとつの対策は、約束を契約として明示的に結んで、それを破ったら罰金を払わなくてはならないとすることです。ただ、契約を結ぶ前提は約束を破ったことを簡単に証明できることです。レストランの例では、まずいおいしい

は主観的なもので、なかなか簡単にまずいことを証明する方法はありません。ですから契約による解決方法はうまくいきません。一方、部品の納入のゲームでは、値段を事前に決めるということは契約で可能です。実際に企業間で部品の納入に当たって部品の価格を含め詳細な契約が結ばれることはよくあります。もっとも、実際の経済では予期しない事態が起こることがあり、簡単に契約で対応できないことがあります。その場合には上で説明した評判が代替的な解決法となります。多くの取引が継続的にかつ長期的になされているのはこのことが背景にあります。

7-3. 先手必勝？

◆先手の利得

　プレイヤーの手番が同時ではなく順番に回ってくる（逐次手番）ようにすると、プレイヤーの利得はどう変化するでしょうか。先手必勝などといわれたりしますが、これはゲーム理論から正しいといえるでしょうか。この節ではこの点について見ていきます。

　同時に手番が回ってくる時の均衡が純粋戦略（その戦略を確率1で選ぶということ）による均衡であれば、逐次手番になって先に戦略を決められるプレイヤー（先手）は同時手番の時の利得より大きいかあるいは同じ利得を得ることができます。もし先手が同時手番の時のナッシュ均衡の戦略を選んだとすると、後から行動戦略を選ぶプレイヤー（後手）はそれに対応する最適戦略を取ってきますから、結局は同時手番のナッシュ均衡が実現します。そこで先手としては同時手番のナッシュ均衡を起こさせるという選択肢があるということになります。先手は戦略を自由に選べますから、一般にはこれより高い利得を得られます。つまり、先手は同時手番から逐次手番になることで一般には得をします（少なくとも損することはありません）。

　逐次手番の場合は、後手は先手の戦略を前提として最適反応を選んできます。それを見越して、先手は「相手の最適反応の中で自分に一番都合のよい組み合わせを選ぶ」ことになります。たとえば、以前に説明した男女の争いを見てみましょう（図7-6参照）。もし夫が先に戦略を決められるとすると、夫はオペラを選びます。夫がオペラを選んだ場合の妻の最適反応はオペラですから、こうして夫は自分に望ましい結果を導き出すことに成功します。

図7-6 男女の争い

野球の好きな妻

	オペラ	野球
オペラ（オペラの好きな夫）	2, 3	0, 0
野球	0, 0	3, 2

　もともとの均衡が混合戦略（2つ以上の戦略を確率的に選ぶということ）によるものである時には、同時手番から逐次手番になることで、先手になっても必ずしも得をするとは限りません。たとえばジャンケンでは後出しをした方が必ず勝ちます。先手必勝というのは、もともとの均衡が純粋戦略によるものであった場合には（同時手番の時より利得が下がらないという意味で）成り立ちます。しかし、もともとの均衡が混合戦略によるものであった場合には成り立たないので注意してください。

◆後手の利得

　では後手の利得はどう変化するでしょう。図7-7のゲームを見てください。これは後手が得するかどうかを分析するための例として作ったゲームです。どちらのゲームでも、プレイヤー1にとって「下」が支配戦略になっています。「下」に対するプレイヤー2の最適反応は右ですから、同時手番の時のナッシュ均衡はどちらも（下、右）の組み合わせだけになります。

　逐次手番になるとどうなるでしょう。プレイヤー1が先に動いて上を選ぶと、プレイヤー2はそれに対する最適反応として左を選びます。するとプレイヤー1は利得が3に上がるので、プレイヤー1が先手であれば上を選びます。この時、左の状況であれば後手も逐次手番になることで得をしますが、右の状況では損をしています。

　これらのゲームでは、もともと純粋戦略によるナッシュ均衡しかありませんでした。そこで、上の分析から先手は逐次手番になることで得をしています（先手必勝の状況）。しかし、それは、後手必敗ということを意味しません。場合によっては後手も得をします。このことは次の節で扱う寡占でも起きます。

図7-7　後手も得するゲーム(左)と後手は損するゲーム(右)

	プレイヤー2 左	プレイヤー2 右
プレイヤー1 上	3, 3	0, 0
プレイヤー1 下	0, 4	2, 2

	プレイヤー2 左	プレイヤー2 右
プレイヤー1 上	1, 3	0, 0
プレイヤー1 下	0, 4	2, 2

表7-1　寡占におけるナッシュ均衡の呼び方

	数量競争	価格競争
同時手番	クールノー均衡	ベルトラン均衡
逐次手番	シュタッケルベルク均衡	（特別な呼称なし）

7-4．逐次手番の寡占

◆寡占のナッシュ均衡の分類

　第4章では同時手番の時の寡占を分析しました。ここでは、寡占の状況で逐次手番になるとどうなるかを見てみます。逐次手番で数量競争するような寡占でのナッシュ均衡は、それを最初に分析した研究者の名をとって、**シュタッケルベルク均衡**と呼ばれています。第4章とあわせていくつかナッシュ均衡の呼び名が出てきましたので、表7-1に整理しておきましょう。

◆シュタッケルベルク均衡

　さてこの節では、逐次手番の寡占について、先手と後手の損得に注目しながら見ていきます。
　ここでは、数量競争を見てみましょう（つまり、シュタッケルベルク均衡です）。企業1が先に生産量を決めるとすると、企業2はそれを前提に最適反応を取ってきます。最適反応を図に表したものが反応曲線ですから、企業1にとって逐次手番で起こしうる生産量の組み合わせは、企業2の反応曲線で表されているということになります。企業1は自由に生産量を選べますから、その曲線上で企業1の利潤が一番高くなる点を選びます（図7-8参照）。企業2の反応曲線は右下がりですから、企業1が生産を増やすと企業2は生産を減らしま

図7-8　シュタッケルベルグ均衡

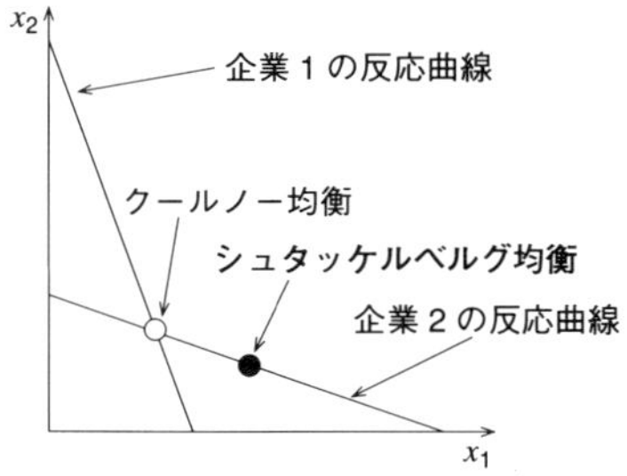
x_2
企業１の反応曲線
クールノー均衡
シュタッケルベルグ均衡
企業２の反応曲線
x_1

図7-9　逐次手番の価格競争

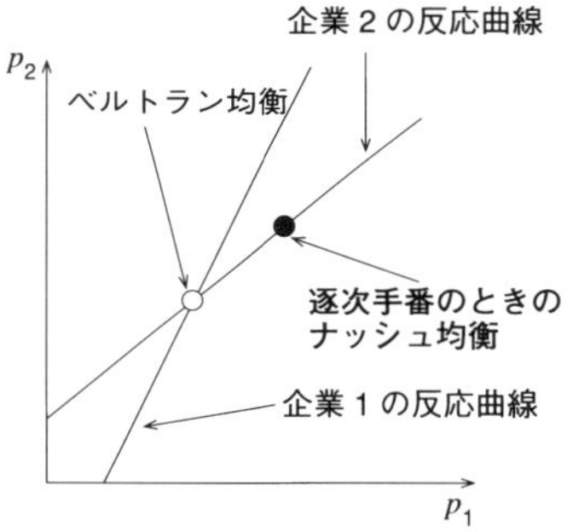
企業２の反応曲線
p_2
ベルトラン均衡
逐次手番のときの
ナッシュ均衡
企業１の反応曲線
p_1

す。企業2が生産を減らすと市場価格が上がりますから、これは企業1にとって好都合です。この効果を考慮して、シュタッケルベルク均衡では、企業1はクールノー均衡の時より少し生産を増やすことになります。そして、企業1はクールノー均衡の時より利潤が上がります。一方、後手の企業2はクールノー均衡の時より生産量が減って利得が下がります。数量競争の時は、同時手番の時と比べて、先手になると得をし、後手になると損をすることになります。

◆差別化された財での価格競争

寡占で、後手の利得が常に下がるかというとそうでもありません。差別化された財での価格競争の時は、後手は価格をあまり上げない（または多少引き下げる）ことで先手より高い利得が得られます（図7－9参照)。この場合は、先手は同時手番の時より利得が上がりますが、後手の利得も上がります（実は後手の利得は先手の利得よりも大きく上がります)。

価格競争では、ある企業が他の企業に先駆けて値段をつけるプライスリーダ

ーシップと呼ばれる現象がよく見られます。これは同時手番より逐次手番の方が全員の利得が高いことが、その背景にあると考えられます。

> **第7章のまとめ**
> ● 将来の行動を約束して必ずその行動を取るようにすることを、コミットメントといいます。
> ● コミットメントは将来の選択肢を減らすことですが、信頼できない脅しを信じさせたりホールドアップ問題の時などゲームの状況では有益な戦略となります。
> ● ゲームの状況によって、先手が有利な時もありますし、後手が有利な時もあります。

> **練習問題 7-1**
> 電車の発車間際の駆け込みはなかなかなくなりません。車掌が「この辺でドアを閉めさせていただきます」とアナウンスをした後でも、駆け込む乗客は多く見られます。挟まれたら困るはずなのに、乗客はなぜ駆け込むのでしょうか。ゲーム理論を使って示しなさい。

略解

まず、発車間際の状況を定式化しましょう。乗客は駆け込むかどうか決めます。駆け込まなければゲームは終わりでそれぞれ0の利得を得ます。駆け込んできた時に車掌がドアを閉めると、客は挟まって−2の利得となり、挟まった客に対応して電車は遅れるので車掌は−2の利得となります。一方、駆け込んできた客のために閉まりかけたドアを開けたら、客は時間を節約できて1の利得となり、車掌は若干の遅れで−1の利得となります。この状況を図で表します。図7-②では客の利得を左側に、車掌の利得を右側に示してあります。こ

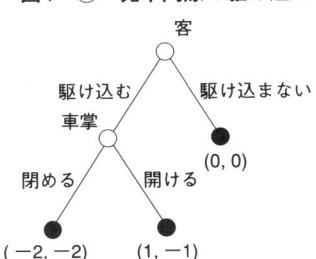

図7-② 発車間際の駆け込み

の時ナッシュ均衡は2つあります：（駆け込まない、駆け込んできてもドアを閉める）と（駆け込む、駆け込んできたらドアを開ける）。前者は信用できない脅しに依存していますので、後者のみがサブゲーム完全均衡になっています。確かに、現実にはそうなっているようです。この状況を改善するには、とにかく駆け込んでも駆け込まなくても、定時にドアを閉める戦略にコミットする必要があります。そのひとつの工夫として、ある駅では駆け込ませないように、発車のベルを鳴らさずに閉めるそうです。

練習問題 7-2

中世の戦を考えましょう。小国と大国が小国の領地の一部をめぐって争っています。大国が攻めてきて小国が戦えば激戦となりますが大国が勝つことが予想され、大国はマイナス1の利得となり小国はマイナス3の利得となります。一方、大国が攻めてきて小国が撤退すれば大国はその領地を戦わずして手に入れられて、大国は2の利得を得て小国はマイナス2の利得を得ます。大国が攻めるのをやめた時は、大国も小国も0の利得とします。
a）このゲームを展開形で定式化しなさい。
b）このゲームでは何が起こると予想されますか。
c）大国が攻めてくるのを防ぐにはどのような工夫をしたらよいでしょうか。

☺略解

a）なお図7-③では左が大国の利得です。

図7-③　大国対小国の争い

```
            大国
         ／     ＼
     攻める      攻めない
       ／           ＼
     小国          (0, 0)
    ／   ＼
  戦う   逃げる
   ／       ＼
(−1, −3)  (2, −2)
```

b）ナッシュ均衡は（攻めない、戦う）と（攻める、逃げる）の2つですが、前者はサブゲーム完全均衡ではありません。いったん大国が攻めてきたら逃げるのが小国にとって得ですので、戦うというのは信用できない脅しです。したがって国々の領主が合理的であれば、大国が攻めてきて小国は逃げることが予想されます。

c）上の状況では、攻めてきたら戦うと小国が言ってもその脅しは信用されま

せんので、これを何とか信用してもらうために、小国は戦うことにコミットする必要があります。そうすれば大国は、攻めたら戦いになるので、攻めてきません。コミットとはゲームのルールを変えて自分の戦略を狭めることです。その方法のひとつは、自国の兵士が逃げたら処刑するという法律を作ることです。たとえば現代の軍隊では敵前逃亡した兵士は一般に極刑となります。また、逃げる道をふさいでしまう方法もあります。「背水の陣」というように、自軍の陣地を川の前に作ることで、後ろに逃げたら溺れ死ぬようにしてコミットメントを達成することは、古くから知られた方法です。

話し合って解決しようとしても、大国は攻めれば領地を戦わずして得られることを知っているので、領地をもらえなければ納得しません。ですから、話し合いではうまくいきません。

練習問題 7-3

第4章で扱った同質財の寡占のモデルにおいて、ここでは逐次手番で完備情報の状況を考えます。$c_1 = c_2 = 1$ とし、企業1が生産量を決めてから企業2が生産量を決めるとします。シュタッケルベルク均衡における各社の生産量と利潤を求めなさい。

略解

企業1は企業2の反応を考慮して、自社の生産量を決めます。企業2は最適な反応を取ってきますから、第4章の練習問題で求めたように、企業1が x_1 を生産するとすると、企業2の最適反応は $x_2 = (1-x_1)/2$ を生産することです。ここから企業1の利潤は $(2-x_1-(1-x_1)/2-1)x_1$ となることが分かります。これを最大にする生産量は、$x_1 = 1/2$ です。これを上の最適反応に代入して、企業2の生産量は $x_2 = 1/4$ となります。ここから、企業1の利潤は1/8で企業2の利潤は1/16であることが分かります。企業1の利潤は同時手番の時より増えていますが、企業2の利潤は減っていることに注意してください。

8　2段階ゲーム

この章では、2段階ゲームと呼ばれるゲームを扱います。ここでは、第7章で扱ったよりも少し高度な駆け引きを扱います。内容が複雑すぎると感じたら、ざっと読んでください。

8-1. 2段階ゲームとは

ゲームが始まる前に、いろいろと手を打つことは駆け引きの重要な要素です。企業が工場の設備を改善したり、デパートが売り場を改装したりするのが典型的な例です。この状況は2段階に行われるゲームとして考えることができます。そのためこのような事前の駆け引きがあるゲームは、**2段階ゲーム**と呼ばれます。第1段階は、事前の駆け引きです。この段階では相手とは直接に関係しませんが、後の行動に影響するために、広い意味ではゲームの一部となっています。第2段階は相手と直接に関係します。第2段階で選ぶ行動戦略の対象を戦略変数といいます。第1段階で行った駆け引きは、第2段階での戦略変数の選び方に、利得の変化などを通じて影響します。

8-2. 競争前の投資：数量競争の場合

◆投資のゲーム

2段階ゲームの典型的な例として、寡占企業が事前に投資を行ってから競争に入るというゲームを考えてみましょう。第1段階は投資の決定です。それぞれの企業は、自社の生産設備を増強する投資を行うことができます。投資をす

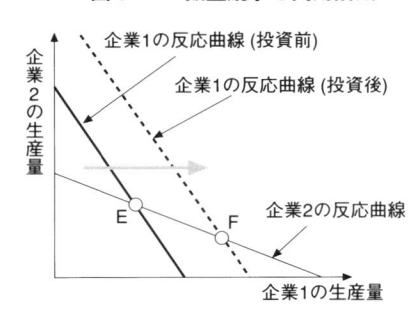

図 8-1　数量競争と費用削減

 れば1個当たりの費用（限界費用）が下がります。第2段階は製品市場での競争です。数量または価格を同時に選んで競争する状況を考えます（この段階の分析は第4章で行ったものと同じです）。ここで考えたいのは、第1段階でそれぞれの企業がどのように投資すべきかです。

◆戦略的代替

この節では、戦略変数が生産量であり第2段階で数量競争が起こる状況を考えます。第4章で説明したように、数量競争の場合は、自分がたくさん作ると相手の最適反応が減ります。そこで、反応曲線は右下がりになります（図8-1参照）。このように自分の戦略変数が増えた時に相手の最適反応が減ることを、**戦略的代替**といいます。このことを念頭において、企業1の最適な投資行動を考えてみましょう。

企業1が事前の投資をしたとしましょう。すると生産費用が下がり、相手の生産量が同じならより多く作る方が利潤が高くなります。つまり、最適反応が増加します。図8-1を見てください。そこでは反応曲線が右側に移動する（シフトする）ことになります。その結果、ナッシュ均衡は図のE点からF点へと右下に移動します。戦略的代替のために、自分の生産量が増えると相手の生産量が減ることに注目してください。数量競争の状況では、相手の生産量が減ると市場価格が上がって自分の利潤が上がります。経済学の用語を使えば、相手の生産量は負の**外部効果**をもたらすといえます（外部効果とは相手の行動が自分の利得に直接に影響を与えることです）。このため、限界費用を下げる投資は、費用を下げるという直接のメリットのほかに、相手の生産量を減らす

という戦略的なメリットもあることになります。そこで、数量競争で事前の投資が可能な場合には、競争がない時に比べてより多くの投資をすることになります。相手企業も同じように考えて行動しますから、こうして事前の投資による費用の削減競争が起こります。費用が削減されるので、第2段階での均衡では価格が下落することになります。

◆戦略的代替の下での投資の例

このような例として顕著なのが、半導体産業です（半導体はいったん工場を作ると数量の調整がしにくいので、数量競争の典型的な例です）。相手より進んだ技術を取り入れて費用を削減しようと、毎年のように新設備が導入され、熾烈な投資競争が繰り広げられています。投資競争に遅れた企業は、それまでの実績いかんにかかわらず売り上げを落としていきます。その一方で、新技術を開発した企業が、市場でのシェアを伸ばし急速に成長を遂げます。

8-3. 競争前の投資：価格競争の場合

◆戦略的補完

数量競争で事前の投資が可能な時は、企業は費用を削減して競争力を高めようとします。では企業はいかなる時でも、事前の投資で費用削減努力をして競争力を高めようとするでしょうか？　少し驚いたことに、その答えはノーです。わざと自分の競争力を下げることがよいこともあります。自分が競争力を落とすことで相手がより協力的になってくれるなら、その方がよいこともあるのです。ゲームの状況では、相手がどう反応してくるかが重要であるために、このような可能性が生まれます。このことを差別化された財の価格競争で見てみましょう。ここでの戦略変数は価格です。

差別化された財で価格競争が行われる場合は、自分が価格を上げると相手の最適な価格も大きくなります。そこで、反応曲線は右上がりになります。このように自分の取る行動が大きくなった時に相手の最適反応も大きくなることを、**戦略的補完**といいます（図8−2参照）。これを考慮して、企業1の最適な投資を考えます。企業1が投資を増やすと、限界費用が下がりますから、多少安く売っても儲かることになります。その結果として、自社の反応曲線は図8−2にあるように左にシフトします。するとナッシュ均衡は図のE点からF点

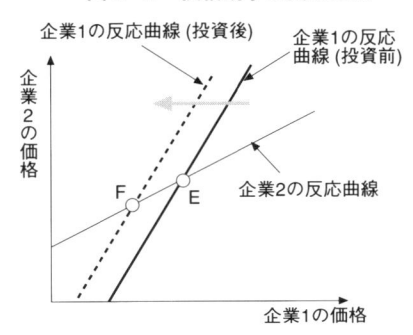

図8-2　価格競争と費用削減

へと左下に移動します。ここでは戦略的補完の効果で相手の価格も下がることになります。価格競争の下では相手の価格が下がると自分の利得は減りますから、この変化は自社にとって損です（ここでは相手の価格は正の外部効果をもたらしています）。つまり、差別化された財で価格競争が起こっている時は、事前の投資で費用削減を行うことは、戦略的には望ましくないことになります！　そこで、事前の投資は競争がない時に比べると少なくなります。費用削減が起きないため、第2段階での競争では価格が高いままで維持されることになります。

◆戦略的補完の下での投資の例

このような例として顕著なのが、高級衣料の販売です。機械による自動化を進めて費用削減を行うことはせず、店員の提供する豊富なサービスを通して販売することで、費用構造を高いままに保ちます。お互いにこのような戦略を取ることで、価格を高止まりさせることが可能になります。このような状況では、費用削減競争どころか、費用のかさむサービス競争が起こっているように見えます。これは上のような戦略的な要因があると解釈できます。

8-4．一般のゲームにおける事前の駆け引き

◆戦略的効果と外部効果

上で見てきたように、同じ寡占でも数量競争か差別化された財の価格競争かで、事前の投資に対する態度はまるで反対になります。これは、投資という事

図8-3 戦略的効果と外部効果

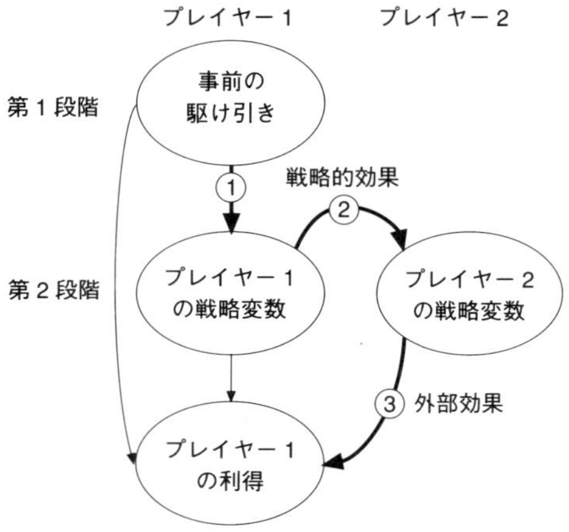

前の駆け引きが第2段階の相手の行動に与える影響が、2つの状況で大きく異なっていることが原因です。第2段階で相手に与える影響を**戦略的効果**といいます。この節では、事前の駆け引きの戦略的効果について、上の状況も含め一般的なゲームでどう考えたらよいかを見ていきます。

図8-3は事前の駆け引きがプレイヤーの利得にどのように影響を与えるかを模式的に表したものです。矢印は、それぞれがどのように影響を及ぼすかを表しています。事前の駆け引きとプレイヤー1の戦略変数がプレイヤー1の利得に与える影響は、自分の行動が自分の利得に与える直接の影響です（図では細い矢印で表しています）。

注目したいのは、図の①から③までの戦略的効果を経由した経路です。ゲームの状況では、自分の行動（事前の駆け引き）が相手の行動にも影響を与え、それが回りまわって自分の利得に影響を与える効果があります。具体的には、事前の駆け引きによって第2段階のプレイヤー1の戦略変数の選び方が変わり（図8-3で①の効果）、それに影響されてプレイヤー2の戦略変数が変わることでプレイヤー1の利得が変化することです。図から分かるように、この影響では2つの要因が重要になります。1つ目の要因は、自分の戦略変数が変化したことが相手の戦略変数にどう影響するかです（図8-3で②の効果）。上で述べたように自分の戦略変数が増えるにつれて相手の戦略変数が減る時は戦略的代替といい、逆に増える時は戦略的補完といいます。もう1つの要因は、相手の戦略変数が増えることが自分にとって望ましいかどうかです（図8-3で③

表8-1 事前の駆け引きで自分の戦略変数をどうすべきか

外部効果 戦略的 効果	正の外部効果	負の外部効果
戦略的代替	減らす ケースA：環境の改善	増やす ケースB：数量競争
戦略的補完	増やす ケースC：価格競争	減らす ケースD：軍備拡張

の効果)。相手の戦略変数が増えると望ましい場合は、相手の戦略変数はプレイヤー1に正の外部効果を与えています。一方、望ましくない時は、相手の戦略変数はプレイヤー1に負の外部効果を与えています。

◆事前の行動の分類

　外部効果と戦略的効果の2つの要因の組み合わせによって、プレイヤーが事前の駆け引きで何をすればよいかが決まってきます。表8-1は、2つの要因と事前の駆け引きの関係をまとめたものです。第1段階に行う事前の駆け引きで、第2段階の自分の戦略変数に対して表に示した変化を引き起こすことが自分にとってよくなります。

　ケースB（戦略的代替で負の外部効果）は、寡占における数量競争の状況でした。この場合は、自分の戦略変数（生産量）の大きさを増やすように事前の投資を行います。ケースC（戦略的補完で正の外部効果）は、寡占における差別化された財の価格競争の時に起きていました。自分の価格を下げないように事前に手を打っておけば、相手も価格を下げないので、それを見越して自分の戦略変数である価格を下げない（むしろ上げる）ように行動します。

　ケースA（戦略的代替で正の外部効果）は、国際的な環境の改善への努力に当てはまります。たとえば、地球温暖化に影響があるとされる二酸化炭素の排出を抑制することについて見てみましょう。ある国が十分に環境改善の努力をして二酸化炭素の排出量を減らせば、ほかの国はある程度は二酸化炭素を排出しても、地球温暖化はあまりひどくならずにすみます。そこで、各国の環境改善の努力は戦略的代替の関係にあります。当然ながらある国が環境改善の努力

をすることは、すべての国の国民に利益となります（正の外部効果）。しかしこの状況では、それぞれの国は自国の環境改善の努力をしやすくするよりは、議会で産業を保護するような法律を作ったり環境を担当する省庁の権限を弱めたりして、自国での環境改善の努力をしにくくした方がよくなります。自国が環境改善の努力をしなければ、他国が戦略的代替のためより多くの環境改善の努力をすると考えるからです。残念ながら、すべての国がこのように行動すると、環境改善の努力が世界全体として不足することが予想されます。たしかにこれまでの状況を新聞や雑誌の報道を通して振り返れば、上のような環境保護に逆行するような政策を取る国がいくつもあり、そして環境改善が遅々として進んでいなかったことが容易に見て取れます。これを打破するには、各国が勝手に自分の利益を考えていてはうまくいきません。話し合いにより協力して問題を解決することが必要であると考えられ、環境改善の国際協調が期待されるところです。

　ケースD（戦略的補完で負の外部効果）の典型的な例は、軍備拡張競争の状況で起こります。相手に軍備で大幅に劣っては自国は損です。つまり、相手国が軍備拡張すると自国も負けないように軍備拡張する（戦略的補完）ような状況です。この場合に望ましいのは、お互いにそこそこの軍備拡張しかしないように抑えることです。日本が自国の軍備拡張に対するさまざまな障壁（平和憲法など）を事前に設けて軍備拡張しにくくしているのは、この点で望ましい戦略といえます。日本が軍備拡張しにくいことを見越して、アジアの他の諸国は軍備拡張のペースを落とします。これはアジアの安定に寄与しており、日本はその分だけ安心していられるのです。軍備拡張しにくくすることが、かえって自国の安全につながるというのは逆説的ですが、ゲームの観点からは正しい議論です。

第8章のまとめ

- 自分の事前の駆け引きにおける行動が、相手の戦略に及ぼす影響を戦略的効果といいます。相手の戦略変数が増える時は戦略的代替といい、減る時は戦略的補完といいます。
- どんな事前の駆け引きがよいかは、外部効果と戦略的代替（補完）の2つの要因によって決定されます。

練習問題 8-1

スポーツのチームを考えます。以下の状況を 2 段階ゲームの考え方を使って分析しなさい。

a) 試合の前日には早く寝たりして万全の体調で試合に臨むと、チーム全体が盛り上がって奮闘できることがあります。

b) クラブハウスの掃除の日には、前日夜更かししたり、痛めているところに大げさにテーピングや包帯をしたりしてやってきて、掃除ができないと何かと言い訳します。

❀略解

a) チームでするスポーツの場合、他の人ががんばっている時に自分もがんばると試合に勝つ確率が大きく上がります。逆に、他の人ががんばっていないと、自分だけがんばっても試合にはなかなか勝てません。そこで、試合中は自分の努力と他の人の努力は戦略的補完の関係にあります。他の人が努力してくれることは、自分にとってもうれしいことですから、正の外部効果があります。そこで、この場合、自分の努力を高められるように事前に手をうっておくことが望ましくなります。自分が努力ができるということを他の人に示せば、他の人も努力をしてくれるからです。そのため、試合前日は節制することで当日は万全の体調でありがんばれるということを他の人にアピールするのです。

b) 掃除は誰かがすれば片付くので、そこでの努力は戦略的代替の関係にあります。誰かが掃除をしてくれれば、それはうれしいので、他の人の努力は正の外部効果をもたらします。そこで、ここでは、自分の努力がしにくくなるように事前に手をうっておくことが最適になります。そのためには、体調が悪い様子を見せることが効果的です。そこで、前日夜更かしして目を赤くしてやってきたり、テーピングや包帯をしてやってくるのです。これは少しずるいと感じる読者も多いと思いますが、何となくありそうな状況です。

9 協力の発生

この章では、非協力ゲームアプローチで想定されているようにプレイヤーが自分勝手に行動する中でも、協力が達成されることがあることを示します。

9-1. 協力の発生

◆囚人のジレンマ

第3章で取り上げた囚人のジレンマのところで、ゲームの状況では必ずしも社会的に望ましい結果が達成されないことを示しました。協力することで全体の利益が上がるのに、個人がそれぞれ自分の利益を追求して、結局全体の利益を下げてしまうような状況はよくあります。たとえば会社の同僚との関係を考えてみましょう。お互いに助け合わなければそれぞれ2の利得を得るとします。助け合えば仕事がうまくいってそれぞれ3の利得が得られるとします。それに対し、相手が助けてくれて自分は相手を助けなければ、自分はより高い成果を上げることができて4の利得を得ますが、相手は成果を上げられずに1の利得しか得られないとします。図9-1を見てください。この状況は囚人のジレンマとなっていて、相手が何をしてきても助けない方が自分には得になっています。つまり、助けないことが支配戦略です。しかし、2人にとって望ましいのは助け合うことで、協力することで利得を増やすことができます。

◆長期的な協力関係

こういう状況でよくある解決方法は、助けてくれる同僚とは助け合うことです。そのような協力関係のなかでは、もし自分だけ得をしようと助けなければ

図 9-1　同僚との協力

	相手 助ける	相手 しない
自分 助ける	3 3	4 1
自分 しない	1 4	2 2

（裏切り）、相手の信頼を失ってそれ以降は相手に助けてもらえなくなります。これは、協力しない人には将来の協力を拒否するという罰則を与えていると考えることができます。長期的な関係の中でこのような罰則が可能になれば、たとえ利己的に行動するとしても助け合うことが自己の利得を高めることになります。そして、短期的な関係では可能でなかった協力を続けられます。

　このような協力関係が可能になるためには、関係が長期的に続くことが不可欠です。もしその関係が今日限りだとしたら、たとえ相手の信頼を失っても自分の損にならないからです。1回限りの仕事で出会った見知らぬ人よりも、同じ会社で働く人との方が協力関係を築きやすいと思うのは普通です。これは単に顔見知りになるという心理学的な要因だけでなく、長期の関係というゲーム理論的な要因が関係しています。

　この点を理解すると、なぜ観光地の食堂はおいしくないことが多いかが分かります。町の食堂でおいしくない料理を出せば、お客はその店には来なくなります。一方、おいしい料理を出せばお客はまた食べに来ます。お客を引き付けるために、町の食堂ではおいしい料理を作り続けます（この話はホールドアップ問題の解決法のところで説明したものと同じです）。一方、観光地ではおいしい料理を出してもお客が戻ってくることはあまり期待できません。そこで観光地のお店には、おいしい料理を作り続けるメリットがなく、とにかく目先のお客には費用のかからないおいしくない料理を作ることでより多く儲けることが得になります。そして観光地の食事がおいしくないという状況が発生するのです。練習問題としてなぜガイドブックに載っているお店はおいしいかを考えてみてください（答え：おいしい料理を作ることでガイドブックに載り続けることが可能になります。そこで、そのような店は長期的な観点から、おいしい料理を作り続けようとします）。

9-2. 協力が維持できるための条件

　長期的な関係で協力が維持されるためには、いわゆる「あめとむち」が必要です。つまり、協力し続ける人には協力という「あめ」で報い、協力しない人には協力しないという「むち」で罰することが、協力を維持する原動力となっています。この「あめとむち」が機能するためには、細かく見ていくと、さらに3つの条件が満たされている必要があることが分かります。

◆将来の関係は価値がある

　第1の条件は、「あめ」に関するもので、将来の関係に十分な価値があることです。これには3つのことが関係してきます。1つ目は、関係が頻繁にあって、そこから得られる利得がかなり大きいことです。2つ目は、将来の利得が現在で測ってもそれほど大きく割り引かれないことです。将来の利得があまり重要でない人とは、協力関係を維持できません。3つ目は、関係が自動的に壊れないことです。お互いに協力を維持しようと思っていても、外的な理由で関係が壊れてしまうことがあります。たとえば、職場での協力関係でも、配置転換が頻繁に行われるような状況では、なかなか協力関係を築くことはできません。

◆裏切りは見つかる

　第2の条件は、「むち」に関するもので、相手が信頼関係を裏切ったかどうかが、容易に分かることです。裏切ってきたらそれ以降は助けないことが裏切りを防いでいる以上、裏切ったことが分からなくてはこの仕組みはうまくいきません。この点で問題になるのが、言い訳です。助けてくれなかった時に、相手がやむにやまれぬ事情があれば許すことはしばしばあります。しかし、それを悪用して本当はたいしたことがなくても、なんだかんだと言い訳をするのがずるいやり方です。現実には、われわれはある程度の言い訳は認めますが、時には受け入れず協力関係が壊れてしまうことがあります。もしかしたら言い訳は本当かもしれませんが、全部認めていたらつけこまれて毎回裏切られることになり、協力関係は維持できません。

　このことをうまく利用して建設工事の談合を崩す工夫を考えた人がいます。

談合とは、入札するすべての業者が集まり誰がいくらで受注するかを話し合いで決めて、高値で受注する仕組みです。今回はこの企業で次回は別の企業、と仲間内で高い利潤を確保しつつ仕事を分け合います。建設工事の入札では、誰が受注したかがはっきり分かるので、談合仲間を裏切って安値で入札して受注すれば簡単に露見します。そこで、しばしば建設工事の受注では談合がされて、社会問題となると同時に公共事業の工事費を高くする原因となってきました。この状況を打破しようと、ある地方公共団体では一番安値でない業者にわざと時々発注することにしました。そして、各業者が入札した価格を非公開にしました。こうなると、談合で決めた業者以外の仲間の業者が落札した時に、一番安値でなかったのにこの新しい制度のおかげで落札したのか、それともこの業者が裏切って安値で入札して受注したかが分からなくなります。すると、それぞれの業者には談合仲間を裏切って安値で入札する誘惑が生じます。本当は裏切って安値で入札したから受注できたとしても、受注したのは運がよかったからで裏切っていないと言い訳できるからです。この状況では談合を維持することは著しく困難になります。一番安い業者に発注しないのですからこの工夫は一見すると費用を高めるように考えられますが、談合が崩れれば入札が競争的になりかえって費用が下がる可能性があります。この意味で、この仕組みはゲーム理論的にはなかなかよく考えられた工夫といえます。

◆代替案がない

　第3の条件も「むち」に関することで、現在の関係に代わる代替手段がそれほど魅力的でないことです。現在の協力関係が崩れても、新たな協力関係がほかで簡単に作れるとすると、裏切った後でも何も困らないため、協力関係を解消することが罰則になりません。罰則がなければ、自分勝手な行動を抑えることはできません。協力関係を維持することは、やり直しが簡単で自由に移動できる状況よりは、そこで何とかするしかないような状況の方が容易です。

　昔の日本では、人々がどう行動すべきであるということをお互いに理解していて、それを破ったものは「村八分」として、協力を拒む仕組みがありました。そのころは簡単に引っ越すことができなかったので、この仕組みは強力で村の秩序と村人間の協力関係を維持するのに強く寄与したと考えられます。同じことが、終身雇用制が主流となっているような（少し前の）日本の企業で成り立っていたといえます。日本企業の研究の中から、日本の組織では「チー

ム」として同僚がお互いに助け合うことが多いことが分かってきました。これにはいろいろな要因が関与していると指摘されましたが、そのひとつは終身雇用制による流動性の小さい労働市場であると考えられています。

9-3. 繰り返しゲームとフォーク定理

◆繰り返しゲーム

これまで長期の関係により協力を維持できることを言葉で説明してきましたが、ここではモデルを使って定式化し、より厳密に分析します。この節では数学を多少使いますが、計算自体は読み飛ばしても内容は分かるようにしてあります。

長期の関係を分析する時に、ゲーム理論では同じゲームが無限に繰り返される状況を考えます。これを無限回の**繰り返しゲーム**といいます。繰り返しゲームの中の1回ごとのゲームのことはステージゲームと呼びます。1回ごとにプレイヤーたちは同時に行動を取り、その回の終わりにその回での利得を得ます。1回ごとの行動は終わるごとにほかのプレイヤーに知られるとします。

プレイヤーの目的は長期的な利得の最大化です。長期の状況で利得を考える場合は、将来の利得は今の時点で考えると価値が若干低いということを考慮する必要があります。1回後の1円は目の前の1円ほどうれしくないことです。ここでは、次回に得られる1の利得は今の利得では d だけの価値しかないとプレイヤーが考えるとします(ただし $0 < d < 1$ とします)。ミクロ経済学では、これを「割り引く」といいます。これを繰り返し使って、2回後に得られる1の利得は今の時点では $d \times d = d^2$ の価値しかありませんし、n 回後に得られる1の利得の価値は今の時点では $d \times \cdots \times d = d^n$ の価値しかありません(図9-2参照)。このようにして割り引いたものをすべて足し合わせて、それをプレイヤーは長期の利得と考えます。これをミクロ経済学では、割引現在価値(の和)と呼びます。また d のことは割引因子と呼びます。たとえば、今日から毎回1ずつの利得が永久にもらえるとすれば、長期の利得としては、$1 + d + d^2 + d^3 + d^4 + d^5 + \cdots$ となります。これは数学でいう等比級数ですから、$1/(1-d)$ と等しくなります。

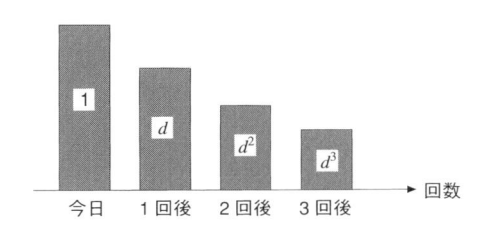

図 9-2　利得 1 の n 回後での割引現在価値

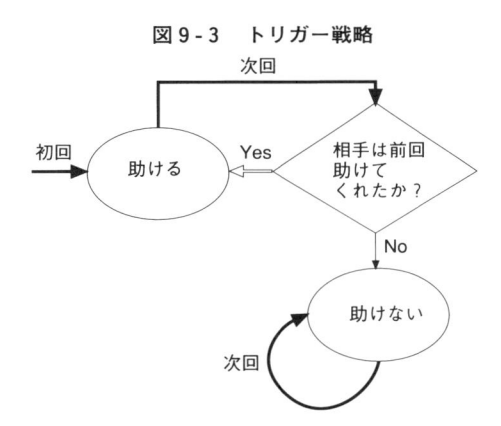

図 9-3　トリガー戦略

◆トリガー戦略と協力関係

　まず同僚との協力のゲームが繰り返し行われる場合に、協力が達成可能なことを説明します。プレイヤーは、最初は助けるとします。そしてそれ以降は、相手が前回までずっと助けてくれていたら助けることにし、一度でも助けてくれなかったことがあったら助けないとします。図9-3はこの戦略をフローチャートの形にして表してあります。この戦略では、相手の裏切りが引き金となってそれ以降は相手を助けないという罰を下すことになります。そこで**トリガー戦略**と呼ばれます（トリガーとは引き金ということです）。この戦略をお互いに取ると、協力が達成されることはすぐに分かります。

　同僚との協力のゲームで、トリガー戦略の組み合わせがサブゲーム完全均衡になる条件を求めてみましょう。

　まず、協力が続いている状況を考えます。もし裏切らなければ、毎回 3 の利得が得られます。そこで、この場合の割引現在価値は $3+3\times d+3\times d^2+\cdots =$

$3/(1-d)$ となります。一方、協力しなければ、今は 4 の利得が得られますが、次回以降は 2 の利得になります。この時の割引現在価値は、$4+2\times d+2\times d^2+\cdots=4+2d/(1-d)$ です。協力が続いている時に協力し続けることが最適反応になるためには、前者が後者と同じか上回っている必要があります。式で書けば、$3/(1-d) \geqq 4+2d/(1-d)$ です。これを解くと、$d \geqq 1/2$ となります。つまり、割引因子が1/2以上であれば、協力が続いている時には裏切っても利得を高めることはできません。

つぎに、これまでに誰かが裏切った状況を考えます。ここでは相手は何があっても助けてくれません。そこで、自分の最適反応は助けないことになります。これらを総合すると、割引因子が1/2以上であれば、どんな状況でもそれぞれのプレイヤーの戦略は最適反応になります。言い換えれば、どんなサブゲームでもナッシュ均衡が取られていますので、サブゲーム完全均衡になります。

上の不等式が満たされている時には、トリガー戦略の組み合わせがサブゲーム完全均衡となります。トリガー戦略同士ではお互いに助け合うことが続きますから、これにより協力が達成可能です。これまでの分析は、ステージゲームが一般のゲームでも同じように適用できます。一般に、割引因子が十分に大きければ（将来の利得をそれほど割り引かなければ）、プレイヤーは自分の利得を増やすことだけ考えて行動しても（非協力ゲームアプローチ）、繰り返しゲームでは協力が達成可能です。

上の均衡をもう少し詳しく見てみましょう。協力が続いている時、プレイヤーは毎回2つの選択肢に直面しています。1つの選択肢は、裏切って助け合わないことで、この場合は今は少し高い利得を得ますが、将来の利得は低くなります。もう1つの選択肢は助け続けることで、これにより安定的にそれなりの利得が確保できます。もし将来があまり重要でなくて、助けないことによる今の利得の増加がより重要な場合は、裏切る方がより有利になります。この場合には協力は達成できません。しかし、将来が十分に重要であれば、裏切らない方が有利になります。長期の関係に基づく協力関係は、「関係するプレイヤーが非協力による一時の利益より将来を大事だと思っている」ことが重要ということがここから分かります（これは前節で議論した将来の関係は価値があるという条件と同じです）。上で分析する時に使った割引因子は、1回後の1の利得が今の利得のどれだけに対応するかを表しています。そこで、ステージゲー

ムが頻繁に繰り返されていて、次の回がすぐに回ってくる場合には割引因子は大きいと考えられます。または、プレイヤーたちが我慢強い時には将来の利得はそれほど目減りせず、割引因子は大きいと考えられます。つまり、割引因子が十分に大きく将来が重要というのは、関係が頻繁にあってかつプレイヤーが我慢強い時であることが分かります。このような状況は、企業間で取引が安定的に継続するような状況ではしばしば満たされます。一方、状況が激変するような状況ではこのような関係は維持しにくくなります。もしかしたら倒産するような会社とはなかなか協力関係を築くことはできません。

◆フォーク定理

将来が重要な状況では、お互いがトリガー戦略を使えば協力が達成できると分かりました。では、そのような状況では必ず協力が達成できるでしょうか。残念ながら(?)、そうとはいえません。同僚との協力のゲームでは、お互いにはじめから助け合わないという戦略の組み合わせもサブゲーム完全均衡になります。実は、「繰り返しゲームでは、協力を実現するものや協力が達成できないものなど多くのサブゲーム完全均衡が存在する」ことが知られています。このことは、誰かが発見したと主張する前から、ゲーム理論家の間で広く知られるようになりました。そこで、この定理はゲーム理論家にとっては民話のように昔から誰にでも知られているという意味で、**フォーク定理**と呼ばれています（フォークとは「民話の」という意味です）。なお、ここではサブゲーム完全均衡を見ていますから、均衡がたくさんあるのは、第6章で説明した信頼できない脅しのせいではありません。これは繰り返しゲームに本質的に備わった性質といえます。

なお協力を達成できる戦略はトリガー戦略だけとは限りません。ただトリガー戦略は、過去に裏切りがあったかどうかだけで今の行動戦略が決まりますので、繰り返しゲームの戦略としては簡単な仕組みです。そのため実際に使われることが多い戦略です。人間関係や企業同士の取引で裏切った相手と絶縁するというのはよく見られます。これはトリガー戦略が使われていると解釈できます。

9-4. 協力の達成手段：長期の関係か契約か

◆契約による協力

　人間は太古の昔から協力関係を通して、より多くのことを成し遂げてきました。子どものころ読んだ歴史の本にマンモスを捕らえるのに多くの原始人が協力する絵が載っていて、興奮しながら読んだことを覚えています。子供たちを見ていても、友人関係を通して誰が自分に優しくしてくれたかや誰とは助け合うかをはっきり理解しています。人は助けてくれた人には恩を感じますし、裏切られた人にはうらみを持ちます。最近の心理学の研究によると、どうやら心は協力を維持しやすいように感情をコントロールしているようです。いわば、われわれは協力関係の仕組みを本能的に知っているようです。

　人類の文明が発達してくると、長期の関係以外にも協力を維持する手段が考え出されました。それは契約です。日本を含め先進国では、法律が整備されていて、法に基づく契約の場合は、何が違反かを法律や判例を基に判断することができます。そして、違反の判定と罰の決定は裁判所で行うという仕組みができています。現在の日本では、多くの取引が契約によってなされています。身近なところでは、アパートを借りる時の契約があります。そこには大家さんがすべきことと部屋を借りる人のやるべきことが明記されています。また、部屋を借りた人が何かを壊したり家賃を払わなかった時の罰則が書いてあります。

　ここで浮かび上がる疑問は、今日の法治国家では長期の関係による協力関係は必要ないのではないかというものです。しかし、少し考えてみれば分かることですが、すべての協力関係は契約によるわけではありません。たとえば友達との間でものや小銭の貸し借りをする際に契約をする人はいません。また、実際の経済で取引を調べてみると、驚くほど多くの取引が口約束のレベルでされていることが分かります。契約がなされている場合でも、契約書は表面的な事項について記載するだけで、多くの事項については後で協議することで解決するとされています。つまり、多くのことは長期の関係の中で協力を通して対応するというのです。この現象を考えるために、協力を達成する手段として、長期の関係による方法と契約による方法の利点を整理してみましょう。

◆**長期の関係による協力と契約による協力の比較**

　長期の関係による方法の最大の利点は、「当事者が分かっていれば外部には何が起こっているかを説明する必要がないこと」です。多くの状況において、何が起こっているかは外部の人間には分かりづらいものです。内容が専門的であったり、あるいは客観的な証拠がないこともあります。上の同僚との協力のゲームを考えてください。仮に同僚と助け合うという契約を結んで、上司に裁判官役をしてもらうように決めたとしましょう。しかし、もし同僚が契約にそむいて助け合わなかったのに助けたと言い張ったら、どうすればよいのでしょう。上司も判断に困ることになります。他の仕事仲間などに証言してもらって証拠を集めるにも、費用と時間がかかります。これに対して、長期の関係による方法ではこのような問題は発生しません。どちらかが助けなかったということが2人にさえ分かるようになっていれば、トリガー戦略による協力は維持可能です。

　契約の利点の第1は、短期的な関係でも協力が引き出せることです。たとえば、アパートの賃貸契約を考えてください。アパートを借りる人はやがて別の場所へ引っ越していくことが普通ですから、アパートの貸し借りに関しては長期の関係による方法は使えません。そこで、一般に契約が使われます。契約の第2の利点は、関係を解消する以外の罰則が使えることです。長期の関係で使える罰則はそれ以降協力をしないことです。それに対して、契約では、証拠を示せば損害賠償を請求できます。将来の関係の価値がそれほど高くなくて、罰則として十分でないと、長期の関係では協力を維持できません。その時でも、損害賠償が十分な罰則となるなら、契約では協力が達成できます。

　現実の社会では、2つの方法の長所と短所を比べてよりうまくいく方を選んでいます。ほとんどの人間関係（会社内のもの、家族内のもの、友人関係）での協力は、長期の関係によるものです。また、企業間でも継続的に取引する下請けと親会社の場合には、多くが長期の関係による方法がとられます。これに対して、1回限りのプロジェクトなどでは、詳細な契約が結ばれる傾向があります。身近なところでは、家を買う時の不動産取引はきちんと契約書を作成します。

第9章のまとめ

●長期の関係がある時には、協力が達成されることがあります。

- 長期の関係によって協力が達成されるためには、将来の関係に価値があること、裏切りがすぐに分かることと協力関係が簡単にやり直せないことが必要です。
- 長期の関係によって協力を達成することの利点は、裏切ったかどうかが当事者にさえ分かればよく、契約の時のように第3者（裁判所など）に分かる必要がないことです。

練習問題 9-1

ケーキ屋とお客のゲームを考えます。お客は最初にケーキを注文するかどうかを決めます。もしケーキを注文しなければゲームはそこで終わり、2人とも利得はゼロです。もし、お客がケーキを注文したら、ケーキ屋は精魂込めておいしいケーキを作るかあるいは手抜きをしてまずいケーキを作るか選びます。おいしいケーキを作るのは手間がかかります。そこで、ケーキ屋は手抜きをすれば2の利得が得られますが、おいしいケーキを作る時には利得が1となります。一方、お客はおいしいケーキでは1の利得が得られますが、まずいケーキでは－1の利得となってしまいます。なお、プレイヤーの割引因子は δ であるとします。

a）このゲームが一度しか行われないとすると、何が起こると予想されますか。

b）このゲームが繰り返し行われるとすると、何が起こると予想されますか？

c）繰り返し行われる時、トリガー戦略がサブゲーム完全均衡になる条件を求めなさい。

略解

a）このゲームを展開形で定式化すると図9-①のようになります。なお、利得は左がお客で右がケーキ屋です。

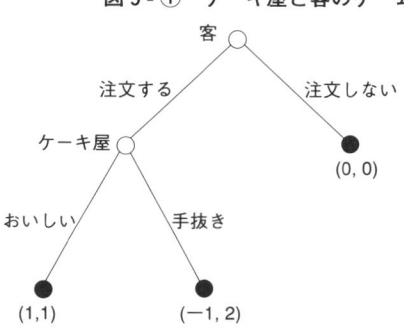

図9-① ケーキ屋と客のゲーム

ナッシュ均衡もサブゲーム完全均衡も1つしかなくて、客は注文せず、ケーキ屋は注文されたら手抜きをするという戦略の組み合わせです。
b) 割引因子が1に近ければ、繰り返し行われる時に、客はケーキ屋がそれまでおいしいケーキを作っていれば注文し、一度でも手抜きをしたら買わないという戦略をとり、ケーキ屋はおいしいケーキを作り続けるという戦略の組み合わせもナッシュ均衡（サブゲーム完全均衡）となります。つまり、両者にとって望ましい状況が起こり得ます。一方、永久に客が買わないということもナッシュ均衡（サブゲーム完全均衡）となります。ゲーム理論ではどちらが起きやすいとはいえません。どちらの可能性もあります。

よくある誤った答は、お客が来るとそれにつけこんでまずいケーキを作るようになり、やがてお客は離れていくというものです。そうなる必然性はありません。また、同じくよくある誤った答は、おいしいケーキを作っているうちにだんだん客が買うようになるというものです。このゲームでは買ってくれなければおいしいケーキを作れませんから、後者の状況は起こり得ません。

c) ケーキ屋がおいしいケーキを作り続けた時の利得の割引現在価値は$1+1\times\delta+1\times\delta^2+\cdots = 1/(1-\delta)$ です。一方、今回手抜きをした場合は次回以降注文してくれませんから、その時の利得の割引現在価値は2です。よって、$1/(1-\delta) > 2$ つまり $\delta > 1/2$ であれば、ケーキ屋がおいしいケーキを作り続けることがサブゲーム完全均衡となり得ます。

練習問題 9-2

引き続き上のゲームを考えます。トリガー戦略の代わりに以下の戦略を考えます。それが、サブゲーム完全均衡になる条件を求めなさい。
ケーキ屋：一度手抜きをしたら、それを含めないでさらに2回後までは手抜きをする。それ以外では手抜きをしない。
客：一度手抜きをされたら、2回は注文しない。3回目からはまた注文する（注文しないはずの時に注文して、手抜きされてもそれはこの回数に入れません）。それ以外は、常に注文する。

☺略解

繰り返しゲームにはたくさんのサブゲーム完全均衡があります。ここに示した戦略の組み合わせも、一定の条件の下では均衡になります。ここでは、手抜きをしたら2回だけ買わないという罰則を考え、それがケーキ屋の手抜きを防げるかどうかを見ます。

繰り返しゲームでサブゲーム完全均衡であるかどうかを調べるには、すべて

の状況で、それぞれのプレイヤーが最適反応をとっているかどうか調べます。

　一度手抜きが起こった状況を考えます。お客は2回は注文しないことが最適反応です。注文しても手抜きされるからです。3回目には、おいしいケーキを作ってくれますから、注文することが最適反応です。一方、ケーキ屋は2回の間に注文されたら、手抜きすることが最適反応です。おいしいケーキを作っても手抜きしてもどちらでも、お客は手抜き後3回目からは注文してくれます。ですから、3回目までは手抜きすることが最適反応です。

　ケーキ屋がおいしいケーキを作る状況を考えます。お客は注文することが最適反応です。ケーキ屋は、おいしいケーキを作れば注文し続けてもらえます。その時の利得は、$1+1\times\delta+1\times\delta^2+1\times\delta^3+\cdots$です。手抜きをすると2回は買ってもらえなくなります。その時の利得は、$2+0\times\delta+0\times\delta^2+1\times\delta^3+\cdots$です。前者から後者を引くと、$1\times\delta+1\times\delta^2-1$となります。つまり、$\delta+\delta^2>1$が成り立てば、おいしいケーキを作り続けた方がよくなります。

10 評判

　この章では、評判を分析します。評判は第9章で扱った協力の発生と密接な関係を持ちますが、独自の論点もあります。ここでは、評判がどのようなゲーム理論の論理によるかを明らかにし、その機能を調べます。

10-1. 評判とは

◆評判

　われわれの生活はさまざまな**評判**に満ちています。あのレストランの料理はおいしいとか、あるいはその会社の製品は信用できるとか、また、あの人は信頼できるとか、いろいろな局面でわれわれは自分の行動を決めるために評判に依存します。これらで起こっていることをゲーム理論で解釈すると、「相互依存関係の中で、評判を使って相手の行動に関して予測している」と理解することができます。たとえばレストランの例では、「レストランがおいしい料理を作ってくれるなら食べに行くがそうでなければ行かない」という状況で、評判を使って自分の行動を決めています。

　普通に評判というと、良い評判という意味と、良い場合も悪い場合も含めた一般の評判という意味の2種類があります。この本では、混乱を避けるため、評判といった場合は、「良い評判」を意味することにします。そして「悪い評判」という代わりに、評判を失うといいます。

　典型的な評判の仕組みでは、評判どおりの行動をし続ければ、「評判」（または良い評判）を維持できます。そして、評判を裏切るような行動をすれば、「評判」を失います（または悪い評判を得ます）。評判のある人は、評判を失う

ことを怖れて評判どおりに行動しようとします。それを予期して、他の人たちは評判を信じるのです。評判が存在するには、繰り返しの取引が前提となることが、ここから分かります。

◆評判の達成するもの①:コミットメント

　評判が使われる局面を調べてみると、達成されるものには2種類あることが分かります。

　評判によって達成できる1つのことは、**コミットメント**です。第7章で扱ったように、ゲームの状況では、自分の選択肢を狭めてある行動しか取れないようにすること（コミットメント）が自分の利得を上げることがあります。第7章のレストランのゲームでは、おいしい料理を作ると信じてもらえないために、お客さんが入ってくれません。そこで、評判を使って、コミットメントすることが有効になります。手抜きをすれば評判をなくして、次からお客が来なくなります。1回の手抜きで得られる利得よりも、これからのお客さんからの利益を失う損失の方が大きければ、シェフは手抜きしない方が得になります。これを受けて、お客はおいしい料理が食べられると安心して来店します。

　評判を使ってコミットメントをする例はいろいろあります。レストラン以外にも製品の質が購入する前にはよく分からない財やサービスなどでは、評判が有効です。教育サービスや医療サービスでは、良い評判のところが多くの顧客を集めるのはこのためです。同じように、相手の弱みにつけこまないという評判を立てることで、第7章で扱ったホールドアップ問題を解消することも有効です。ある会社が多くの会社と取引している時に、一社との間でホールドアップの状況を使って自社に得をしたとすると、それ以降、他の会社との取引がうまくいかなくなることがあります。そこで、評判を維持するために、ホールドアップの状況を悪用しないようになります。これらは、評判を打ち立てることで、取引の参加者すべてが利得を上げるような状況でした。

　競争上で優位に立つために、つまり、相手の利得を下げて自分の利得を上げるために、評判を使うこともあります。例としては、複占の同時手番による数量競争の状況で、常にたくさん生産をするという評判を打ち立てることがあります。それにより、クールノー均衡ではなく、自分が先手のシュタッケルベルク均衡の時の生産量の組み合わせを実現することが可能になります。自社が常にたくさん生産すると信じられれば、競争企業は最適反応として生産量を減ら

してきます。結果として、相手の利得は下がり、自社の利得は上がります。このような種類の評判としては、後の章で扱う交渉の場面での評判がよくあります。なかなか妥協しないという評判が立つと、交渉の際に相手が妥協してくれます。

　このような例に共通する点は、評判により1人のプレイヤーがある戦略にコミットしていることです。この評判を維持するために必要な情報は、そのプレイヤーが評判どおりに行動しているかどうかです。一方、その評判に反応する他のプレイヤーは、それに対する最適反応を取ることになります。

◆評判の達成するもの❷：協力

　評判により達成されるものとして、第9章で扱った協力があります。評判の良いプレイヤーに対しては協力し、評判の悪いプレイヤーとは協力しないことで、協力を維持することができます。この種の評判は、前章でも論じたように、人間関係においてよくあります。

　この種の評判においては、単にある人の行動だけでは評判は維持できません。というのは、プレイヤーは評判の悪い相手とは、非協力的に行動するからです。そこで、あるプレイヤーが評判を失うためには、相手の評判も知る必要があります。相手の評判が良くて本来協力すべきなのに協力しなかった時にだけ、評判を失います。評判を裏切ったかどうかには、そのプレイヤーの行動だけでなく、相手の評判も知らなくはならないので、上で扱ったコミットメントの例とは異なります。

◆評判の起こる仕組み

　われわれはすでに、評判の起こる仕組みのひとつは知っています。それは、長期的関係における協力のところで説明したものです。とりわけ、トリガー戦略とは密接な関係があります。評判はそれを裏切ったらなくなってしまいます。その意味で、トリガー戦略は、評判の仕組みをゲーム理論的に表したものといえます。この解釈によると、トリガー戦略において、いつトリガーを引くか（相手の行動が評判どおりでないと信じて行動すること）を決める指標が、評判であることになります。評判は、過去の裏切りのあるなしを表しています。そして、それはそのプレイヤーの今後の行動について表します。相手は、評判を聞いて、行動を選ぶことができます。

評判には、もうひとつの仕組みがあります。たとえば、われわれが「あの人は信頼できる」という時には、過去に裏切りがなかったことを表しているというより、その人の性格に関しての情報を表しています。もちろん裏切りを繰り返している人は、このような評判を得られませんから、性格に関する情報は過去の行動に依存しています。しかし、ここでは、将来の行動に関しては、その性格から類推します。長期的関係では、将来の行動はトリガー戦略の一部として理解しましたが、それとは異なります。ここでは、評判のある人が信頼されるのは、その人の性格が信頼できるような性格だからです。この種類の評判に関しては、これまで分析してきませんでしたので、次の節で少し詳しく見てみます。

10-2．不完備情報によって起こる評判

　この節では、評判が起こる仕組みとして、プレイヤーの性格に関する情報によって起こる場合を説明します。プレイヤーの性格をゲーム理論で定式化すると、利得の構造が異なっていて、同じ状況で異なった戦略を選ぶということになります。つまり、相手の性格が分からないということは、相手の利得が分からないということになります。そこで、これは（第5章で説明した）不完備情報のゲームとなります。

◆レストランのゲーム:再考

　評判がゲームの結果に影響を与えることを見るために第7章で扱ったレストランのゲームをもう一度見てみましょう。図10-1を見てください。このゲームでは、「シェフはまずい料理を作り客は入らない」ことが唯一のサブゲーム完全均衡でかつナッシュ均衡となっています。
　これではお客はいつまでもレストランに入れないことになります。すでに長期的関係による評判（トリガー戦略によるサブゲーム完全均衡）が、このような状況を回避することができることは論じました。ここでは、性格に関する評判がどのようにこの状況を改善するかを見てみます。つまり、ここで考える評判は、「あのシェフは腕が立ち、とにかくおいしい料理を作ることを生きがいとしている」というシェフの性格に関するものです。

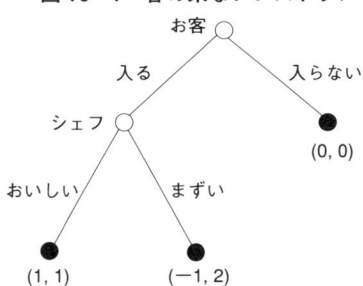

図10-1　客の来ないレストラン

```
           お客
      入る  ○  入らない
    シェフ ○           ● (0, 0)
  おいしい  まずい
    ●       ●
  (1, 1)  (−1, 2)
```

図10-2　熱血タイプの直面するゲーム

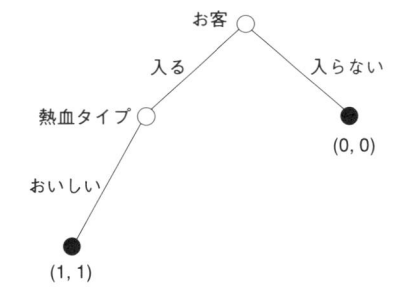

```
           お客
      入る  ○  入らない
  熱血タイプ ○         ● (0, 0)
  おいしい
    ●
  (1, 1)
```

◆熱血タイプと普通タイプ

　この種類の評判をモデルで定式化する時には、シェフには2つのタイプがあり、本人はどちらか知っていて、他の人は知らないという形にします。たとえば、熱血タイプと普通タイプがいるとしましょう。普通タイプの直面するゲームは上の図10-1です。これに対して、熱血タイプのシェフは図10-2のように、お客が入ってきたらとにかくおいしい料理を作るとします。ここでは、お客には、シェフのタイプが分かりませんから、第5章で説明した不完備情報の状況になっています。

　このゲームが1回だけ行われる場合をまず考えましょう。この場合は、お客が入ってきた時は、熱血タイプはおいしい料理を作り、普通タイプはまずい料理を作ります。お客は、前者では1の利得を後者ではマイナス1の利得を得ま

すので、熱血タイプの確率が1/2より大きい場合には、お店に入ります。

　ゲームが1回しかされなければ評判の可能性はありませんが、2回以上繰り返されると評判が働く可能性が出てきます。まずゲームが2回だけ繰り返される状況を考えましょう。この場合の均衡では、最初の回に、普通タイプも正の確率でおいしい料理を作ります！　このことを理解するために、仮に最初の回に普通タイプがおいしい料理を作らないと考えられているとしましょう。すると、おいしい料理を作ることで自分が熱血タイプであると相手に信じ込ませられます。お客は熱血タイプと分かれば店に来てくれますから、次回もお客が店に入ってくれます。そこで、普通タイプも熱血タイプのふりをすることで、2回目のお客を獲得できるのです。

　ということで複数回繰り返される時は、普通タイプもおいしい料理を正の確率で作ることが分かりました。その確率は、将来繰り返される回数が長ければ長いほど大きくなり、将来が十分長期であればこの確率は1になります。つまり、今後長く店をやっていこうと考えているシェフは普通タイプであっても熱血タイプのふりをするのです。これを踏まえて、お客は評判の良い店には入ってみるのです。

　熱血タイプの可能性はそれほど大きくある必要はありません。普通タイプもおいしい料理を作るのですから、お客は店に入ります。大事なことは、熱血タイプかもしれないという可能性があることと、まずい料理を作ることが熱血タイプでないことをばらしてしまうことです。普通タイプのシェフであることがばれてしまうとまずい料理を作ると思われて、お客は入ってくれません。そこで、評判を維持するためには、おいしい料理を作り続ける必要があります。

　熱血タイプの行動は、それ自体は合理的ではないかもしれません。しかし、世の中には必ずしも合理的に行動しない人がいることは確かです。そのようなある意味で非合理的なタイプがいる可能性があることで、合理的な（普通の）タイプがそのふりをすることができます。そして、ふりをすることで、普通タイプはおいしい料理を作ることにコミットできています。囚人のジレンマでは、個人の合理性が全体の利得を下げていました。不完備情報によって起こる評判では、個人が非合理である可能性が、全体の利得を上げます。ゲーム理論ではこのような、逆説的なことがしばしば起こります。

10-3. 評判の起こる2種類の仕組みについて

◆相違点
　評判の起こる仕組みには、2種類あると分かりました。これらには、微妙な違いがあります。

　その1つは、ゲームの繰り返される回数に対するものです。長期的関係による評判は、永遠に繰り返される状況（無限回の繰り返しゲーム）を想定していました。一般に、数回繰り返すだけでは、長期的関係による評判はうまくいきません。それに対して、不完備情報によって起こる評判は、数回しか繰り返されないような状況でもある程度は有効です。プレイヤーは自分の性格に関して、ふりをするチャンスが少しでもあれば、それを活用しようとします。

　もう1つの違いは、どんな結果が起こるかです。長期的関係がある時、第9章で説明したフォーク定理が成り立ちます。つまり、サブゲーム完全均衡ではいろいろな結果があり得ます。トリガー戦略による均衡で、評判が使われるような均衡が起こる保障はありません。一方、不完備情報による評判では、その評判が使われることが唯一の結果になることが多くのゲームで起こります。

◆共通点
　一方、2つの仕組みは、評判の持つ機能をうまく表しているという点では共通しています。つまり、評判は裏切ったらなくなるということと、繰り返しの中でのみ意味を持つということです。その意味で、2つの仕組みの違いには、実際上それほどこだわる必要はありません。

　ただやはり両者には若干の差があることも確かで、どれくらい違うかあるいは違わないかは、現在のゲーム理論の興味深い研究テーマのひとつです。

10-4. 会社やブランドの評判

◆会社の評判
　レストランの例で説明したように、コミットメントを達成するような評判は、そのプレイヤーの利得を上げることができます。信頼してもらうことで商品やサービスの価値は一般に上がりますから、企業は何とか信頼を得ようとし

ます。このような評判は、相手（消費者）は多人数いて、その人たちの評価が集計されて評判となります。面白いことは、会社のメンバーは次々と代わっていっても、評判はなくなってしまわないことです。会社のメンバーの多くが、評判を守ることでの将来の利益が重要と考えれば、評判は維持できます。評判の担い手には、個人だけでなく組織もなれます。

　企業の評判に関して重要なことは、その企業が今後も存続するかです。評判を守る理由が将来の利益にあるとすれば、すぐに倒産しそうな企業は信頼しない方がよくなります。企業の安定度を簡便に判断するためにわれわれがよく使う方法は、その企業の創業の古さです。ある企業が長く営業してきたとすれば、その企業はこれまで裏切らないですんできたということになります。それは、安定して利益を上げられるような商売をしていることを意味します。とすれば、今後も評判を守れば利益が上げられるはずですから、そのような企業は信頼してもよいと考えます。一方、できたばかりの企業は安定して利益を上げられるかどうか不明です。日本では消費財の産業では古くからある企業が多くそれほど多く新規参入がないのは、このような理由があると考えられます。

◆評判としてのブランド

　企業の評判の観点から興味深い工夫が、ブランドの創出です。ブランドとは、企業名とは独立して、商品のグループに与えられた実体のないイメージです。ゲーム理論の観点からは、ブランドの機能は評判と考えられます（マーケティングの研究では、ブランドにはこの他にもいろいろな機能があることが分かっています）。ブランドの中の商品は次々と変わっていっても、ブランドは同じで、消費者はそれを信頼して購入します。

　ここで注意したいのは、消費者は「ブランド」だから買っているわけではないことです。ブランドが評判の機能を果たしている以上、裏切りをした場合には、そのブランドは逆に悪い評判を表すことになり、消費者にそっぽを向かれることになります。最近の例では、2001年から2002年にかけて食品のY社が食中毒事件や牛肉偽装事件などで消費者の信頼を失い、牛乳に関してそれまでもっとも有名であったY社というブランドはなくなってしまいました。

◆評判の売買

　会社やブランドの評判は、売買の対象になります。評判は裏切りをしたかど

うかを表すと同時にその企業の将来のコミットメントを約束するものです。消費者にしてみれば、誰がその評判を担っているかはそれほど重要ではありません。むしろ、ちゃんとコミットメントを果たしてくれるかどうかに興味があります。企業がコミットメントを守るのは、将来の利益が獲得できることが重要です。その点で、企業やブランドが良い評判を維持していれば、それを将来売ることができるということは、いっそう良い評判を維持する意欲を高めます。ですから、会社やブランドの評判を売買できることは、評判の機能を損なうどころか、それを強化する働きがあります。

第10章のまとめ

- 評判により、コミットメントや協力が達成されることがあります。
- 評判が起こる仕組みには、長期的関係によるものと、不完備情報によるものとがあります。
- 評判は企業に対してもあるいはブランドに対しても現れます。その場合、評判は売買が可能になります。

練習問題 10-1

第9章で扱った同僚との協力のゲームが無限に繰り返される状況を考えてください。この状況で、不完備情報に基づいた評判が有効であるためには、評判はどのようになっていなくてはならないかを論じなさい（ヒント：毎回助けるという評判はうまくいきません）。

略解

　不完備情報に基づく評判は、そのプレイヤーがある特定の行動をするタイプのふりをすることで起こります。ここではどんなタイプのふりをすれば、協力が達成できるかがポイントです。

　毎回助け合うふりをすると、相手につけこまれます。相手は助けずに自分だけ助けるのでは大損です。協力を達成するには、良い評判のプレイヤーとは協力し、悪い評判のプレイヤーとは協力しないようになっていなければなりません。このような行動のパターンはいくつかありますが、一番簡単なのは相手の前回の行動をそのまま返すように行動することです。相手が前回助けてくれたら今回助け返し、相手が前回助けてくれなかったら自分も今回助けないというように戦略を取ります。英語では、ティットフォータット（しっぺ返し）戦略

といいます。この戦略を取るタイプであるふりをすると、相手としては、助けなければ次回助けてもらえないという報復を受けます。そこで、裏切りを抑えることが可能になり、協力が発生することになります。

練習問題 10-2

　第9章の練習問題で扱ったケーキ屋とお客のゲームを考えます。長期的関係に基づいた評判が起こっています。来期、ケーキ屋が店を売りに出すことにしました。ここで、ケーキ屋が今期手抜きをしない条件は、トリガー戦略がサブゲーム完全均衡になる条件と一致することを示しなさい。なお、プレイヤーの割引因子は δ であるとします。

略解

　来期の時点で評判が維持されているとします。そこでは、評判を維持し続ければ、毎回1の利得が得られます。そこで、その時点では、企業の価値は利益の割引現在価値の和である $1/(1-\delta)$ となります。一方、評判をなくしてしまった場合は、誰も買ってくれなくなるので利益の割引現在価値の和はゼロになります。そこで、今期手抜きをしない時の企業の利得は、今期の利益と来期に企業を売るときの売値の割引現在価値の和である $1+\delta \times 1/(1-\delta) = 1/(1-\delta)$ となります。一方、今期手抜きをした時の利得は2です。そこで、手抜きをしない条件は $1/(1-\delta) > 2$ です。これは明らかにトリガー戦略がサブゲーム完全均衡になる条件と一致しています。

11 交渉の理論

 お母さんがケーキを1つ買ってきて、兄弟で分けなさいと言ったとしましょう。「仲良く分けられれば食べてよいけど、けんかするなら食べさせない」とお母さんは言います。さてこのような状況で兄弟はどうやってケーキを分ければよいでしょう。

 ここではこれまでの応用として、交渉を分析します。交渉は分配をめぐるゲームであり、古く昔から人類の関心事でした。捕った獲物をどう分けるかとか、あるいは親の遺産をどう分割するとか、歴史の中では分配をめぐるさまざまなエピソードが見つけられます。現代でも、複数の企業が共同で行うプロジェクトでは利益をどう分割するかがしばしば大きな問題となりますし、また労働者と企業は利潤と賃金の分配をめぐって交渉します。

 従来のミクロ経済学は効率性(無駄がないこと)だけに注目して、分配の議論をあまり深く追求してきませんでした。効率性の議論は、正しい解決方法がしばしば1つに定まり、その追求はすべての人に受け入れられます。一方、分配では誰かの得は誰かの損であり、何が「公正」かがはっきりしません。経済学者の中には、経済学は効率性だけに注目すべきで、分配は政治の問題として考えるべきという人もいます。しかし、交渉はわれわれの経済活動の重要な構成要素であり、その理解は経済の理解に不可欠です。まだ交渉の理論は完成した理論とはいえませんが、いろいろ分かってきたこともあります。この章ではそれを簡単に紹介したいと思います。

 交渉では、プレイヤーが2人の場合と3人以上の場合で大きく状況が異なります。3人以上の場合は、プレイヤーのうちの何人かが集まってグループ(結託という)を形成して交渉することがあり、このために戦略が複雑になりま

す。ここでは、交渉力という概念に焦点を当てたいので、それを簡潔に示せる2人交渉ゲームの場合に絞って議論します。

11-1. 交渉の理論の難しさ

◆要求ゲーム

　交渉で何が起こるかを予測することが難しいことが、交渉の理論が経済学であまり扱われてこなかった理由です。予測が難しい原因は、どんな合意でもいったんそれが妥当だと思われるようになると、実際にその合意に基づく分配が実現する傾向があることです。

　このことを理解するために、次の**要求ゲーム**と呼ばれる交渉ゲームを考えてみてください。兄弟は同時に自分がどれだけ欲しいかを叫びます。2人の要求の和が1より大きくなければ、兄弟は自分たちが要求した分量をもらうことができますが、2人の要求の和が1より大きい時には、合意が成立せずに（けんかになって）兄弟は何も得られません（図11-1参照）。実は、要求ゲームでは、どんな分割もナッシュ均衡となります。相手が半分要求してくれば、自分も半分要求するのが最適反応になります。そこで、半分ずつ分けることはナッシュ均衡です。また、相手の8割の要求に対する自分の最適反応は2割要求することで、逆に自分の2割の要求に対する相手の最適反応は8割要求することです。そこで、2対8で分けるのもナッシュ均衡になります。半分ずつ以外の分割がナッシュ均衡になることは意外だと思う読者も多いと思います。しかし、交渉では決裂しては元も子もなくなるので、どんな分け方も合意に失敗するよりよいのです。

　要求ゲームは、交渉の状況ではプレイヤーの利得の関係に競争的な要素と協力的な要素の両方があることを、最も簡潔にかつ明確に示しています。この性質は（第3章で扱った）男女の争いと同じものです。競争的というのは、できるだけ相手の取り分を減らして自分の取り分を増やしたいということで、協力的とは合意が得られなければ双方の利得はゼロとなってしまうことです。競争と協力の要素が入り混じっているため、利得の観点だけからでは、どの分配方法が起きやすいかを予測できません。

図 11‑1　要求ゲーム

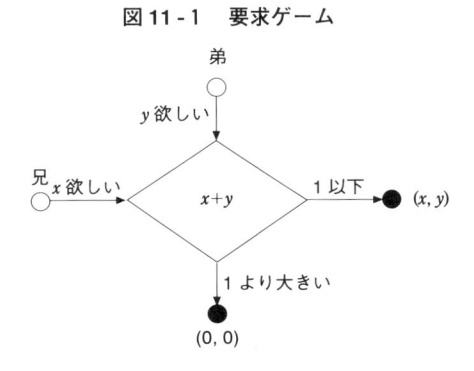

弟 〇 — y 欲しい
兄 〇 — x 欲しい
$x+y$
1 以下 → ● (x, y)
1 より大きい → ● $(0, 0)$

11-2. 交渉力

◆交渉力を左右する要因

　要求ゲームではどんな分割もナッシュ均衡になり得ます。予測としていえることは、合意ができるということだけです。これでは、交渉の理論としてあまり役に立ちません。しかし、実際の交渉を見ていると、相手の方がより強い立場にいるとか今回は守りの交渉だとか、交渉の担当者は交渉の行方を状況に応じて予測しています。このことから、交渉をゲームとして記述する際に、要求ゲームのモデルではすべての重要な要素を捕まえきれていなかったことが推定されます。要求ゲームには含まれていないものの中に、交渉の結果を左右する要因があるはずです。本書では、あるプレイヤーの自らの分け前を増やすような要因を、抽象的に「交渉力」と呼ぶことにします。交渉の理論の目的のひとつは、この交渉力に影響する要因を探し出して、それが交渉の結果にどのように影響するかを調べることです（交渉の理論のもうひとつの目的は、本書では扱いませんが、交渉が長引いたり決裂したりして、非効率的な結果を引き起こすのはどんなときかを調べることです）。

　どのような要因が交渉の結果に影響を与えるでしょうか？　実際の交渉を見てみると、交渉の方式をめぐっても大きく議論されます。これは交渉のルールが交渉の結果に大きな影響を与えることを、現実の交渉人たちが認識しているからといえます。また、世の中には交渉の上手な人と下手な人がいるといわれます。このことは、交渉の状況の何らかの要素をうまく活用すれば交渉力を高められることを示唆しています。以下では、これまで分かっている要因の中か

図11-2 最後通牒ゲーム

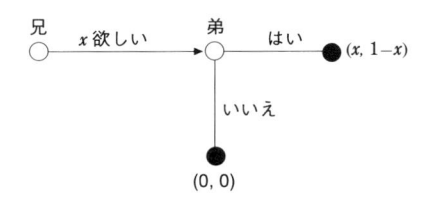

```
兄   x欲しい   弟    はい
○──────────○──────────● (x, 1−x)
            │
            │いいえ
            │
            ● (0, 0)
```

ら、最も重要な4つ（提案する権利、我慢強さ、代替手段、ふりをすること）について、順番に説明していきます。

11-3. 提案する権利

◆最後通牒ゲーム

　最初に、提案する権利が交渉力となることを、**最後通牒ゲーム**を分析することで見ていきます。最後通牒とは、自分の提案が受け入れられなければ一切合意しないという提案です。最後通牒ゲームでは、最初に兄が自分がどれだけほしいかを弟に提案し、弟はこの提案を受け入れるかあるいはそれを拒否して交渉を決裂させる（けんかする）かを選びます。図11-2はこのゲームを模式的に表しています（カッコ内は左が兄の利得で右が弟の利得）。なお、分けやすくするためお母さんは大きなケーキを10等分してくれたとします。この節では議論を簡単にするため、これ以上細かく切ることはしないとします。

　このゲームのサブゲーム完全均衡での分割は、「兄が9割で弟が1割」か、「兄が全部で弟はなし」の2つになります。弟としては、半分ずつ以外は受け入れられないと強気に言うことはできますが、いざ兄が9割と提案してきたら、簡単に「いいえ」と言うことはできません。合意して1割でももらう方が得になるので、弟が合理的ならこの提案を受け入れるのです。半分ずつ以外は受け入れられないといっても、これはサブゲーム完全均衡のところで説明した「信用できない脅し」となり、交渉の結果に影響を与えることはできません。なお、この状況で兄が全部要求してきたら拒否するという脅しは信用できます。拒否しても受け入れても弟の利得はゼロだからです。もう1つの均衡は、弟にとってさらに不利です。そこでは、兄は全部を要求してきて、弟はこれを受け入れます。弟にしてみれば、拒否しても合意しても利得はゼロですから、

図 11-3　交互提案交渉ゲーム

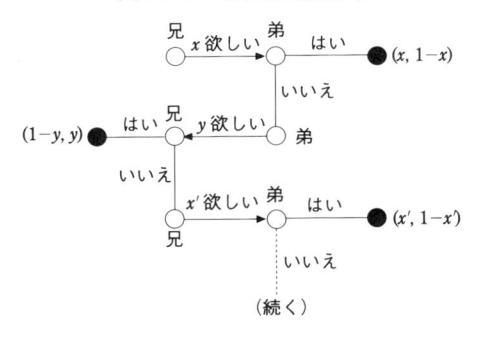

```
兄  x欲しい  弟  はい    ●(x, 1−x)
 ○─────→○─────→
              │
              │いいえ
              ↓
(1−y,y)●←──────○←─────○ 弟
       はい  兄  y欲しい
             │
             │いいえ
             ↓
        ○─────→○─────→●(x', 1−x')
       兄  x'欲しい 弟  はい
                     │
                     │いいえ
                     ↓
                    (続く)
```

受け入れるのも最適反応です。そこで、確かにこれもサブゲーム完全均衡になっています。

このゲームから分かることは、ルールの上で最後通牒することができるプレイヤーは、とても強い交渉力を持つことです。一般に、提案する権利を持つプレイヤーには強い交渉力があります。提案するプレイヤーは、相手が受け入れられるぎりぎりの選択肢を示すことで、合意による利得の分配を自分に有利に導くことができます。

11-4. 我慢強さ

◆交互提案交渉

最後通牒ゲームでは、提案を拒否したら合意のチャンスは永久に失われるとしていました。しかし、現実では多くの場合に、ある提案が拒否されたら誰かが別の提案をすることでプレイヤーたちは交渉を続けます。その際に、提案を交互に出すことがしばしば行われます。この**交互提案交渉**は、ルービンシュタインというゲーム理論家が最初に定式化して分析しました（図11-3はその模式図）。この交渉の方式はかなり現実的である上に、いろいろ変化をつけることで交渉のさまざまな面を考えられるので、それ以降広く分析されてきました。

交互に提案を出すので、提案する人は最後通牒ゲームの時ほど強気には出られません。あまり強気に出ると、相手は相手の提案できる番が回ってくるまで待とうとします。せっかく提案したのに否決されては、単に待つ時間が長くな

るばかりです。そこで提案者は、相手にとって受け入れらるような条件の中で、自分にとって最も有利な条件を提示することになります。このため、交互提案交渉では提案する力はある程度は有効ですが、最後通牒ゲームのように絶対的な交渉力の源というわけではありません。

興味深いことに、このゲームのサブゲーム完全均衡は1つしかなく、そこでは最初の提案によりすぐさま合意に到達します。兄は最初の提案で、弟がこの交渉で得られるはずの利得を弟に対して保証します。そして兄は残りを獲得します。全体のパイは決まっているので、兄も弟もいたずらに交渉を長引かせても得にはなりません。むしろ、こうやって交渉を早期に終わらせることで、自分の分け前を早く得ることができます。そこで交渉が最初の提案で妥結することになります。以下では、この性質を前提に何が交渉力に影響を与えるかを見ていきます。

◆交互提案交渉で交渉力を左右する要因

交互提案交渉では、我慢強さが、提案する権利以上に交渉力を左右する要因となります。自分に有利な状況になるまで我慢できるプレイヤーは、相手の拒否を怖れずに強気の提案をしますし、相手があまりよい提案をしてこなければ拒否して自分の提案まで待とうとします。これを見越して相手のプレイヤーは、不利な提案を受け入れたり弱気な提案をせざるを得ません。このことを簡単なモデルで見てみましょう。ここでは、数式を使いますが、数式の部分は読み飛ばしても分かるように書いてあります。我慢強さを定式化するには、第9章でも使った割引因子の考えを使います。割り引くとは、たとえ同じものがもらえても、後でもらえる場合は今すぐもらえるより利得が一定の割合で下がってしまうことです。我慢強いプレイヤーほど、この割引因子が1に近くて割り引きが小さくなります。兄の割引因子は a で、弟の割引因子は b とします。割り引きですから、a と b は1より小さい正の値となります。兄は1回待って x が得られると ax の利得となり、n 回待って同じ x だけが得られると $a^n x$ の利得となるとします。一方、弟は1回待って y が得られると by の利得となり、n 回待って同じ y が得られると $b^n y$ の利得となるとします。

それぞれのプレイヤーがどんな提案をすべきかを分析します（均衡では交渉は1回で妥結しますが、そこで何が起こるかを分析するには、最初の提案が受け入れられなかった場合に何が起こるかを調べる必要があります）。兄が提案

表11-1　提案者と取り分の関係

	兄の取り分	弟の取り分
兄の提案による合意	X	$1-X$
弟の提案による合意	$1-Y$	Y

表11-2　割引因子がともに0.8のとき

	兄の取り分	弟の取り分
兄の提案による合意	0.56	0.44
弟の提案による合意	0.44	0.56

表11-3　兄のほうが我慢強いとき

	兄の取り分	弟の取り分
兄の提案による合意	0.71	0.29
弟の提案による合意	0.64	0.36

する時に、弟は自分の取り分が少なくとも$1-X$であれば受け入れるとします。兄としては受け入れられる中で一番自分によい提案をすべきですから、兄はXを自分の取り分として提案して（合意の後に）これを獲得します。同じように、弟が提案する時には、兄の取り分が少なくとも$1-Y$であれば兄は受け入れるとします。そして、弟はYを提案して合意によりそれだけの分配を得るとします。表11-1は提案者と取り分の関係をまとめています。問題はこのXとYがどのように決まるかです。兄が提案する状況をまず考えましょう。弟は1回待てば自分の提案する番が回ってきて、Yの分配が得られることを知っています。それの割引現在価値はbYですから、弟は最低限bYの利得が自分に得られなければ兄の提案を受け入れません。逆にbY以上もらえれば待っても利得が上がらないため、弟は提案を受け入れます。つまり、上で想定した$1-X$はbYに等しいことになります。同じように、弟が提案する場合を考えると、兄の受け入れる取り分である$1-Y$と兄が1回待って提案することで得られる分け前の割引現在価値のaXが等しいことが分かります。こうして得られた$1-X=bY$と$1-Y=aX$を連立方程式として解くことで、$X=(1-b)/(1-ab)$と$Y=(1-a)/(1-ab)$となります。これが兄と弟が自分の番に提案する自分の取り分です。この計算結果を使って、兄の交渉力に影響を与えている要因を見てみましょう。

兄の取り分は、自分の提案の時は X で弟の提案の時は $1-Y$ となります。上の分析から、$aX = 1-Y$ であり、割引因子は 1 より小さいわけですから、$X > 1-Y$ となります。つまり、自分の提案により合意する時の方が、自分の取り分が大きくなることが分かります。たとえば、$a = b = 0.8$ の時は、$X = 20/36 (\approx 0.56) > 1-Y = 16/36 (\approx 0.44)$ となります（表11-2参照）。最後通牒のゲームほどは提案する権利の力は大きくありませんが、提案することで少しは交渉力が上がることが分かります。

　これよりも交渉結果に強い影響を与えるのが、我慢強さです。兄がより我慢強いとしましょう。すると兄は将来の利得は今の時点で考えてもそれほど価値が減らないと感じるので、兄の割引因子 a は 1 に近くなります。上の計算から、兄の取り分は兄の提案の時は X で弟の提案の時は $1-Y$ となりますが、これらは共に兄の割引因子が大きくなるにつれて大きくなります。たとえば、$a = b = 0.8$ の時は、$X \approx 0.56$ で $1-Y \approx 0.44$ ですが、これが $a = 0.9$ で $b = 0.8$ となると、$X = 20/28 (\approx 0.71)$ で $1-Y = 18/28 (\approx 0.64)$ とそれぞれかなり増加します。つまり、我慢強いことは交渉力の源であることが分かります（表11-3参照）。

◆我慢強さ＝交渉費用が低い

　我慢強さが交渉力の源になることを、別の角度から解釈してみましょう。交互提案交渉では、自分の提案の時の方がより有利な分配を獲得できます。しかし、サブゲーム完全均衡では、提案を受けたプレイヤーは、相手の提案を受け入れて自分の提案の番まで待とうとはしません。それは、利得が割り引かれるという意味で、待つことの費用がかかるからです。交互提案交渉では、待つことの費用が交渉の（唯一の）費用です。そこで我慢強いということは、交渉費用が小さいことと解釈できます。その意味で、上の結果は、交渉費用が小さいプレイヤーが高い交渉力を持つと解釈することもできます。

11-5. 代替手段

◆脅し点

　交渉が決裂した時にそれぞれのプレイヤーが得られる利得つまり代替手段からの利得も、交渉力に影響する大事な要素のひとつです。ゲーム理論では**脅し**

点といいます。たとえば、上の兄と弟の例で、弟は交渉が失敗しても、おばあさんに泣きつけばケーキ半分に相当するようなお菓子をもらえるとしましょう（ただし、ケーキとおばあさんからのお菓子の両方をもらうことはできないとします）。こういう状況では、弟はいかなる交渉でも半分以上もらえなければ合意しなくなります。最後通牒ゲームかあるいは交互提案交渉で弟の方が我慢強くない時を考えてください。この場合は兄が最初に提案するとすると、弟の分け前は半分以下になるところですが、代替手段（または外部オプションと呼ばれます）のおかげで弟は分け前として半分は確保できます。

◆脅し点の交渉力

さてこうして弟は半分を確保できたわけですが、弟には少し欲が出てきました。そして、「僕はおばあちゃんに泣きつけば半分もらえるんだ。だから、半分分けでは納得できないよ。半分よりたくさん頂戴よ」と言い出しました。さて、兄はどう対応したらよいでしょうか？　交渉の理論の中で分かってきたことは、このような弟の主張を受け入れるべきかどうかは状況によって異なることです。この点はあまりよく理解されていないようですので、少し詳しく説明します。

まず最初に考えるのは、上で考えた交互提案交渉そのままの状況の時です。その状況で、もし代替手段の方が交渉の中で予測される分配より自分に不利であれば、このような代替手段を合理的なプレイヤーは決して使いません（たとえばおばあさんからもらえるお菓子がケーキ10分の1の価値しかないとすると、弟はこの代替手段を使って交渉力を高めることはできません）。それを使うぞという脅しは、信用できない脅しです。ですから、代替手段があったとしてもそれが均衡で予測される分配より有利でなければ、その存在はまったく交渉結果に影響を与えません。一方、代替手段の方がもともとの均衡での分配より有利であるようなプレイヤーは、最低限として代替手段で保証されているだけの利得を得ることになります（自分の提案の時は、提案することを利用してそれより少しだけ利得を増やせます）。しかし、これはそれ以上もらえることを意味しません。代替手段より少しだけ高い利得が提案されれば、プレイヤーはそれを受け入れることが、自分が提案するために1回待つより得になります。つまり、もともとの交互提案交渉では、代替手段はそれだけの利得を保証することはできても、それ以上には交渉力を高めないといえます。

図 11-4　代替手段の価値

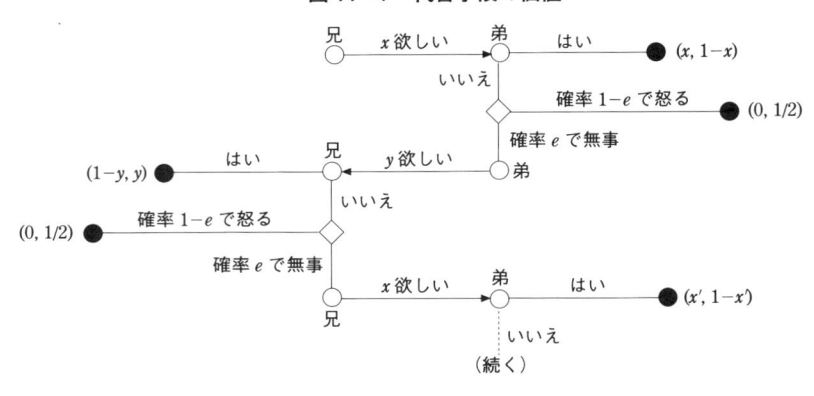

◆交渉が決裂する可能性がある時の代替手段の交渉力

では、代替手段が交渉力に直接に影響する状況はどういう状況でしょうか。それは、交渉の費用が、待つことの費用ではなくて交渉が決裂するリスクによって発生する時です。兄と弟の交渉の時、2人とも交渉することは苦ではなく、待ってからケーキを食べても利得は下がらないとします。しかし、兄弟で交渉を続けていると、お母さんがけんかするならあげないと怒り出してケーキを取り上げてしまうことがあるとします（図11-4参照。お母さんが怒った時は、兄の利得は0ですが、弟はおばあさんからもらうお菓子で1/2の利得が得られます）。毎回交渉がうまくいかないたびに、$1-e$ の確率でお母さんが怒り出すとします。この場合、交渉を1回待って合意しようとすると、ケーキが食べられるのは e の確率しかないということになります。この状況は、割引因子の代わりにお母さんが怒らなくて無事に交渉が続けられる確率を考えることで、前の節の分析とまったく同じに分析できます（つまり、$e = a = b$ と考えます）。この場合も、それぞれのプレイヤーは相手に受け入れられるぎりぎりの提案をします。提案を受けた方は、お母さんが怒って交渉が無理やり決裂させられてしまうリスクを考慮して、提案を受け入れるか自分の提案の番が回ってくるまで待つかを考えます。

ここでは代替手段は、もともとの交互提案交渉とは大きく違った意味を持ちます。なぜなら代替手段は交渉が無理やり終わった時に有効に活用できるからです。弟はお母さんが怒った時も、おばあさんに泣きつけばよいのです。ここ

での交渉費用は交渉が決裂することです。すると、代替手段のある弟にとって、交渉費用はかなり低くなります。こうなると、弟はおばあさんにもらえる分はすでに確保できているのだから、残りの分を分けっこしようと強気に出られます。こうして代替手段が直接に交渉結果に影響してきます。

上の議論から分かることは、代替手段の効果はそれが交渉費用にどう影響するかで大きく違うことです。上であげたように、交渉が決裂する可能性が本人たち以外の原因である場合には、代替手段の存在は交渉費用に影響し、その結果として均衡で予想される交渉結果に大きく影響します。その場合は、交渉力に大きく寄与するといえます。一方、本人たちが望めば永久に交渉を続けられるような状況では、代替手段は最低限の保証とはなりますが、それ以上の交渉力の向上をもたらすものではありません。この場合には、代替手段は交渉力としては有効ですが限定的なものになります。

11-6. ふりをすること

◆ベイジアンゲームとふり

フリーマーケットなどで、買い物をするのを見ていると、わざと欲しくないふりをして交渉する様子が見受けられます。どうしても欲しい人は高いお金を出しても買いますが、それほど欲しくない人は高ければ買いません。フリーマーケットでは出店者がこのことをよく理解していて、買い手が欲しいそぶりを見せたら高い金額で売りつけ、それほど欲しそうでない人には値引きします。買い手の方でもこのことは分かっていて、値引きを引き出すために、本当はどうしても欲しい時でもわざと欲しくないふりをします。このような戦略は、ゲーム理論では、第5章で扱ったベイジアンゲームの考え方を使って解釈できます。世の中には、どうしても欲しい人と、それほど欲しくない人がいます。本人は自分がどちらかを知っているのですが、外からみただけではどちらか分かりません。そこで、それほど欲しくない人が取ると予想される戦略と同じ戦略をとると、外からはその人がどちらかが区別できなくなります。これが、ゲーム理論でいう「ふり」です。

交渉では、一般に交渉力が強い「ふり」をします。たとえば、我慢強いふりをしたりします。もともと、我慢強いと思われる確率が高ければ、我慢強いふりをすることで、相手からそれに見合った妥協を期待できます。また、時間を

通して交渉が続けられる時には、交渉の中で自分のふりを相手に信じ込ませる機会が増えます。そこで、もともとあまり高い確率で我慢強いと思われていなくても、相手から我慢強いと本当に思われているような妥協が引き出せることがあります。これは、第10章で説明した、不完備情報に基づく評判を活用して、交渉力を高めようとしていると解釈できます。

この他にも、1回出した提案を決して変えないことで自分の提案が最後通牒であるふりをしたり、あるいは有利な代替手段があるふりをしたり、いろいろなふりをしてプレイヤーたちは自分の交渉力を上げようとします。交渉における「ふり」の意義については、それがどのように相互に関係するかなどまだ充分に分かっているわけではありません。私も興味を持って、いろいろと考えている分野です。

11-7. 非協力ゲームアプローチと協力ゲームアプローチ

◆協力ゲームアプローチ

ここまでは、交渉ゲームを非協力ゲームアプローチで分析してきました。ゲーム理論には（第1章でも述べたように）もう1つのアプローチ、すなわち協力ゲームアプローチがあります。交渉においては、話し合いの過程で何が起きるかを考えているので、そもそも話し合いを前提とする協力ゲームアプローチもしばしば的確な予測を与えます。そこで、経済学でも交渉に関しては、協力ゲームアプローチを利用することがよくあります。

非協力ゲームアプローチで交渉を分析する場合には、上でしたようにまず交渉がどう行われるかを細かく記述します。誰がいつ提案できるかとか、提案を拒絶したら何が起きるかといった事柄です。そして、そのゲームのナッシュ均衡（またはサブゲーム完全均衡）を求めることで何が起こるかを予測します。

一方、協力ゲームアプローチで交渉を分析する場合には、交渉で起こる結果が満たすべき性質（これを数学的に公理といいます）を考えます。そして、状況ごとに公理を満たすような結果を計算することになります。このような結果のことを、協力ゲームアプローチでは解または**交渉解**といいます。公理として満たすべき性質が公正に関するものであれば、このような交渉解は望ましい分配方法を示していると解釈できます。また、公理が起きそうな結果の性質を示している場合には、計算された交渉解は現実の予測と解釈できます。

望ましい交渉結果を計算して示したいというのであれば、もっぱら協力ゲームアプローチを使うことになります。一方、予測においては、両方のアプローチが使えます。第1章でも述べたように、協力ゲームアプローチはゲームの細かいルールがよく分からなくても結果を予測できるという点で、より直感的で安定した予測になることがあります。また、交渉の細部に立ち入らないで解が求まることは、応用上は分析を簡単にします。労働経済学などで、しばしば協力ゲームアプローチが使われるのはそのためです。もっとも、ゲームのルールがはっきり分かっている時は、非協力ゲームアプローチの方が鋭い分析を提供することがあります。

◆ナッシュ・プログラム

実はこれら2つのアプローチは思ったよりも近い関係にあることが分かっています。協力ゲームアプローチで考える公理の多くは現実の交渉を抽象化したものであるため、協力ゲームアプローチの交渉解と、非協力ゲームアプローチにおける（ある特定のゲームでの）ナッシュ均衡はしばしば一致します。この場合には、協力ゲームアプローチの公理を使ってナッシュ均衡を解釈したり、協力ゲームアプローチの公理が現実のどのルールに対応しているかを非協力ゲームを使って解釈できます。2つのアプローチを補完的に使って交渉に関する理解を深めるこの手法は、ナッシュ均衡を考えついたナッシュ自身が最初に提唱したので、ナッシュ・プログラムと呼ばれています。

11-8. ナッシュ交渉解

◆ナッシュ交渉解とは

協力ゲームアプローチの交渉解として、いろいろなものが考えられてきました。本書ではその中でも代表的なものとして、ナッシュが考えた**ナッシュ交渉解**を説明します（なお、ナッシュ交渉解自体はナッシュ均衡とはまったく異なる概念なので、混同しないようにしてください）。ナッシュ交渉解で使われている公理は妥当性が高く、経済学での応用でも広く使われています。

ナッシュ交渉解を考える際には、実現可能な分配方法の集合と交渉が決裂した時にプレイヤーが得る利得（脅し点）だけを対象とします（図11-5参照）。実現可能な分配方法は、図ではAの灰色の部分で表されています。ここでは、

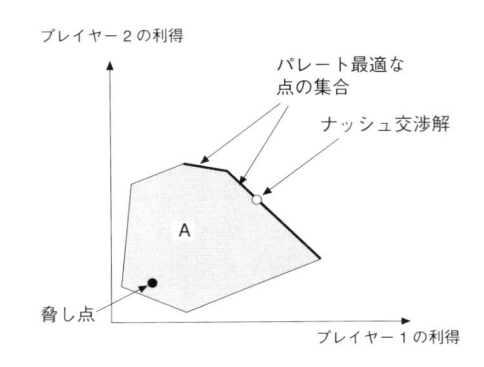

図 11-5 実現可能な配分方法とパレート最適性

単純にケーキを分ける問題ではなく、もう少し一般的な状況を考えているので、実現可能な分配は複雑な形をした領域になっています。脅し点は、交渉の不一致点とか現状点とも呼ばれます。本書では、第5節の非協力ゲームアプローチのところでも使った脅し点という用語を使います。なお、以下では脅し点つまり交渉が決裂した時の利得は、交渉の状況で1つに定まっていると考えます（脅し点を複数の選択肢から選べる状況の分析はこの本ではしません）。

◆ナッシュ交渉解の公理

ナッシュは、交渉解として3つの公理（パレート最適性、対称性、無関係な選択肢からの独立性）を満たすものを考えました。パレート最適性の公理は、もしその分配方法より2人の利得を増やせる別の分配方法があるなら、元の分配方法は交渉解ではないということを要求します。つまり、ナッシュ交渉解では分けられるものは無駄なく分けてしまっていて、1人の利得を増やすともう1人の利得は下がってしまうようになっていなくてはいけません。図11-5では、右上の太線の部分だけがパレート最適性の公理を満たしていて、それ以外の点では2人の利得を同時に増やす分配方法があります。対称性とは、もし2人が実現可能な分配方法の集合と脅し点の面からまったく対称であれば、2人の得る分配も同じでなくてはいけないということです。これは、2人が利得の観点から同じようなプレイヤーであれば、交渉力が同じであることを意味します。3番目の無関係な選択肢からの独立性とは、ある交渉解がある時に、交渉解以外の分配方法のいくつかを実現可能な分配方法から除いても、元の交渉解

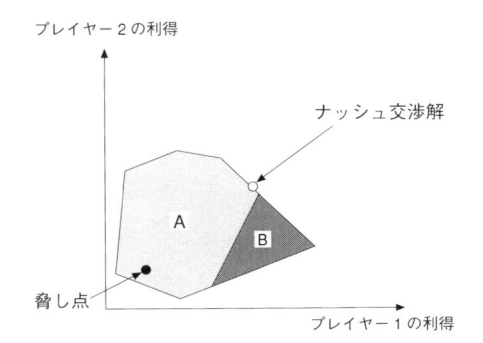

図11-6　無関係な選択肢からの独立性

が交渉解であり続けるということを要求します。図11-6で、もし濃い灰色の部分Bが実現可能な分配方法に含まれる時に、白丸のところが交渉解であれば、濃い灰色の部分Bを取り去ってもやはり白丸のところが交渉解になるということです。もともと交渉解にならないような分配方法は、それが実現可能でなくなっても、交渉の結果には影響しないはずだというのがこの公理の意味です。

◆ナッシュ交渉解の求め方

　ナッシュの要求した公理は、どれも当たり前のように感じられます。少し驚いたことに、これらの公理を満たす交渉結果は1つしかありません。ナッシュの公理は、交渉結果を特定できるのです。そして、ナッシュはそのような解は、2人の利得の増分の積を最大にするものであることを示しました。ここで、利得の増分とは交渉で得られる利得から脅し点での利得を引いて、交渉によって追加的に得られる利得のことです。図11-7を見てください。図の上では、2人の利得の増分の積は、(脅し点を原点として描いた)双曲線と実現可能な分配方法の集合の外側の線が接する点で最大になります。そこがナッシュ交渉解です。

　ナッシュ交渉解では、交渉力は対称性と無関係な選択肢からの独立性の2つの公理の中で抽象的に定義されています。たとえばこの章の前半で考えたケーキをめぐる兄弟の交渉では、半分ずつ分けるのがナッシュ交渉解となります。大雑把にいえば、これは交渉力が対等であるということに対応します。はじめ

図11-7 ナッシュ交渉解

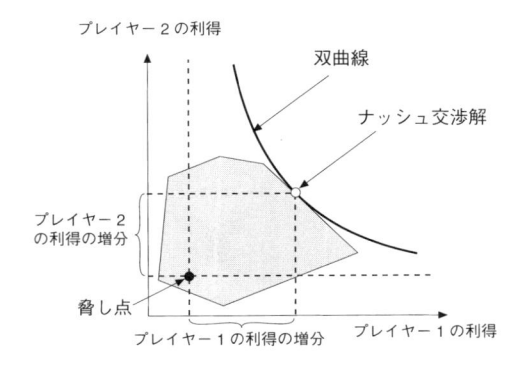

から交渉力が異なっている時は、対称性の公理の代わりに、2人が利得の面からはまったく同じでも交渉力の高い方が高い利得を得ると仮定することで、ナッシュ交渉解を一般化することができます。応用経済学では、しばしばこの一般化されたナッシュ交渉解が使われます。

　　　　　＊　　　　＊　　　　＊

　この章では、ゲーム理論を応用して交渉を理論的に分析してきました。人々が合理的に行動する場合には、ある程度説明ができるようになってきたというのが現在の状況です。これを成功と見るかあるいは発展途上と見るかは別として、従来はあまり扱われてこなかった分配の議論が理論的に議論できるようになってきたことが分かっていただけたと思います。

第11章のまとめ

- 交渉のルールは、交渉の結果に強い影響を持ちます。
- 交渉力を高める要因として、提案権や我慢強さそして代替手段などがあり、交渉力が高いふりをすることも交渉力を高めるうえで有効な戦略です。
- ナッシュ交渉解は、2人のプレイヤーの利得の増分の積を最大にする点です。

練習問題 11-1

大きさが1のケーキを兄弟2人で分けるゲームを考えます。なお、ケーキは自由に分割できるとします。交渉のルールとして、提案が2回だけできる場合を考えます。提案に際しては、余らせないような分割方法を示します。割引因子を δ とします。以下では、サブゲーム完全均衡だけに注目します。最初の提案は兄がするとして、2回目の提案を誰がするかで交渉の結果がどう変わるかをみてみます。つまり、ゲームのルールは以下のとおりだとします。最初に兄が提案し、それを弟が受け入れるかどうか決めます。受け入れれば交渉は終わりで、受け入れられた提案で利得が決まります。受け入れなければ、2回目の提案がなされ、相手が受け入れるかどうか決めます。受け入れなければ両者の利得はゼロです。2回目の提案で妥結した場合、δ の割引因子で割り引いたものが（最初の時点で測った）利得となります。

a) 2回目の提案も兄ができるとした時に、サブゲーム完全均衡で起こる結果を求めなさい。
b) 2回目の提案は弟ができるとした時に、サブゲーム完全均衡で起こる結果を求めなさい。
c) 2回目の提案者はジャンケンで決めるとした時に、サブゲーム完全均衡で起こる結果を求めなさい。

◎略解

a) 最後の回のサブゲームでのナッシュ均衡は、兄が全部取るのが唯一のナッシュ均衡です。これは、本文で扱った最後通牒ゲームに似ていますが、ここでは、自由に分割できるので、弟が分け前を少しでも得ることは均衡になりません（なぜか考えてみてください）。

次に、最初の兄の提案を考えましょう。弟としては提案を拒否しても最後の回には何も得られません。そこで、兄の提案でどんな少しでも分け前があれば受け入れます。そこで、サブゲーム完全均衡では、妥結が1回目に起こります（妥結が2回目になりそうな時は、1回目の提案で弟にほんの少し上げると提案すればすぐに受け入れられます）。さて、弟に分け前を与える場合、すこし減らした方が兄には得になります。ですから、均衡となりうるのは、弟に分け前を与えないことだけです。一方、弟はまったくもらえない場合も拒否する理由はありません。そこで、サブゲーム完全均衡では、1回目の提案で妥結し、兄がすべてを取り、弟は何ももらえなくなります。

一方のプレイヤーが常に提案できる時は、最後通牒のゲームと同じように、提案者に強い交渉力が発生します。

b) 上と同じように、最後の回のサブゲームでのナッシュ均衡は、提案者が全

部取るのが唯一のナッシュ均衡です。ここでは2回目の提案者は、弟ですから、弟は2回目になれば全部取れます。

次に、最初の兄の提案を考えましょう。弟としては、兄の提案があまり魅力的でなければ、最後の解の自分の提案まで待った方が得です。その際の利得の割引現在価値は、$δ×1=δ$です。ですから、弟は、最初の提案で自分の分け前が、$δ$以下では受け入れません。逆にそれ以上なら受け入れます。兄としては、提案を受け入れてもらえないと、最後の回には何ももらえませんから、何とか受け入れてもらえる提案をしたいと考えます。そこで、兄としては受け入れてもらえるぎりぎりの提案として、弟に$δ$を与え、自分に$1-δ$を得るような提案をします。これを弟が受け入れることが、このゲームのサブゲーム完全均衡の結果です。

上の1と比べると、弟は2回目に提案する権利を得たことで、かなり高い交渉力を得たことになります。

c）ジャンケンで提案する権利を得たものは、最後の回のサブゲームにおける唯一のナッシュ均衡では、全部取ることになります。

最初の兄の提案を考えましょう。弟としては、兄の提案があまり魅力的でなければ、最後の解の自分の提案まで待った方が得です。じゃんけんで勝つ確率は1/2ですから、その際の利得の割引現在価値は、$δ×1/2=δ/2$です。上の2の場合と同じように、兄はぎりぎり受け入れてもらう提案をします。そして、弟に$δ/2$を与え、自分に$1-δ/2$を得るような提案をします。これを弟が受け入れるのがこのゲームのサブゲーム完全均衡の結果です。

今度は、2回目の提案がじゃんけんになることで、交渉結果は上の1と2の中間のものになっています。とりわけ割引因子が1に近ければ、ここでの交渉結果は半分ずつ分けるということになります。

一般に提案型の交渉では、提案する機会が多い方が高い交渉力を持つことが、この3つの交渉の分析から分かります。なお、どの交渉でもすべて1回目で妥結することに注目してください。協調の失敗や不確実性がなければ、多くの交渉ゲームで、将来を読み込みつつ最初の交渉で妥結することがサブゲーム完全均衡となります。

練習問題 11-2

A社とB社があり、それぞれ単独で製品開発するとそれぞれ3と7儲かり、共同で行えば全体で20儲かるとします。さて、共同で開発した時の利益の分配はどうなるでしょうか。なお、2社の利得関数は共に、$u(x)=x$で与えられるとします。つまり、もらったお金がそのまま利得になります。ここでは、ナ

ツシュ交渉解を求めましょう。

😊略解

A社の取り分を x とします。すると、B社の取り分は $20-x$ となります。そこで、ナッシュ交渉解は $(x-3)\times(20-x-7)$ を最大にするように x を決めることになります。最大化の条件を求めると、$x=8$ となります。そこで、A社とB社は8と12をそれぞれ得るように分け合います。

この分配は以下のように解釈できます。「共同することで得られる追加の利益は10です。これを等分して5ずつ追加的に受け取ります。」すると、A社の利得は5＋3＝8となり、B社の利得は5＋7＝12となり、上で求めた解と一致します。ここで、追加の利益を折半するのは、ナッシュ交渉解が対称性を求めているためであり、非対称ナッシュ交渉解では、この分け方が交渉力に応じて異なることになります。

一般に、プレイヤーの利得が金額に比例するような場合、ナッシュ交渉解では、脅し点の利得を基準とし、追加的な共同の余剰を半分ずつ分け合うことになります。

第 2 部

情報の経済学入門

12 情報の非対称性とは

　本書の後半では情報の経済学を紹介します。イントロダクションでも説明したように、情報の経済学とは、パソコンなどの情報産業の経済学ではありません。ここでいう情報とは、財やサービスの性質を意味しています。後半の内容ですが、この章でまず情報の経済学とは何かを簡単に説明します。そして第13章から第17章までは、情報に絡んで発生する問題とそれへの対応方法を見ていきます。第18章では、情報の経済学の観点から日本の人事システムを分析します。第19章は、情報の経済学で重要な役割を果たす契約について、最近よく研究されている不完備契約の考え方を紹介します。

12-1. 情報の非対称性とは

◆アルバイトを雇う時に発生する問題

　財やサービスに関する情報が経済で重要な意味を持っていることを理解するために、身近な例で考えてみましょう。仮に私がアルバイトを雇って、乱雑な研究室の整理をしてもらおうと考えているとします。具体的には、散らばった資料をアルファベット順にファイルキャビネットにしまっていく作業です。講義のあとでアルバイトを雇おうと思っていると話したところ、早速１人の学生がやってきました。「書類整理なら任せてください」と、この学生は言います。さて私はこの学生の言うことを信じて雇うべきでしょうか？　いざ雇うとなったら少し心配になってきました。もしかしたらこの学生は小遣いが足りなくて、私からもらえるバイト代欲しさにそう言っているだけかもしれません。もし書類整理をするだけの能力がなければ、せっかく雇っても書類を間違って収

納されたりしてかえって私の作業が増えてしまいます。しばらく迷ったのですが、とりあえず自分の大学の学生ですから、それなりの能力はあると信じることにしてこの学生を雇うことにしました。しかし、雇ったら雇ったでまた心配が出てきました。作業中は会議でほとんど研究室にはいられません。そこで、留守の間に真面目に仕事をしてくれるか不安になってきたのです。学生は、雇われる時には一生懸命やりますと言っていたのですが、手を抜こうと思えばいくらでも手を抜けます。そうして仕事がはかどっていなくても、「思ったより難しくて……」などと言い訳されたら、こちらとしても手を抜いてやっていたという証拠はありません。手を抜いたという証拠がない以上、バイト代は払うことになります。学生もこのことは分かっていますから、安心して手を抜けることになります。

　私としては書類整理という労働サービスを需要したいわけですが、どうやらそんなに簡単にはいきません。ここで問題が起きているのは、完全競争市場で想定されているように、財やサービスの性質が全員に同じように知られているわけではないからだと考えられます。つまり、学生は自分の供給する労働サービスの質を知っているのに、それが私には分からないことです。このように、取引において一部の人が知っている情報を他の人は知らないことを、**情報の非対称性**といいます。情報の非対称性がある場合に何が起こり、そしてそれにどう対応したらよいかを考えることが、情報の経済学の目的です。

◆情報の非対称性の例

　情報の非対称性の例は経済のいたるところで見つけることができます。財やサービスの品質に関して、売り手は知っているのに買い手には分からないことはその重要な例です。電気製品の購入において、故障せずに動くかどうかについて不安に感じる消費者は多くいます。そのため、一番安い製品でなく、ブランド力のある大手企業の製品を値段が高くても買ったりします。逆に客の知っていることを販売側が知らない時にも情報の非対称性が発生します。たとえば商品の販売に関して、優良顧客とそうでない人でお店としては対応に差をつけたいと考えているとします。それが外見からは簡単に分からなければ、それは情報の非対称性です。優良顧客には多少値引きしてもたくさん買ってもらったりあるいは他の製品に乗り換えないように繋ぎ止めたいのに、情報の非対称性の下では簡単にはできません。現実には、家電量販店などはポイント制などで

優良顧客とそうでない顧客に異なる対応をしようとしています。以上は財の取引において情報の非対称性が発生する例でした。サービスの取引においては、実体がないため財の取引以上に情報の非対称性が発生しやすくなります。上で考えたアルバイトを雇う例は、労働サービスの取引において情報の非対称性が起きることを端的に示しています。一般に、直接に交渉して取引する場合には、双方の状況に関するいろいろな要因が取引の結果に影響します。それらの要因のどれかが相手に分からなければ、それが情報の非対称性です。

12-2. モラルハザードと逆選択

◆ 2種類の情報の非対称性による問題

　情報の非対称性は、それが取引の前から存在していたかあるいは取引が始まってから発生するかで、対応策に大きな違いが出てきます。そのため、情報の非対称性の分析に当たっては、この2つを区別して議論することが有益です。取引が始まってから情報の非対称性が発生する場合に起こる問題を、**モラルハザード**と呼びます。一方、取引の始まる前に情報の非対称性があるために起こる問題を、**逆選択**と呼びます。

　モラルハザードが起きる典型的な状況は、取引相手の行動が観察できない時です。上のアルバイトの例で考えると、雇った学生が一生懸命仕事をするかどうかです。学生本人は一生懸命やっているかどうかは分かっていますが、見ていないと（見ていてもよく分からない時もありますが）分かりません。この場合は努力の水準が取引において欠かせない情報ですが、取引相手つまり私には簡単には分かりません。そこで、努力の水準に関して情報の非対称性が取引の開始後に発生しています。一方、逆選択が起こる典型的な状況は、財やサービスの性質や能力について提供する方（売り手）は知っているのに、提供される方（買い手）には分からない時です。上のアルバイトの例では、学生の書類整理の能力が疑問である時です。本人は自分がどれくらい書類整理ができるか経験を通して分かっていると考えられますが、私には分かりません。書類整理の能力という取引前から定まっている情報において、情報の非対称性が起きています。

◆保険業界と情報の非対称性

　モラルハザードと逆選択は、もともとは保険業界の用語です。モラルハザードとは火災が起こる原因として、心理的なものつまり故意や火の用心をしなくなることを指します。これは保険を買うことで、人々の行動が変わり、それにより火災が起きやすくなることを意味します。火災を防止するというモラルが失われることが原因で、火災の危険（ハザード）が高くなるのです。モラルハザードを道徳の危機と訳すと哲学や教育の問題と誤解しやすいので注意してください（青少年の犯罪や薬物乱用についてモラルハザードと説明している記事を見たことがありますが、これは誤った使い方です）。この問題をよく考えてみると、保険を買った人が火の用心をしているかどうかが保険会社に分からないのが原因であることが分かります（そうでなければ、保険の契約書に火の用心をすることを定めればよいのです）。つまり、取引後の情報の非対称性が問題を引き起こしています。

　一方、逆選択は健康保険の経験から出た言葉です。むかし健康保険が強制でない時、健康保険に入る人が、他の人に較べて病気になりやすいことが分かりました。調べたところ、自分の健康に自信のない人ほど健康保険に入っていることが判明しました。つまり、保険会社としては、できるだけみんなに（とりわけ健康な人に）入って欲しいのですが、加入するのは保険会社にとって不利なタイプばかりですから、逆選択というようになりました。ここで逆とは、（保険会社の利益に）逆らってという意味で、不利益選択と訳した方が原語の意味に近いかもしれません。この問題が起こるのは、健康の程度に関する情報が取引前に分かっていないからです。つまり取引前の情報の非対称性が原因です。モラルハザードや逆選択の問題は、保険業界では以前から知られていました。情報の経済学の発達により、これらの現象は情報の非対称性の引き起こす問題として一般的に理解できることが分かってきました。ただ、保険業界で最初にこれらの現象が見つけられた経緯を踏まえて、情報の非対称性の問題を分類する時にこれらの用語を使うようになっています。

12-3. 誘因整合性

◆誘因について

　情報の非対称性が問題を引き起こしている時、現実の経済ではいろいろと対

策が考えられてきました。ボーナス契約や、昇進競争、大口割引などがその例です。これらについてはおいおい詳しく述べていきますが、それらに共通して重要な概念が、**誘因（インセンティブ）**の考え方です。誘因とは「やる気を出させるもの」という意味です。情報の非対称性の下では、情報を持っている側はその情報を利用して自己の利益を最大化するように行動します。情報を持っていない側は、直接に命令しようにも必要な情報がないのですからできません。情報を持っている側がその情報を使って何かするとすれば、自分から進んでするようになっている必要があります。ですから、情報を持っていない側としては誘因つまりやる気を引き出す仕組みを適切に作って、望んだ行動を情報を持っている側が取るように仕向けることが必要です。誘因が引き出す行動が、望んだものに合致していることを**誘因整合的**であるとか**誘因整合性**を満たすとかいいます。

◆誘因の例

　上で考えたアルバイトを雇う例では、成功報酬を払う契約にすることが適切な誘因となります。たとえば、時給を相場より少し安くして、半日以内でファイルキャビネット1個分の書類を整理したら、ボーナスとして時給を倍にするとします。こうなると、整理に自信がある学生以外はやってきません。成功報酬は、整理するのが上手だと知っている学生だけが応募するような誘因となっています。これは私の希望にかなっていますから、誘因整合性を満たしています。おもしろいことに、成功報酬は取引後の情報の非対称性の問題にも適切な対応です。一生懸命作業しなければ、成功報酬がもらえないので、学生は自ら努力するのです。そこで、成功報酬は学生の努力に対しても誘因となっています。そして、努力が引き出されれば私の望みがかなうわけですから、成功報酬はその意味でも誘因整合性を満たしているといえます。ここでは、1つの工夫で両方の問題に対して適切な誘因を提供できています（一般には1つの誘因ですべての問題を解決することはできません）。いずれにせよ、情報の非対称性の問題を解決するには、その解決策が誘因整合性を満たしていなくてはなりません。

12-4. 情報の経済学の発展

◆経済学における情報

　情報の経済学は1970年頃に始まり、1980年代以降急速に盛んになり、今ではミクロ経済学を支える重要な構成要素となっています。2001年のノーベル経済学賞が、情報の経済学の創始者であるアカロフ、スペンス、そしてスティグリッツの3名に与えられたのは記憶に新しいところです。この背景には、経済の発達と共に、さまざまな取引が複雑な形態を取るようになってきたことがあります。情報の非対称性がない場合は、競争さえ確保すれば完全競争市場を通して効率的な資源配分が達成されます。市場に任せておけばすべてうまくいく状況です。しかし、情報の非対称性がある状況では、市場での取引が効率的にならないことが多くなります。そこで、市場取引以外のいろいろな工夫がされてきました。これらを分析するために、情報の経済学が生まれてきました。

　この観点からは、市場ではなく企業内あるいは企業間で直接行われるさまざまな取引は、情報の非対称性による問題を市場が解決できない時に、市場以外の仕組みで解決する努力であると考えます。たとえば、企業内の人事の仕組みは、労働市場が解決できない問題を解決していると解釈します。やる気を出させたり適材適所を実現するため、会社の人事部は社内の人事の仕組みを作ります。労働サービスの供給は、時給いくらで何時間働くというような市場での取引ではなく、社内で査定や配置換えなどを通して調整されています。この意味で、企業の組織は、労働サービスの取引で起こる情報の問題を解決するために生まれてきたと考えることもできます。また、市場を通さない企業間の直接的取引は、下請けと親会社あるいは製造者と販売店の間で頻繁に行われています。これらは企業が独占力を強める手段と従来は解釈されやすかったのですが、情報の経済学の観点からは情報の非対称性を解決する手段であることが分かってきました。製品の質が確保されたり適切なサービスが供給されることを保証するために、市場ではなく直接に企業間の関係で解決しようとしていると考えるのです。

　こうした情報の経済学の見方は、ゲーム理論の導入と共に、1980年代から産業組織論や企業の理論に革新をもたらしました。その変化の度合いが大きかったので、産業組織論ではゲーム理論と情報の経済学を取り込んだものを従来の

ものと区別して、「新」産業組織論といったりします。従来のミクロ経済学が市場と価格メカニズムにだけ注目していたのに対し、情報の経済学の導入以後は、組織や企業といった市場以外の経済の重要な要素の行動も説明できるようになりました。

◆誘因の観点から見る経済

　情報の経済学の発展は、経済を「やる気を引き出すシステム」としてみることを再び認識させてくれました。ハイエクを始め多くの経済学者がこの点を強調してきましたが、抽象的な議論であるため、その重要性はしばしば見過ごされてきました。市場は、消費者の好みや企業の生産能力に関する情報を価格に反映させることで、これらの情報を自動的にかつほとんど費用なしに処理できます。多くの人が欲しがる物の値段は上がり、高騰した価格からの高利潤を追求して生産者は生産を増やします。一方、消費者は価格の割りに質の高い製品を追い求め、それが劣悪な製品を市場から追いやっていきます。こうして、市場では人々の欲しがるものが安価に提供されることが、私利私欲の追求の結果として実現します。アダム＝スミスが、これを神の見えざる手といったのは有名な話です。

　しかし、市場が効率的な資源配分をもたらすのは、情報が完全な時だけです。情報の非対称性の下では、市場以外の何らかの方法でそれが引き起こす問題を解決することが求められます。その際には、誘因が正しく設計されていることが欠かせません。市場以外では、やる気を引き出すことが自動的に起こる保証はないからです。たとえば企業が成功するためには、その企業内で評価と報酬という誘因によって、人々のやる気が適切に引き出されていることが必要です。また、ある国で人々が経済活動に熱心に従事するには、私的所有権の保護や政治腐敗の防止などにより、一生懸命働けば自分の利益が高まる仕組みつまり誘因ができている必要があります。いくら働いても同じだけしかもらえないような社会や、あるいはいくら儲けてもすべて腐敗した官僚に根こそぎ吸い取られてしまうような社会では、経済の発展は見込めません。社会や組織で何か問題がある時に、もっとがんばれば何とかなるとか、ちゃんとやればうまくいくと言っても問題が解決しないことが多くあります。そのような場合には、どんな情報があり、何が誘因となっているかを見ると、今まで気づかなかった本当の原因とそして解決策が見えてくることがあります。これが経済をやる気

を引き出すシステムとして考えるということです。読者の皆さんも、身近に何か問題があればこの見方を試してみることをお勧めします。

> **コラム 「隠れた行動」と「隠れた情報」**
>
> 　本文では、情報の非対称性で起きる問題の分類をする際に、いつそれが発生するかに注目して、逆選択とモラルハザードの2つに分類しました。情報の経済学ではこれ以外にもう1つの分類法があります。それは、情報の特性に注目したものです。情報の非対称性が、「行動」に関するものである時に、これを「隠れた行動」といいます。一方、情報の非対称性が、品質や能力といった「情報」に関したものである時は、「隠れた情報」といいます。行動に関する情報の非対称性は、取引が始まってからしか起きませんから、これは上で定義した分類に従えば、モラルハザードの問題を引き起こすものです。それに対し、「情報」に関する情報の非対称性は、取引の前にも起きますし、取引の後にも起きます。取引の前に起これば、これは逆選択の問題を引き起こします。取引の後に起こるのは、仕事をやってみて始めて自分が能力あるかどうかが分かったり、あるいは使ってみて初めてその製品の価値が分かるような状況です。この状況で起こる問題は、上で考えた分類ではモラルハザードになります。取引が始まってから、情報の非対称性が起こるからです。
>
> 　本書ではこの分類方法を使いません。研究を通して分かったことは、対策を考える際に一番大きく影響する要因は、情報の特性でなく、情報の非対称性がいつ発生するかということです。ですから、以下では情報の非対称性を取引の開始前に起こるかどうかで分類する方法だけを使っていきます。

第12章のまとめ

- 情報の非対称性とは、取引においてある人が知っている情報を取引相手が知らないことをいいます。
- 情報の非対称性が事前にある時に発生する問題を逆選択といい、事後的に発生することで起きる問題をモラルハザードといいます。
- 情報の非対称性の下では、情報を持っている人のやる気を適切に引き出す仕組＝誘因が必要です。

練習問題 12-1

　次の状況で起こっている問題は、モラルハザードと逆選択のどちらか答えなさい。

a) フリーマーケットでラジオを買おうとしているが、ちゃんと動くか心配している。
b) 車の修理を頼もうとしているが、もしかしたら不必要なところまで修理した方がよいと言われるのではと心配している。
c) 採用面接で「一生懸命働きます」と言ってもなかなか信じてもらえない。
d) 同じく採用面接で、自分の能力には自信があり、「どんな難しい仕事でもらくらくこなします」と言ってもなかなか信じてもらえない。

略解

a) ラジオが動くかどうかは取引の前に発生している情報で、売り手は知っているのに買い手には簡単に分からないため、「逆選択」の問題が起きています。
b) 修理工場が、修理が必要かどうかを判断するのは、取引開始後です。車の持ち主にはそれが正しいかどうか分からないため、「モラルハザード」の問題が起こっています。
c) ここで信じてもらえないのは、採用後の努力に関してです。採用後の努力は本人が自分で決められますが、簡単には外部には示せません。つまり、これは「モラルハザード」の問題です。
d) 本人はやれると信じていても、会社としてみれば、採用してやらせてみなければやれるかどうか分からないため、能力に関して取引の前に情報の非対称性があります。そこで、「逆選択」の問題が起きています。

練習問題 12-2

誘因整合性を表す条件はどんなものか、労働者を雇う場合の 2 つの例を通して学びましょう。

a) モラルハザードの問題を考えます。$p > q > 0$ で $c > d > 0$ としましょう。労働者の努力は観察できないとします。まじめに働くと確率 p で高い売上が得られますが、費用が c かかるとします。一方、手抜きをして働くと高い売上が得られる確率は q に下がりますが、費用は d で済むとします。雇い主は、高い売上の時はボーナスを含め x を支払い、低い売上の時は基本給の y を払うとします。労働者の効用が $U(w, e) = u(w) - e$（w は賃金、e は費用）で与えられる時、まじめに働かせるための誘因整合性の条件はどうなりますか？
b) 逆選択の問題を考えます。$c > d > 0$ としましょう。労働者の能力は観察できないとします。能力の高い人が難しいプロジェクトを行うと費用が c で、簡単なプロジェクトを行うと費用が d かかるとします。能力の低い人は

それぞれこれより2倍の費用がかかるとします。雇い主は、難しいプロジェクトには x を支払い、簡単なプロジェクトには y を払うとします。労働者の効用は $U(w, e) = u(w) - e$（w は賃金、e は費用）で与えられます。能力の高い人に難しいプロジェクトを選ばせ、能力の低い人に簡単なプロジェクトを選ばせるための誘因整合性の条件はどうなりますか？

略解

a) まじめに働くと確率 p でボーナスが得られるので、その期待効用は、$p \times u(x) + (1-p) \times u(y) - c$ となります。一方、手抜きをした場合はボーナスを得られる確率は q になりますから、その際の期待利得は $q \times u(x) + (1-q) \times u(y) - d$ となります。ここで、まじめに働くとすれば前者の方が後者より低くないことが必要です。つまり、誘因整合性の条件は $p \times u(x) + (1-p) \times u(y) - c \geq q \times u(x) + (1-q) \times u(y) - d$ で与えられます（この条件の解釈は、第14章3節で説明します）。

b) ここでは、能力の高い人と低い人がいますから、誘因整合性の条件はその2者に対して考える必要があります。

まず能力の高い人について考えてみましょう。難しいプロジェクトからの効用は $u(x) - c$ で、簡単なプロジェクトからの効用は $u(y) - d$ となります。能力の高い人が難しいプロジェクトの方を選ぶとすれば、後者の効用の方が高くてはいけません。つまり、誘因整合性の条件は $u(x) - c \geq u(y) - d$ となります。

次に、能力の低い人について考えます。費用が2倍かかりますから、難しいプロジェクトからの効用は $u(x) - 2c$ で、簡単なプロジェクトからの効用は $u(y) - 2d$ となります。能力の低い人には簡単なプロジェクトを選ばせますから、誘因整合性の条件は $u(y) - 2d \geq u(x) - 2c$ となります。

まとめると、誘因整合性の条件は、$u(x) - c \geq u(y) - d$ と $u(y) - 2d \geq u(x) - 2c$ の2つの不等式が成り立つことです。この2つの式を整理すると、$c - d \leq u(x) - u(y) \leq 2(c - d)$ と書くこともできます。

逆選択の対応策として報酬を工夫することは、第16章で扱うスクリーニングの手法です。ここでは簡単に上の条件の解釈を示します。簡単なプロジェクトから難しいプロジェクトに変えると、効用は $u(x) - u(y)$ だけ増えます。それに対して、費用は、能力の高い人では $c - d$ 増え、能力の低い人では $2(c - d)$ 増えます。上の不等式は、能力の高い人には費用の増え方より効用の増え方が大きく、能力の低い人では逆になっていることを示しています。そこで、雇い主の望んだような行動を引き出すことができます。

13　リスクと保険

　世の中の出来事には、起きるかどうか分からないことが多くあります。たとえば、明日の天気は、これほど科学が進歩した現在でも完全には予測できません。このように確率的に起こることに対してどう対処したらよいかは、古くからの人類の関心事でした。ギャンブルは言うまでもなく、どんな作物を作ったら天候の不順な年でも全滅しないかとか、運や不運があることを前提にわれわれは生活しています。この章では、そのような場合の意思決定について、どう定式化して分析したらよいかを示します。情報の非対称性は、世の中が不確実なことから起きます。そこで、不確実な状況での意思決定の問題をきちんと分析することは、情報の経済学の理解に不可欠といえます。ですから、情報の非対称性の分析に入る前に、若干回り道ですが、リスクと保険の説明をします。

13-1. リスクについて

◆リスクと不確実性
　何が起こるかよく分からない不確定な状況のうち、起こり得ることや確率が分かっていて、分からないのはどれが起こるかだけのような状況を、**リスク**のある状況といいます。たとえば、宝くじを買う時です。宝くじが当たると何が起こるかはよく知られています。また、当たる確率は事前に決められています。不確定なのはどの番号が当選するかだけです。これに対して、何が起こり得るか分からなかったりどんな確率で起こるかも知られていない状況を**不確実性**のある状況といいます。誰も行ったことのないアマゾンの奥地で何が起こるかは、不確実性の状況といえます。

現実の多くの経済現象では、過去の経験から何がどれくらいの確率で起こるかが分かっていることが多くあります。また、不確実性の下での行動は興味深い研究テーマですが、まだ分かっていないことが多くあります。そこで、以下ではリスクの状況でのみ、どうやって意思決定をするかを分析していきます。

13-2. 期待効用について

◆くじの効用

リスクがある時には、人々は期待値だけでは行動しません。たとえば、コインの表が出たら400万円もらえ裏が出たら何ももらえないくじを考えます。期待値は200万円ですが、200万円確実にもらえるならそちらの方がよいと多くの人が思うでしょう。このような行動を説明するには、人々は収入の期待値でなく、収入の「効用」の期待値を基に行動しているとすると、いろいろうまく説明できることが分かってきました。人々が、効用の期待値を基に行動していると考えることを、「期待効用仮説」といいます。

具体例として、もらえる金額が x の時の効用が $u(x) = \sqrt{x}$ で与えられているとします。上のくじの期待効用は $0.5 \times \sqrt{4000000} + 0.5 \times 0 = 1000$ になります。これは、100万円の効用（計算すると1000になります）と一致しますから、期待効用の観点からは、上のくじは100万円が確実にもらえることと同等になります。確かに人によっては、そのように感じる人もいるでしょう（そうは思わない人は、違う形の効用関数を持っていると考えられます）。この時に、100万円のことを**確実性同値額**といいます。確実にもらえれば同じ価値という意味です。そして、確実性同値額と期待値の差のことを**リスクプレミアム**といいます（リスクプレミアムには他の定義の仕方もあります）。プレミアムとは上乗せという意味です。リスクによって、プレミアム分の期待値が上乗せされないと、確実性同値額と同じだけの価値が保てないという意味です。上の例では差が100万円ありますので、リスクプレミアムは100万円となります。

リスクプレミアムの別の解釈は、リスクを完全になくしてくれるなら、ここまでは保険料として払ってもよいという額を示しているというものです。確実性同値額と期待値の差ですから、この解釈が成り立ちます。図13-1では横軸は100万円単位、縦軸は1000単位で、この状況を示しています。

上の状況でリスクを好まないことは、お金の効用がお金の額に比例していな

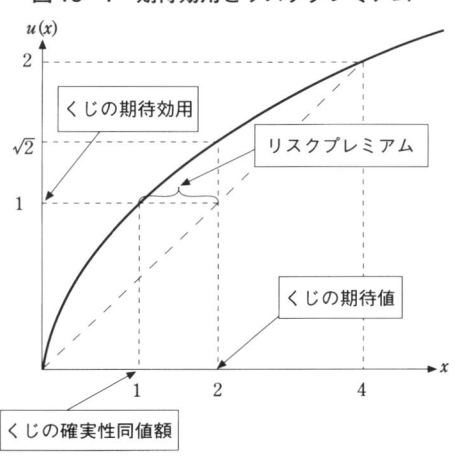

図 13-1 期待効用とリスクプレミアム

[図: 効用関数 u(x) のグラフ。横軸 x 上に 1, 2, 4 の点。縦軸に 1, √2, 2 の点。「くじの期待効用」「リスクプレミアム」「くじの期待値」「くじの確実性同値額」のラベル付き]

いことから起こります。お金が少ない時に1万円もらえることと、お金がたくさんある時に1万円もらえることを比べてください。お金が少ない時の方が、うれしさがより大きいと感じる人は多いと思います。言い換えれば、お金が少ない時には効用は上がりやすく、お金が多くなると効用は上がりにくいということです。上の図はそのような状況を表しています。そこでは、400万円もらえることの効用は、200万円もらえることの効用の2倍にはなっていません。そのために、半分の確率で400万円もらえるより確実に200万円もらえる方がうれしいと感じるのです。

◆図の上での確実性同値額とリスクプレミアム

　一般的なケースで、図を使って確実性同値額とリスクプレミアムを示します。ここは少し数式を使うので興味がない人は飛ばしてください。

　確率 p で a の収入があり、確率 $1-p$ で b の収入があるとします。期待利得は2つの効用の平均となります（加重平均ですから内分点になります）。図13-2を見てください。図では Eu で表されています。一方、期待値は x 軸上で、Ex で表されている点です（これは収入の加重平均ですから、やはり内分点です）。期待効用に対して効用関数の曲線に対応する点を探すと、A点です。そこで、確実性同値額はA点の x 軸の値 CE となります。一方、これと期待値の差がリスクプレミアムです。図ではABの間または、Ex と CE の間の長さ

図 13-2　期待効用とリスクプレミアム

図 13-3　リスクの大きさとリスクプレミアム

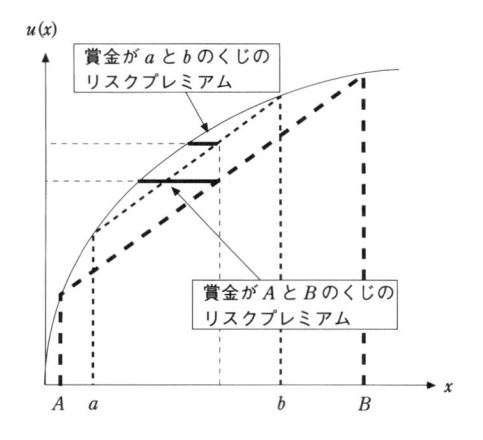

で示されます。リスクプレミアムは、リスクが小さければ小さくなります。図13-3を見てください。賞金が a と b のくじと、賞金が A と B のくじを比べています。両者は平均は同じですが、A と B が賞金のくじの方が、ばらつきが大きくリスクが大きくなっています。そこで、それにつれてリスクプレミアムが大きくなっています。

◆リスクに対する態度

　リスクプレミアムが大きいのは、効用関数が上にとがっていて（数学では凹関数といいます）かつその曲がり具合が強い時であることが、図から見て取れ

図13-4 リスクに対する態度

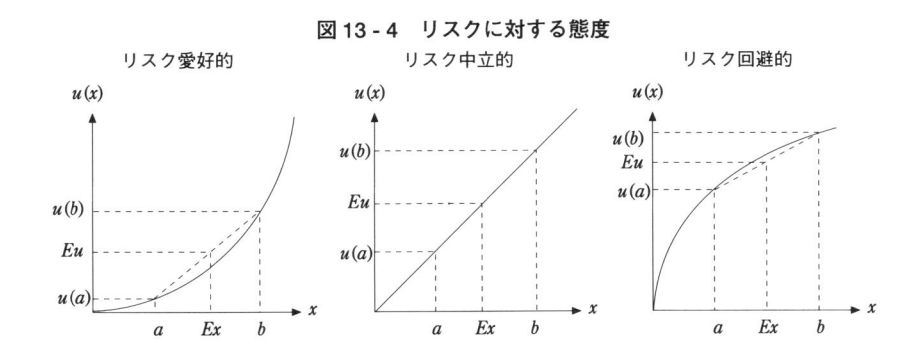

（リスク愛好的／リスク中立的／リスク回避的の3つの効用関数のグラフ）

ます。仮に効用関数が直線であれば、リスクプレミアムはありません。効用関数が直線ということは、収入に比例して効用が上がるので、期待効用での評価と、期待値での評価は常に順番付けが同じになります。効用関数がこのようになっている場合には、リスクを嫌がりません。そこで、このような人を**リスク（危険）中立的**といいます。それに対して、効用関数が凹関数である人を、**リスク（危険）回避的**といいます。通常は考えられませんが、効用関数が下にとがっていて凸関数である人は、リスクがあると期待効用が上がるので、**リスク（危険）愛好的**と呼ばれます。

図13-4を見てください。そこでは、確率pでaの収入があり、確率$1-p$でbの収入があるとします。Exは金額の期待値を表し、Euは期待効用を表しています。リスク愛好的な場合（左の図）、金額の期待値をもらった時の効用より、期待効用の方が大きくなっています。つまり、リスクがあることで効用が高くなっています。リスク中立的な場合（中央の図）、金額の期待値をもらった時の効用と期待効用が一致しています。リスクのあるなしで効用が影響されないことを表しています。リスク回避的な場合（右の図）、金額の期待値をもらった時の効用より、期待効用の方が小さくなっています。リスクがあることで効用が低くなっています。

一般に、資産家や企業は、細かい収入の変動にはそれほどこだわらないのでリスク中立的に行動すると考えられます。一方、（資産がそれほどない）通常の家計では、収入の変動を避けたいと考えるので、リスク回避的になる傾向があります。

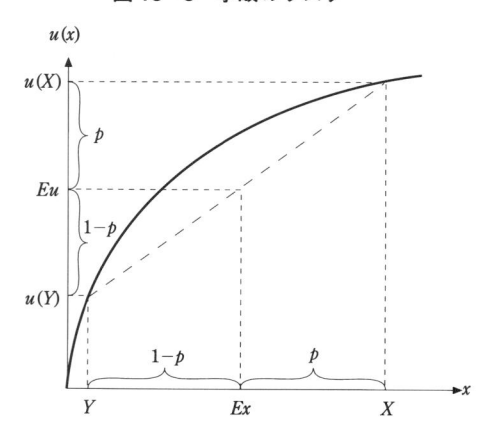

図 13-5　事故のリスク

13-3. 状態空間分析

◆事故のリスク

　リスク（危険）回避的な人は、保険を購入してリスクを減らそうとします。以下では、保険の分析を行います。ここで扱う保険は、事故が起きた時にその損害を補償する形のもので、具体的には自動車保険を扱います。なお、以降の分析は解釈を変えることで、その他の保険にも同じように当てはめることができます。

　まず運転手の直面している状況を分析しましょう。事故がない時の資産を X として、事故後の資産を Y と表します。賠償したり車の修理をしたりして、事故後の資産 Y は事故がなかった時の資産 X よりかなり小さくなります。事故が起こる確率は個人の努力によらず、運転手の持って生まれた性格（慎重あるいはせっかち）によって決まるとします。ここでは、その確率が p であるとします。運転手はリスク回避的であるとします。運転手の効用関数を $u(x)$ とすると、運転手の期待効用は $pu(Y)+(1-p)u(X)$ となります。事故があるかないかで、資産額が変わりリスクのある状況です。図13-5を見てください。資産の期待値 Ex で得られる効用より、期待効用 Eu は下がっています。

図 13-6 無差別曲線

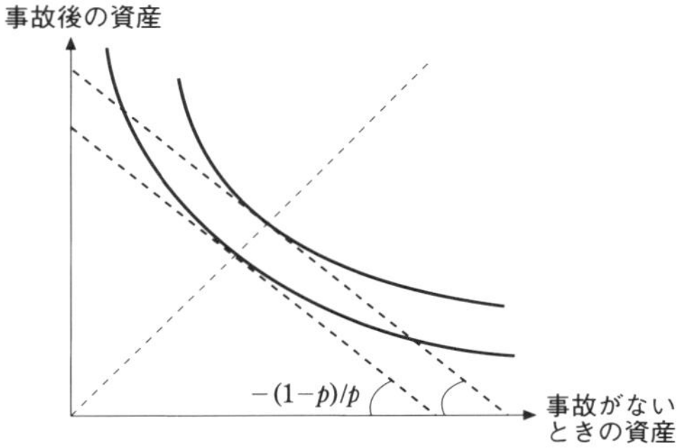

事故後の資産

事故がないときの資産

$-(1-p)/p$

◆状態空間分析

運転手の保険に関する行動を理解するためには、横軸に事故がない時の資産をとり、縦軸に事故がある時の資産をとった図を使うと便利です。図13-6を見てください。こうすると事故のある時の資産とない時の資産を同じ図の上で表すことができます。この工夫で、後で見るように、保険の取引をよりはっきり表すことができるようになります。この図を用いてする分析を、状態空間分析といいます。これは事故のあるなしという状態ごとに分けて考えるという意味です。

右下がりの曲線は、運転手の効用が同じ点を結んでできる曲線です（経済学では無差別曲線といいます）。右上の曲線は、より効用が高い場合の無差別曲線です。運転手がリスク回避的な場合、この曲線は原点に向かって凸となります。45度線に近くなるほど、事故のあるなしで資産の違いが小さくなります。つまり、リスクが小さくなります。リスク回避的な場合は、リスクが小さいと効用が上がるので、45度線に近いところでは、資産の期待値が前より下がっても元の効用が保てています。逆に、45度線から離れるに従って、リスクが大きくなるため、同じ効用を保つには期待値としてはたくさんなくてはいけません。そこで、無差別曲線が原点に向かって凸の形をしているのです。また、無差別曲線の45度線上の傾きは、$-(1-p)/p$ になります。なお、事故がない時の資産を x とし事故後の資産を y とすると、資産の期待値は $py+(1-p)x$ ですから、資産の期待値を等しくするような点は直線となり、その傾きは同じく $-(1-p)/p$ です。45度線の近くでは、事故のあるなしによらずに資産がほとんど同じになります。その近くではリスクはあまり気にならないため、リス

図 13-7 保険の購入

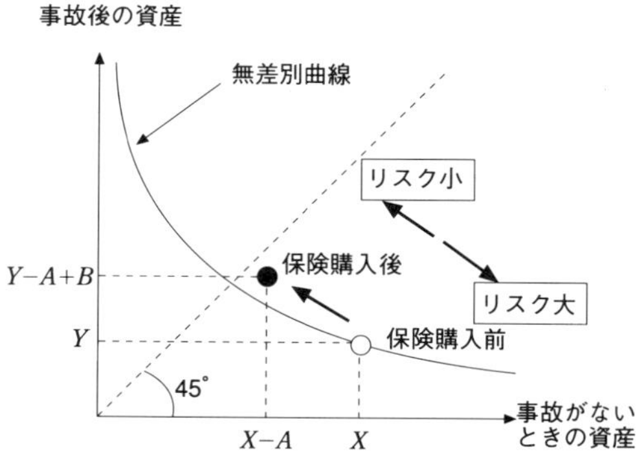

（図：縦軸「事故後の資産」、横軸「事故がないときの資産」。無差別曲線と45度線、保険購入前の点 (X, Y) と保険購入後の点 $(X-A, Y-A+B)$ が示され、リスク大・リスク小の矢印が描かれている。）

ク回避的な人も近似的にリスク中立的な人と同じように振舞い、期待値を大きくするように行動します。そこで、45度線の近くでは、リスク回避的な人の無差別曲線も資産の期待値が等しくなる直線と同じ傾きを持つと理解できます。この点については数学付録で数式を使って説明してあるので、数式の展開を見たい人は参考にしてください。

傾きが $-(1-p)/p$ ということは、事故が起こる確率が大きければ大きいほど傾きがなだらかであることを意味します。事故が起こる確率が大きい時は、事故がない時の資産が多少減っても、事故後の資産を多く確保したいためこのようになります。

◆保険の需要

この図を使って運転手の保険の購入に関する行動を分析します。運転手は、保険会社に A という保険料を払い、事故があった時に B という保険金を受け取ることにしたとしましょう。すると、事故がない時の資産は $X-A$ となり、事故後の資産は $Y-A+B$ となります。運転手は、期待値がそれほど下がらずにリスクを減らせれば、効用を上げることができます。図13-7では、運転手が保険購入によってリスクを減らし効用を上げることができたことを示しています。

◆保険会社

次に保険会社の行動について分析します。保険会社は多くのお客さんを抱えているので、保険購入者の中で事故にあう人の数は毎年おおよそ同じになりま

図 13-8 独占企業の提供する保険

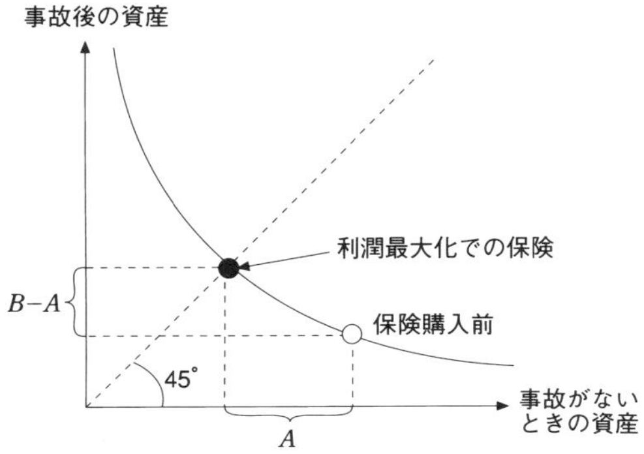

（図：縦軸「事故後の資産」、横軸「事故がないときの資産」、45度線、無差別曲線上に「利潤最大化での保険」の点（黒丸）、その右下に「保険購入前」の点（白丸）、縦方向の差が $B-A$、横方向の差が A と示されている。）

す。つまり、リスクを分散できます。そこで、保険会社はリスク中立的と考えられます。リスク中立的な保険会社は平均の利益を最大にするように行動します。保険後の運転手の資産を、事故があった時を y で事故がなかった時を x とします。すると、保険会社の期待利益は $p(Y-y)+(1-p)(X-x)$ で表されます。これを図に描くと、傾きが $-(1-p)/p$ の直線となります。これは同じ利潤の点を結んだ直線ですので、等利潤線と呼ばれます。45度線上では、リスク中立的な保険会社の等利潤線とリスク回避的な運転手の無差別曲線の傾きが一致することは覚えておいてください。

運転手はリスク回避的ですから、保険会社がリスクを軽減してくれれば、平均的には多少資産が少なくなってもよいと考えています。そこで、保険会社としては、保険契約で運転手のリスクを減らすことで儲けるチャンスがあります。どのような保険契約が起こるかは、保険市場が独占的かあるいは競争的かで異なります。下では、それぞれの場合を順に見ていきます。

◆独占的な保険会社の行動

まずは、保険会社が1社しかなくて独占している時にどのようになるか考えます。この場合には、保険会社は運転手が受け入れるぎりぎりの保険料で保険を提供し利潤を高めようとします。保険会社の利益は、保障する期待資産が小さければ小さいほど高くなりますから、図ではできるだけ左下の点が保険会社にはよくなります。しかし、保険前の効用より下がっては保険は買ってもらえません。そこで、保険会社は、保険のない時の効用を保障しつつ、リスクをすべて負担する保険を提供することで、利益を最大にすることになります。図13

図13-9　完全競争市場での保険

事故後の資産

完全競争市場での保険

$B'-A'$

45°

保険購入前

A'

事故がないときの資産

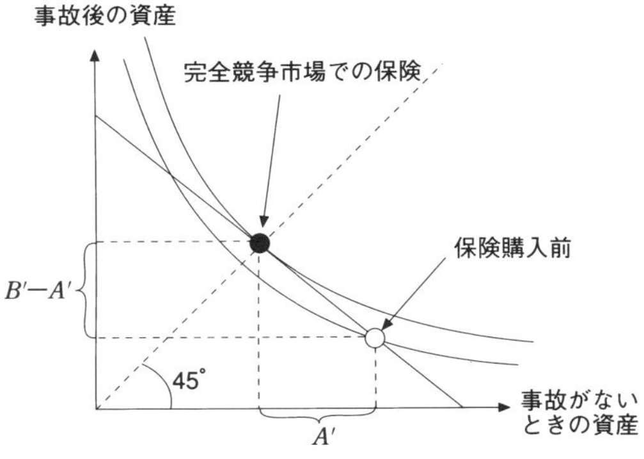

-8を見てください。保険会社は、図の黒丸を保険として提供することで、利潤を最大にしています。

◆完全競争市場での保険会社の行動

　保険会社が複数あって競争している時には、保険会社の利潤はゼロになるまで保険料を値下げすると考えられます。そして、利潤が同じ中で、より高い効用を与える保険が運転手に選ばれます。その結果、運転手はリスクをすべて保険会社に負担してもらうことが起きます。保険会社はリスクを負担しても利得が変わらないのに対し、リスク回避的な運転手の効用は上がるからです。図の上では、保険会社の利潤がゼロになるような点は、保険購入前の資産を保障するような直線になります。完全競争市場での保険は、この直線上で45度線上のリスクがなくなった点になります（図13-9参照）。

　独占の場合でも完全競争市場でも、リスクはすべて保険会社に負担されます。リスク回避的な人とリスク中立的な人がいる場合、リスクをすべてリスク中立的な人に負担してもらうようにすることで、社会的なメリットがあります。そこで、情報の問題がなければ、リスクはすべてリスク中立的な人に移転されるような契約が結ばれます。

第13章のまとめ

- 何が起こり得るかとその確率が分かっていても、どれが起こるか分からない状況をリスクといいます。
- 効用関数が凹関数の人は、リスクを好まず、リスク回避的といわれます。リ

スク回避的な人は、リスクをなくしてくれるなら、確実性同値額だけもらえれば効用が同じになります。確実性同値額ともともとの期待値の差をリスクプレミアムといいます。一方、リスク中立的な人は、線形の効用関数を持ち、期待値に応じて選好が決まります。
● 状態空間分析では、無差別曲線の傾きは、確率の比になります。リスク回避的な人とリスク中立的な人の取引が効率的なのは、リスク中立的な人がすべてリスクを吸収し、リスク回避的な人のリスクがなくなる時です。

練習問題 13-1

船の船主の意思決定を考えましょう。事故がなければ船主の資産は16（億円）あるとします。しかし事故があれば無一文（0円）になってしまうとします。事故は3/4の確率で起こるとします。なお、事故を防ぐあらゆる努力はすでに取られていて、この確率を変えることはできないとします。船主はリスク回避的で x（億円）を資産とすると、期待効用関数は $\sqrt{x}$ であるとします。
a）期待効用を計算しなさい。
b）確実性同値額とリスクプレミアムを計算しなさい。

❀略解

a）効用の期待値を計算すればよいから、$(1/4) \times \sqrt{16} + (3/4) \times \sqrt{0} = 1$。

b）確実性同値額は上で求めた期待効用を達成するのに必要な額ですから、$1 = \sqrt{x}$ を解けばよいことになります。つまり、1です。上の状況での期待値は $(1/4) \times 16 = 4$ ですから、その差の3がリスクプレミアムです。

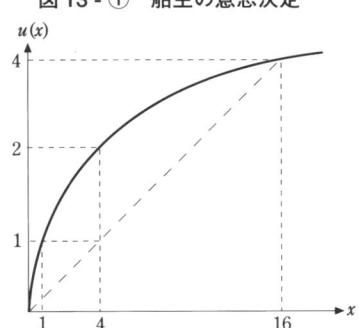

図 13-① 船主の意思決定

練習問題 13-2

上の状況を引き続き考えます。大きなリスクに直面して、船主は保険を購入しようとしたとします。なお、保険会社はリスク中立的であるとします。
a) 保険会社が独占の時に、保険後の船主の資産を計算しなさい。
b) 保険会社が完全競争の時に、保険後の船主の資産を計算しなさい。

略解

a) 保険会社は保険料を引き上げ（保険金を減らし）補償する額を減らしますので、船主は保険がない時の期待効用と同じだけの期待効用を得ます。船主はリスク回避的で、保険会社はリスク中立ですので、保険会社はリスクをすべて吸収することで、利潤を高められます。その結果、保険後には船主は確実性同値額の1だけを（事故のあるなしにかかわらず）資産として持つことになります（図13-②の白丸）。

図13-② 船主の購入する保険

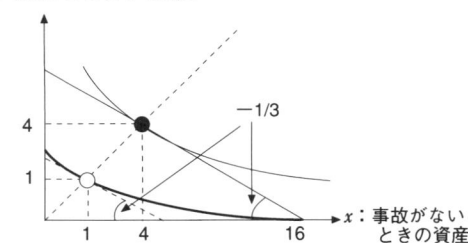

b) 保険会社は競争を通して利潤がゼロになるまで、保険料を引き下げ（保険金を増やし）補償する額を増やしますので、船主は保険がない時の期待資産と同じだけの期待資産を確保できます。船主はリスク回避的で、保険会社はリスク中立ですので、船主はリスクをすべて保険会社に負担してもらうことで、より高い期待効用を得られます。その結果、保険後には船主は期待資産額の4を（事故のあるなしにかかわらず）資産として持つことになります（図13-②の黒丸）。

数学付録：無差別曲線の傾きについて

　事故があった時の資産を y とし、事故がなかった時の資産を x とします。その時の期待効用は、$U(x,y) = pu(y)+(1-p)u(x)$ となります。無差別曲線の傾き（絶対値）は限界代替率（MRS）と呼ばれ、それは、MRS $= (\partial U(x,y)/\partial x)/(\partial U(x,y)/\partial y)$ の公式で計算できます。上の式を代入して、MRS $= (1-p)u'(x)/pu'(y)$ となります。45度線上では、$x = y$ ですから、MRS $= (1-p)/p$ となります。

　ちなみに、$y<x$ では、リスク回避的な人の場合、$u'(y) > u'(x)$ となります。そこで、MRS $< (1-p)/p$ となります。つまり、45度線より下では、無差別曲線の方が45度線での接線よりなだらかな傾きになります。逆に、45度線より上で $y>x$ となるところでは、リスク回避的な人の場合、$u'(y) < u'(x)$ となります。そこで、MRS $> (1-p)/p$ となり、今度は逆に無差別曲線の方が急な傾きになります。ここから、リスク回避的な人の無差別曲線は原点に向かって凸であることが分かります。

　リスク愛好的な人の無差別曲線は、原点に向かって凹となっています。また、リスク中立的な人の無差別曲線は直線であることは明らかです。いずれの場合にも、45度線上での傾きは、$-(1-p)/p$ となることは上の分析と同じです。

14 モラルハザードとエージェンシー理論

　誰かを雇って仕事をしてもらう時に、雇われた人（代理人）は雇った人（依頼人）の思い通りに働いてくれるとは限りません。これは雇った人の行動が分からないという取引開始後の情報の非対称性によって起こる問題ですから、モラルハザードの問題です。この章では、モラルハザードの問題がどのように起きるかを説明し、それへの対策を説明します。

14-1. モラルハザードとは

◆依頼人と代理人

　モラルハザードの起こる典型的な状況は、人に何か仕事を頼む時に、仕事をする人の行動が仕事を頼んだ人に分からない時です。この時、仕事を頼む人を**依頼人**（プリンシパル）といい、仕事を引き受ける人を**代理人**（エージェント）といいます。

　このような例は現実に数多くあります。たとえば、会社においては経営者が従業員を雇って仕事をしてもらいます。また、株式会社ではその経営者も株主のために会社の経営をしています。家を建てる時には、大工さんを雇って家を建ててもらいます。病気になると患者は医者に治療を依頼します。髪が伸びた時には、床屋さんで髪を切ってもらいます。今日の社会では、われわれは多くの仕事を他者に依頼しています。そのひとつの理由は、われわれの時間が限られていてすべてのことを自分ではできないからです。ある程度大きな会社の社長にとって、経理や営業をすべて自分でやるには時間が足りません。もうひとつの理由は、専門技術がなくてその仕事ができないことです。医療や家の建築

では、素人がいくらがんばってもうまくいきません。

仕事を依頼する時に問題となるのは、依頼人が望んだことを代理人がしてくれるかです。代理人の利害は依頼人の利害と通常は一致しません。たとえば第12章のはじめに考えたアルバイトを雇う場合には、アルバイトの学生は私の研究室が整理整頓されていようがいまいがかまいません。学生にしてみれば、楽してバイト代を払ってもらうことが望ましいことです。利害が一致しないと、一般に、代理人は依頼人が望んだように行動しません。これを**エージェンシー問題**といいます。

◧エージェンシー問題の例

エージェンシー問題がどのように発生するかを、上であげた例を使いながら見てみましょう。まず会社が労働者を雇って働かせる場合を考えましょう。工場での作業を想定してください。会社の経営者は、労働者が時間どおりに出勤し手間を惜しまず一生懸命働くことを望んでいます。一方、労働者は（同じ仕事で同じ給料なら）できるだけゆっくりやって楽をしたいと考えています。この場合の問題は、労働者の努力の水準が経営者の観点からは過小になりやすいことです。

逆に代理人が過剰に仕事をすることが問題となる場合もあります。この例として、自動車の修理について見てみましょう。自動車の修理工場としては、たくさん修理をすると儲かります。一方、車の持ち主としては不必要な修理はしたくありません。これが利害の不一致です。上の労働者の例と異なり、修理工場のサービスは過小どころか過大になる傾向があります。同じようなことは、医療における過剰な検査についてもいえます。医者は検査をすることで収入を増やすことができるので、患者にとって不要な検査までしたがるのです。

努力の水準ではなくその内容が問題となることもあります。これを経営者と株主の間の関係について見てみましょう。株主の目的は会社の利益を高めることです。一方、経営者はしばしば利益を犠牲にしながら会社を成長させることを追求します。経営者は、会社を大きくすることで、自分の権力や影響力が広がることを楽しみにしたり、あるいは仲間の尊敬を得ようとします。ここでは経営者は必ずしも手を抜いているわけではありません。しかしその努力は依頼人である株主の望んでいる方向に注がれていません。

◆モラルハザードを起こす2つの要因

　依頼人が代理人の行動を観察できる時は、エージェンシー問題は簡単に解決できます。行動が観察できれば、情報の非対称性は発生しません。そこで、依頼人は代理人に何をすべきかを事前に依頼し、代理人がちゃんと働かなければ報酬を払わなければよいのです。

　エージェンシー問題が困った問題になるのは、代理人の行動が依頼人に観察できなくて、取引の開始後に情報の非対称性が発生している時です。この時はそのままにしておくと、代理人は依頼人の望んだようには行動しません。代理人が何をしているか依頼人に分からないので、代理人は自分の利害だけを考慮し、依頼人の利害を無視します。これが**モラルハザード**です。つまり、モラルハザードが起きるのは、エージェンシー問題と情報の非対称性の2つの要因が同時にある時です。

　モラルハザードの問題は、単に代理人の行動が観察できなくて取引の後に情報の非対称性が発生するだけでは起きません。たとえば（社会福祉などの）ボランティアの仕事では、参加者の行動が観察されていなくても、みんなが一生懸命に（しかもしばしば無給で）努力します。これは全員の望むことが一致しているからです。利害の不一致がなければ、たとえ情報の非対称性があってもモラルハザードの問題は起きません。

コラム　なぜ不良債権問題が起こったか

　1990年代のバブル期に日本の銀行は、経営内容が疑問視されていてリスクの高い企業に、土地や株を担保に大量に資金を貸し出しました。これらの貸付は当初は高い収益を生みました。しかし、1990年代後半にバブルが崩壊して土地と株の値段が下がると、これらの貸付が焦げ付き不良債権となり、銀行は大きな損失を抱えました。中には倒産したり、政府により国有化されるところも出ました。また、資本が不足した銀行は貸し出しを減らしたので、経済全体に回るお金が減って景気が悪化しました。これがいわゆる不良債権問題です。

　銀行がリスクが高い代わりに収益の高い貸付先（ハイリスク・ハイリターン）に資金を投下して、うまくいかなくなると貸し付けた資金を回収できず、倒産したり政府の支援を受けたりすることは、日本だけの現象ではありません。たとえば、アメリカでは1980年代にS&Lスキャンダルとして同じようなことが起こりました。銀行は預金者のお金を預かる機関で、安全で確実な企業に資金を投下すると期待されているのに、なぜこのような行動を取るのでしょうか？　ここで

は、この問題の中心部分はモラルハザードの観点から説明できることを見てみたいと思います（ここでは大まかに問題を議論するにとどめますので、詳細は金融の専門の本を見てください）。

銀行の本来の役割は何でしょう？　情報の経済学の観点からは、依頼人である預金者の代理人となって、企業の経営内容や返済能力を査定して、返すあてのある企業に預かったお金を貸すことです。しかし、代理人である銀行は必ずしも依頼人である預金者の望むようには行動しません。とりわけ、銀行の経営者はより危険な貸付先に貸し出そうとする誘因があります。このことを簡単なモデルで見てみましょう。たとえば、預金者から I という預金が集まったとします。預金者への返済は、元本に利子をつけたものです。これを P とします。通常、預金者への利子は決まっていますから、預金者への支払い P は固定されています。銀行は、この資金 I を企業に貸し出します。銀行が預金者へ支払うお金が固定されているのに対し、企業から受ける返済は変化する可能性があります。企業が好調である時には、契約どおり元本に利子が加わった R が返済されます。しかし、企業が不調で返済するお金がこれほどない時は、返せる範囲で返してもらいます。ここで、返済される金額を r とすると、銀行の儲け（利得）は返済から預金者への支払いの差である $r-P$ となります。

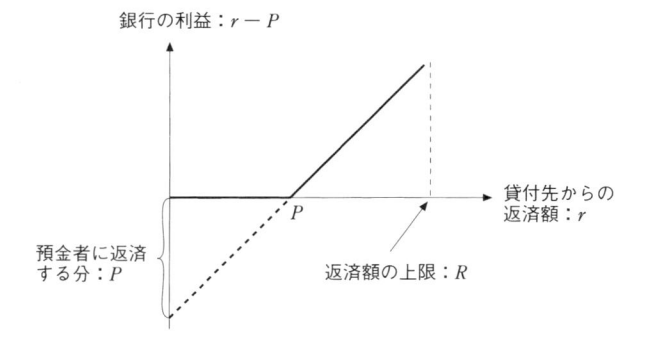

図 14 - ①　銀行の利益

銀行の利得を図に示したのが図14-①です。ここで、注目してほしい第1のことは、銀行が儲かるのは、返済額が大きい時だけということです。企業からの返済額 r が、P より大きい時だけ銀行は利潤を得ます。ですから、銀行としては企業に貸し付ける利子が高く返済額の大きい企業に貸し付けたいと考えます。注目してほしい第2の点は、企業からの返済額が P より小さい時には、銀行の利得がゼロになることです。その際には、銀行は倒産しますが、倒産すれば手持ちの資金以上に銀行は預金者に払う必要はありません。倒産しても通常は銀行の経営者（あるいは株主）は、自分のお金で預金者に賠償する必要はありません。この2つのことから、リスクが高い貸付の方が銀行の利潤は高くなります。たとえ

ば、確実に P が返済される企業に貸し付けたら、銀行は返済された額をすべて預金者に支払うので銀行の利得はゼロです。一方、確率1/2で$2P$返してくれますが確率1/2で倒産する企業に貸し付ければ、銀行はうまくいった時には儲けられます。後者の方がリスクが高いのに、銀行はそちらに貸し付けたがります。もし銀行の経営者が自分たちのお金を持ち寄って銀行を始めたとすると、貸し出しに関してはとても慎重になり、このようなことは起こらなかったでしょう。

　銀行はリスクの高い方に貸し付けたがることが分かりました。しかし、預金者の立場からするとこれは迷惑な話です。企業がうまくいけばよいとして、うまくいかなかったら銀行に預けたお金はなくなってしまいます。これが、この状況のエージェンシー問題です。また、銀行の経営者がどんな行動をしているかは、預金者には観察できませんから、情報の非対称性が発生しています。ですから、ここでは典型的なモラルハザードが起こっています。

　ではこのモラルハザードにはどうやって、対応したらよいでしょう。古典的な対応策は、リスクの高い企業に貸しているような銀行には預金しないことです。20世紀の初頭には実際にそうしていました。ただ、この方法の問題点は、うわさで銀行がつぶれてしまうことです。たとえ根も葉もないうわさでも、「この銀行は危ない」といううわさが立つと、すべての預金者がその銀行からお金を引き出します。これを「取り付け」といいます。取り付けが起こると、健全な銀行でも本当につぶれてしまいます。これでは困るので、資本主義の発達に伴い、預金の保険ができました。銀行が倒産しても、一定額までは保険で支払ってもらえるということになりました。たしかに、これにより銀行の取り付けはほとんど起きなくなりました。しかし、この一方で、預金者が安全な銀行を選んで預金する必要もなくなり、銀行のモラルハザードを防ぐ仕組みもなくなってしまいました。

　このような状況で、銀行の規制緩和が進みかつ土地や株式市場でバブルが起こったからたまりません。多数の銀行でハイリスク・ハイリターンの貸付が行われ、バブルの崩壊と共に多くの銀行が不良債権問題に直面しました。

　ではどうすればよかったのでしょう？　多くの議論がなされましたが、上の議論から分かることは、銀行のモラルハザードを解決するには、2つのことが有効なことです。1つは、銀行の貸付行動を誰かがモニタリングすることです。最近では、金融庁という新しい組織ができましたが、その創設の大きな理由はここにあります。もう1つは、銀行の経営者に対するインセンティブ契約を、モラルハザードを軽減するものにすることです。つまり、不良債権問題を起こしたら、その銀行の経営者が経営責任を厳しく追及されるような契約を（監督官庁が）課すことです。こちらの方は、政治的あるいは社会的な理由でなかなか進んでいないようですが、情報の経済学の観点からは有効な対応策ですので、今後検討されるべき課題であると考えます。

14-2. モニタリングとインセンティブ契約

　エージェンシー問題と情報の非対称性の2つの要因が絡み合って、モラルハザードの問題を起こします。ですから、その解決法にはこのどちらかあるいは両方に対処すればよいことになります。

◆モニタリング

　1つの対処法は、依頼人が代理人の行動を監視するようにすることです。監視のことを英語では**モニタリング**といいます。英語の方が語感がよく、最近ではこちらの方がよく使われるので、本書でも監視の代わりにモニタリングといいます。モニタリングができる時には、情報の非対称性が解消されます。依頼人は代理人が定められたように行動していなければ報酬を払わない（あるいは罰金を科す）とすれば、モラルハザードの問題は解消できます。

◆インセンティブ契約

　もう1つの対処法は、利害の不一致から起こるエージェンシー問題に対処することです。多くの場合に、代理人の行動についてはよく分からない（モニタリングできない）にしても、代理人の行動がもたらす結果や成果については何らかの指標が手に入ります。たとえば経営者であれば、会社の利益や株価などです。株主は経営者の行動は直接観察できなくても、その「結果としての」利益や株価は知ることができます。経営者の報酬を利益や株価に連動させれば、経営者の利害は株主の利害に近くなります。利害の不一致が軽減されることで、モラルハザードの問題は軽減されます。弁護士への成功報酬やセールスマンへの受注数に応じたボーナスなどが、このような仕組みの典型的な例です。

　結果としての指標に報酬を連動させることを、**インセンティブ契約**といいます。これは、契約が依頼人の望むように行動する誘因＝インセンティブを作り出しているからです。モニタリングが可能でない時には、モラルハザードの問題の基本的な解決法はインセンティブ契約を使うことです。

14-3. セールスマンへのインセンティブ契約

◆セールスマンのモデル

　成功したらたくさん報酬を払うという契約は、現実によく見られます。これは成功を望む依頼人が、成功する確率を高める努力を代理人がするように仕向ける工夫（＝誘因つまりインセンティブ）です。この誘因により、代理人も成功を望むようになり利害の不一致による問題が解消されます。この節では、インセンティブ契約の典型的な例として、この成功報酬を取り上げます。そして、それをうまく設計するにはどうしたらよいかを、モデルを使って説明します（この節は、若干数学を使います。数式の展開に興味がない読者は、斜め読みしてください）。

　雇われて商品を売り歩くセールスマンを考えてください。セールスマンは1人で営業に回ります。一生懸命努力をすれば、契約に成功する可能性が高まります（契約には時間がかかるので1日に成功する契約は多くても1件であるとします）。この確率を p とします。努力をしなければ成功する確率は q に下がってしまうとします（$p > q$）。ただ、いくら努力しても契約に成功するとは限りません（$p < 1$）。セールスマンは x という報酬をもらうと、$u(x)$ の効用が発生するとします。なお、セールスマンはリスク回避的とします。セールスマンは一生懸命努力すると心理的に e の費用がかかるとし、努力しなければ f の費用ですむとします（$e > f$）。

◆インセンティブ契約と誘因整合性

　雇い主が何の工夫もせずモニタリングもしなければ、セールスマンは喫茶店でお茶を飲んだりしてくつろいで1日を過ごし、今日は努力したけれどうまくいきませんでしたと言い訳するでしょう。雇い主は努力したかどうかを確かめるすべがありませんから、やむなく給料を払うことになります。楽して給料がもらえれば、セールスマンは大喜びです。これがこの場合のモラルハザードです。困った雇い主は、成功した時にボーナスを払うことにしました。成功した時のボーナスを含めた報酬を v とし、失敗した時の報酬を w とします（$v > w$）。

　セールスマンは一生懸命努力すると、p の確率で成功して高い報酬 v がも

図 14-1　誘因整合性

図 14-2　個人合理性

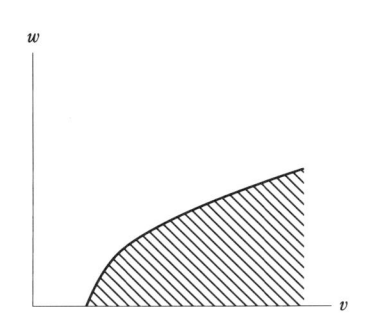

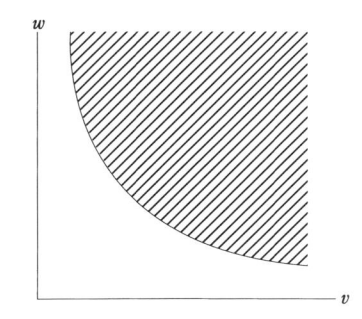

らえ、$1-p$ の確率で失敗して低い報酬 w がもらえます。その場合の期待効用は、$pu(v)+(1-p)u(w)-e$ となります。一方、努力しない場合、セールスマンは q の確率で成功して高い報酬 v がもらえ、$1-q$ の確率で失敗して低い報酬 w がもらえます。その場合の期待効用は、$qu(v)+(1-q)u(w)-f$ となります。前者が後者より大きく（あるいは同じに）なれば、セールスマンは自ら進んで努力するようになります。式では、$pu(v)+(1-p)u(w)-e \geqq qu(v)+(1-q)u(w)-f$ となります。これが高い努力を引き出すための**誘因整合性**の条件です（図14-1にこの条件を満たすような賃金の組み合わせが示してあります）。誘因整合性を満たすには、成功した時とそうでなかった時の賃金の格差を大きくすればよいことに注目してください。成功した時のボーナスを十分に大きくすれば、努力した時の期待効用がしなかった時の期待効用より大きくなり、誘因整合性の条件が満たされます。

◆インセンティブ契約と個人合理性

　セールスマンを雇うには、他でもらえる期待効用に等しいだけの効用はセールスマンに保障しなければなりません。あまり賃金が低いと、セールスマンは辞めて他へ行ってしまいます。他で働いた時に得られる期待効用を U としましょう。このように他に行かないために最低限必要な水準のことを、**留保水準**といいます。ここでは効用についての留保水準ですから、U は留保効用と呼ばれます。一生懸命努力した時の期待効用が留保効用より小さくないことが、このセールスマンが他に行かない条件となります。式では、$pu(v)+(1-p)u(w)-e \geqq U$ と表せます。この条件を情報の経済学では、参加条件とか**個人合理性**の条件といいます。個人合理性というのは、その契約からの期待効用が

図14-3 最適な契約

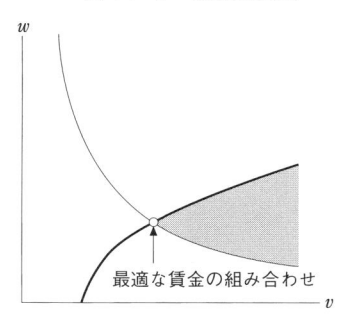

[図: 縦軸 w、横軸 v の平面上に、個人合理性を示す右下がりの曲線と誘因整合性を示す右上がりの曲線が描かれ、両曲線の交点に白丸（最適な賃金の組み合わせ）があり、その右側の領域が灰色に塗られている]

他の機会で得られる期待効用より低くない時にのみ契約に合意することが、その個人にとって合理的となることです。個人合理性の条件を満たすには、賃金の大きさが全体としてある程度高いことと、成功した時と失敗した時の賃金の差（$v-w$）がそれほど大きくないことが必要になります（図14-2参照）。賃金がある程度払われなければ、その企業で働いた時の効用が十分大きくなりませんから、これが個人合理性の条件のために必要なことは当然です。もっともあまりたくさん払う必要もありません。ちょうど個人合理性が満たされて、セールスマンが他へ移りたいと思わないだけを払うのが雇い主にとって最適な行動です。賃金の差が大きすぎるとリスクが大きくなり、平均としてはより高い報酬を払う必要が出てきます。そこで、雇い主はあまりリスクを高めないように気をつける必要があります。この点については、次の節で詳しく見ます。

◆最適な契約

セールスマンが努力するとすると、雇い主の期待支払額は $pv+(1-p)w$ となります。雇い主としては上の2つの条件を満たしつつ、セールスマンに払うこの支払額を小さくすることを考えます。図14-3を見てください。灰色に塗りつぶした部分が、誘因整合性と個人合理性の2つの条件を同時に満たすような賃金の組み合わせです。その中で支払額を最小にするのは、図の白丸の組み合わせです。

◆情報の非対称性がない場合との比較

情報の非対称性がない場合は、怠けた場合には極端に低い給料を払うことでエージェンシー問題は簡単に解決できます。そして、努力した場合には、個人

合理性がちょうど満たされるだけの報酬を払います。努力が直接に観察できるわけですから、わざわざ報酬に不確実性を導入する必要はありません。個人合理性を満たさなければセールスマンは雇えませんから、この時に支払う報酬の水準は、いかなる状況でも支払う報酬の期待値をこれ以下にはできないという水準です。経済学ではこのような状況を最善といいます（最善とは、情報や制度の障害がない時に、技術的な制約の中で達成される最もよい状況のことです）。

情報の不確実性があるとインセンティブ契約が必要になりますが、それは上で示したように変動する報酬となります。この時リスクの導入によって、セールスマンへ支払う報酬の期待値は最善の水準より増えることになります。つまり、依頼人は情報の非対称性によってより多く支払うことになり、情報の非対称性で損をします。

一方、代理人の利得は情報の非対称性があっても、結局は留保効用が得られるわけですので変わりません。事後的な情報の非対称性の場合、情報の非対称性があることで情報を持っている側も得をしません。これは、後で出てくる逆選択の状況と対照的です（事前に情報の非対称性がある場合、しばしば情報を持っている側はそれを利用してより高い利得を獲得できます）。

14-4. リスク回避とインセンティブのトレードオフ

◆リスク回避とインセンティブのトレードオフ

セールスマンは、限られた資産しか持っていないのが普通ですから、リスク回避的であると考えられます。それを反映して図14-2および図14-3では、無差別曲線が原点に向かって凸に描いてあります。リスク回避的ですから、賃金の変動幅が大きくなると効用が下がってしまいます。そこで、（賃金の期待値を増やさないで）大きく変動する賃金を払うと、個人合理性が満たされなくなります。逆に、大きく変動する賃金を払うとすれば、それを補うために平均的には余分に賃金を払う必要が出てきます。ここから、インセンティブ契約をするにあたって考慮すべき第1の重要なポイントが出てきます。それは、「リスク回避とインセンティブのトレードオフ」です。トレードオフとは、一方を実現しようとするともう一方が実現できないという意味の英語です。インセンティブ契約では、成功した時と失敗した時の賃金差がインセンティブの源です

が、それは同時にリスクを増やしてしまいます。一般的に、インセンティブとリスクの回避の両方を、同時に実現することはできません。言い換えれば、インセンティブを与えると、リスク増大のために余分に賃金を払うという形で費用が増加します。

インセンティブを与えることで賃金（の期待値）が高くなることから、インセンティブ契約を導入しない方がよい場合も出てきます。インセンティブ契約がもたらす高いリスクのデメリットが、それによって引き出される高い努力のメリットを上回る場合には、インセンティブ契約を導入すべきではありません。

◆必要なインセンティブの強さ

努力を引き出すために必要なインセンティブの大きさつまり賃金の変動幅がどういう場合に大きいかを、セールスマンのモデルで見てみます。必要な賃金幅が大きいということはリスクが高いということですので、その場合はインセンティブ契約を採用しない方がよい可能性が高くなります。上で求めた誘因整合性の条件を整理すると、$u(v) - u(w) = (e-f)/(p-q)$ と変形できます（過度の賃金差はリスクを増やすばかりですから、誘因整合性は等号で満たされます）。ここから、2つの性質を導き出すことができます（これらは一般のインセンティブ契約でも成り立つ性質です）。1つは、努力する時としない時の費用の差（$e-f$）が大きければ大きいほど、賃金の差も大きくなければならないことです。努力することに高い費用がかかる時に努力を引き出そうとすれば、インセンティブとリスクは大きくなくてはなりません。もう1つは、努力した時としなかった時の成功する確率の差（$p-q$）が小さいと、賃金の差が大きくなければいけないことです。一生懸命やってもそれほど成功する確率が増えなければ、よほど成功した時の報酬が大きくなければ努力する気が起きないからです。まとめると、努力の費用が高い時や努力をしても成功する確率がそれほど増えない状況では、努力を引き出すために強いインセンティブと大きなリスクが必要です。努力を引き出すことが重要でなければ、インセンティブ契約を導入するのを見送る方が依頼人にとってよくなりがちです。

努力の水準が連続的に変えられるような状況では、どの水準の努力を引き出すかということが、インセンティブとリスクの観点から重要になります。高い水準の努力を引き出すためには、強いインセンティブが必要ですが、それは高

いリスクを代理人に課すことになります。場合によっては、努力が高まった効果よりも、リスクが高くなったために余計に払う報酬の方が大きくなることもあります。それでは、高い水準の努力を引き出しても、かえって依頼人には損です。多くの場合に、インセンティブとリスクのトレードオフのために、中程度のインセンティブでほどほどの努力を引き出し、それほど高いリスクを代理人に課さないことが依頼人にとって最もよくなります。

◆リスクを減らす工夫

インセンティブとリスク回避のトレードオフは簡単には解消できませんが、工夫することである程度は軽減することが可能です。その際のポイントは、「インセンティブ契約では努力以外の要因が報酬に与える影響をできるだけ小さくする」ことです。そのためには、できるだけ多くの情報を使うことが有効です。多くの情報を使うことで代理人の行動に関する情報の精度が上がります。この点で、よく使われる工夫が相対評価です。企業の経営者を評価する時に、しばしば同業他社の業績と比べます。企業の業績は、その企業の経営者の努力によるものと、その企業に対しては外的な要因（景気など）によるものがあります。後者は経営者の努力によらないものですから、それが報酬に与える影響を排除することはリスク軽減になります。同業他社の業績は外的な要因からこの企業と同じように影響を受けると想定できますから、同業他社と比べてこの企業の業績がよければ、それは外的要因以外の要因でこの企業の業績がよいことを意味します。つまり、ここで相対評価を使うことは外的な要因が報酬に与える影響を排除する工夫といえます。この他にも、評価に当たって複数の情報を平均して使うなど、現実のインセンティブ契約ではいろいろとリスクを軽減する工夫をします。

14-5．リスク中立的な代理人の場合

◆完全な委託

ここまではセールスマンつまり代理人がリスク回避的と想定して、インセンティブとリスク回避のトレードオフについて説明しました。もし代理人がリスク中立的だとすると、このトレードオフは存在しません。その場合には、いくら報酬が変動しても、代理人は期待賃金だけを気にして行動します。そこで、

インセンティブ契約に伴って発生するリスクのために、雇い主は代理人に余分に払う必要はありません。一般に、代理人がリスク中立の場合には、インセンティブ契約によってモラルハザードの問題は効率性を損なうことなく解決できます。

このような状況では、しばしば簡単な方法で効率的なインセンティブ契約を実現できます。それはその仕事を代理人に完全に委託し、そこから得られる利益をすべて代理人が受け取るようにすることです（もちろんこれが不可能な場合もあります。手術の例を考えてみてください。成功して健康になった体は依頼人に属し他の人に渡すことはできません！）。具体的には、代理人は依頼人から前金で委託の権利を獲得し、その後の収入はすべて依頼人のものとします。この例としては、地代があります。地主はその土地で経営する権利を含めすべて借主に請け負わせ、それに対して地主は決まった地代を受け取ります。あるいは、前金で払う建築契約もそうで、いくら安く建ててもそれは建設会社の腕の見せ所というものです。いずれにせよ、代理人は自分の努力で儲けたり節約したりする分は自分のものになりますので、精一杯努力します。そもそも、モラルハザードの問題は依頼人と代理人の間で利害が一致しないことが原因でしたから、すべての儲けを代理人のものにしてしまえば、モラルハザードの問題自体が解消します。

◆完全な委託の問題

代理人がリスク中立的でない時にはこの解決法はよくありません。それは、代理人に多大なリスクがかかるからです。たとえば地代に関して、江戸時代の農民を考えてみます。彼らは資産がなくまた技術力が低くて天候に影響される側面が多かったと考えられます。もし一定の地代を納めていたとしたら、不作の年には食べるものがなくなってしまったでしょう。食べるものがなければ餓死するしかないわけですから、このリスクは極めて大きなものです。日本史で習ったように、江戸時代の農民は政府に収穫の一部（五公五民など）を納めるようにしていました。こうすることで、変動の一部は政府が被ることになります。農民は不作の時でも多少は手元に作物が残ることになり、収入の変動を減らすことができます。

14-6. マルチタスクとインセンティブ契約

◆マルチタスクとは

　インセンティブ契約に関する注意点として、上ではインセンティブとリスク回避のトレードオフを指摘しました。もうひとつ重要な注意点があり、それは**マルチタスク**の状況で発生します。マルチタスクとは、代理人の仕事が複数の作業からなっていることを意味します。マルチタスクの典型的な例は、製品を作る時に量をこなすだけでなく、製品の品質にも気を配らなくてはいけない状況です。この時、代理人は敏速に作業するという努力と同時に正確に作業するという努力の2つを同時に選んでいると考えられます。この他にもマルチタスクの例は多くあります。大学の教員は、研究と教育とそして大学の行政の3つの作業をしています。多くの仕事場で、従業員は自分の作業をこなす以外に、他の従業員を助けたり教えたりもしています。セールスマンが、複数の商品を扱っている場合、それぞれの商品に注ぐ営業努力の配分を選んで売り込みます。会社の経営者が、当面は成長を重視するかあるいは短期の利益を重視するかを選ぶこともよくあります。これらは、すべて複数の作業の間に努力を配分しながら仕事するマルチタスクの状況です。

◆マルチタスクにおける努力配分の問題

　マルチタスクの状況で新たに考慮すべき重要な点は、代理人が努力をどのように複数の作業に振り分けるかです。代理人の行動は観察できませんから、しばしば代理人は依頼人の利害とは無関係にこの振り分けを選びます。そして、インセンティブ契約を与えると、代理人の利益を高めるため、一番簡単に報酬を高められる作業に努力を集中します。これが問題になる背景には、しばしば複数の作業の結果をすべては観察できないことがあります。その状況でインセンティブ契約を作るとすると、結果を観察できる作業にだけインセンティブを与え、それ以外の作業にはインセンティブが与えられないことになります。代理人はインセンティブに反応しますから、「インセンティブが与えられた作業には努力を注ぎ、そうでない作業では手を抜く」と予想されます。これが、インセンティブ契約をするにあたって考慮すべき第2の重要なポイントです。たとえば、量は観察できても質は観察できない状況を考えてください。ここで可

図14-4 マルチタスクでの努力配分

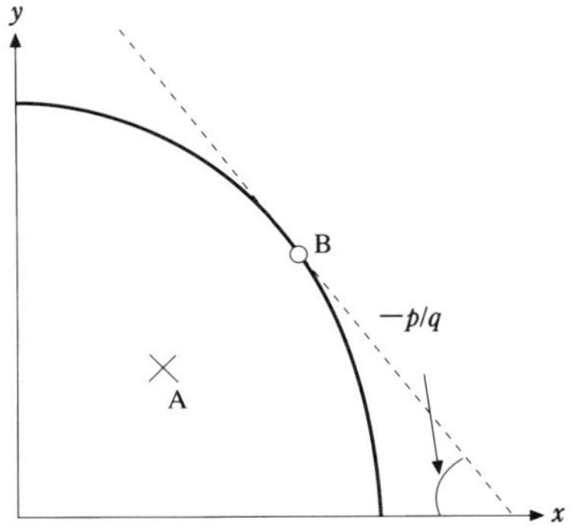

能なインセンティブ契約は、量に応じて報酬を決めるいわゆる歩合制です。この場合、確かに生産量は増えますが、質に関して手抜きが行われます。

　マルチタスクの状況で、結果を簡単に観察できないような作業が依頼人にとって重要な時は、インセンティブ契約を導入しない方がよい場合があります。すべての作業でインセンティブがなければ、ある作業にだけすべての努力を集中するということがなくなるからです。全体としては努力の水準は下がることが予想されますが、少なくとも努力の配分が大きくゆがむことは解消できます。たとえば、量と質のマルチタスクの例で質が重要な場合には、思い切って歩合制をやめて日当制にした方がよいことがあります。量を作っても報酬が増えないとなれば、ゆっくりと作業することになり、ある程度は質が高まることが予想されるからです。

◆マルチタスクにおける努力配分の問題：モデル分析

　上の主張をモデルと図を使って解説します。ここは若干数学を使うので、数学に興味がない人は飛ばしてください。

　代理人が作業 X と作業 Y を依頼されたとします。たとえば、作業 X は量で作業 Y は質を表していると考えてください。図14-4を見てください（横軸が作業 X の成果 x を表し、縦軸が作業 Y の成果 y を表します）。それほどの努力をしなくても、代理人は図のA点に対応するだけを達成することができます。努力すれば、図の曲線で表されたような組み合わせの点を達成できます。ここでは、これらの点は代理人が自由にかつ確実に選べるとしています（リスクが入っても同様に議論できます）。量を増やせばある程度は質が犠牲に

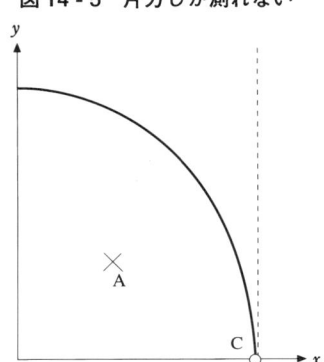

図14-5　片方しか測れない

なりますし、逆に質を高めれば量が犠牲になりますので、この曲線は右下がりになっています。何のインセンティブもなければ代理人は努力をしませんので、Aの点が実現します。一方、何らかのインセンティブが与えられれば、代理人は努力してその結果として曲線上の点が選ばれるとします。

　この状況でインセンティブ契約を考えます。まず最初に、量も質も測れる状況を考えます。代理人への契約は簡単な契約で、量の成果 x と質の成果 y に対して $px+qy+r$ を支払うとします。代理人はこの下で、x と y をうまく選んで報酬 w を最大化しようとします。$w = px+qy+r$ ですから、$y = -(p/q)x+(w-r)/q$ と書けます。つまり、報酬が等しい点は、傾きが $-(p/q)$ の直線です。そして、この直線が右上に行くほど報酬が高いことになります。図の曲線上でこれを最大にするのは、曲線の傾きがちょうど直線の傾き $-(p/q)$ に等しい点です（直線が接している点です）。この場合は、インセンティブ契約を導入することで、質も量もより高い点を実現することができました。マルチタスクの状況でも、すべての作業の成果が測れる場合には、うまくインセンティブ契約を設計することで、よりよい努力を引き出すことが可能になります。

　次に、マルチタスクの状況で、ある作業の結果が簡単に観察できないような場合を考えます（図14-5参照）。ここでは具体的に、量は観察できますが質は観察できないとしましょう。つまり、x に関してのインセンティブ契約は書けますが、y については書けないということになります。そこで、報酬は $px+r$ となります。これを最大にするのは、可能な組み合わせの中で x を最大にするものです。図ではC点です。この場合、確かに量は増えましたが、質は努力

しない点に比べても下がっています。質がそれほど重要でなければ、このようなインセンティブ契約は望ましいものです。しかし、ある程度質が重要となると、このようなインセンティブ契約はかえって依頼人の利得を下げることになります。いくら努力が引き出せても、誤った努力の配分のためにかえって損をしています。質が重要な場合は、むしろインセンティブ契約をやめてA点を実現した方が依頼人にとってよくなります。

14-7. インセンティブ契約のいろいろ

◆業績連動型のインセンティブ契約

　現実の経済では、いろいろな形態のインセンティブ契約が使われています。上で分析したセールスマンの例のように成功報酬の形態を取るものは、セールスマンの他に弁護士やプロスポーツなどでしばしば見られます。

　販売した数量や成約した件数あるいは生産量に応じて報酬を増減させる方式もよくあります。いわゆる歩合制（タクシーの運転手や内職で見られます）や発展途上国の小作人への報酬がその例です。この方式で気をつける必要があるのが、代理人の仕事が上で述べたマルチタスクの状況の場合、量以外の面での努力が望ましい水準から乖離していく問題です。たとえば、セールスマンを歩合制で雇うと、短期的に販売数を増やすために強引な勧誘を行うことがあります。長期的には評判を落としてかえって企業の利益にはマイナスですが、セールスマンには企業の長期の業績は関係ありません。歩合制でインセンティブ契約を行っていた企業の中には、この問題が深刻になって、インセンティブ契約を取りやめたところもあります。また、歩合制で生産を行う時には、品質の維持も重要です。ある企業では、欠陥商品はそれを作った人が修理することを定めて、この問題を解決しています。現実の経済では、多くの職場で生産量が観察でき、量に基づくインセンティブ契約が可能です。それにもかかわらずそれがあまり行われていない理由は、マルチタスクの下で起こるこのような問題があるからであると考えられます。

　業績に関する指標で報酬が決まる例としては、経営者の報酬があります。最近日本でも導入されることが多くなったストックオプションは、株価が上がった時にそれに応じて経営者の報酬を払うことです（具体的には株を事前に定めた価格で買うことを認めます）。株主は会社の株価が高くなることを望んでい

ますから、これは経営者と株主の利害の不一致を解消する点で有効な方法です。経営者の報酬の決定には、利益よりも株価が重視されます。利益は短期的な行動で大きく左右されるのに対し、株価は将来のすべての利益を織り込んで決まっていて、会社の価値をより的確に示していると考えられるからです。利益を基に経営者の報酬を決めると、経営者は数年しかその職にいないことを考慮して、その間だけ儲かるように経営します。結果として、長期的にはその企業の価値は下がってしまってもかまいません。これに対して、株価には将来の利益も反映されていますから、在職中だけでなく退職後の会社にとってもよい経営をした方が、株価が上がることになります。そこで、株価に連動させて経営者の報酬を定めた方がよいのです。

◆トーナメント

複数の代理人が同じ仕事で働く時のインセンティブ契約として、**トーナメント**があります。ここでいうトーナメントとは、報酬を順位を用いて決めることです。たとえば、企業での出世競争はトーナメントです。社長などの管理職になることがみんなのあこがれであり、そのためにみんな一生懸命働くわけですから、これはまさにインセンティブ契約です。トーナメントを使う利点の第一は、簡単であることです。順位はしばしば絶対評価より簡単に決定できます。たとえば、多くの人が共同で働いている職場で、個々の労働者の貢献度を測るのは大変難しいものです。しかし、労働者の誰がより貢献度が高いかはしばしば簡単に分かります。もうひとつ重要な利点は、トーナメントが相対評価であることです。全体の状況が変化しても、順位は相対評価であるのでそれからの影響はうけません。たとえば景気が悪くなって全員の売り上げが下がった時、絶対評価ではそれぞれの給料が下がってしまいます。これは景気という外部の要因なので、インセンティブ契約から排除した方がよいのですが、相対評価であるトーナメントでは自動的に排除されます（絶対評価でも工夫すれば排除できますが自動的ではありません）。一方、トーナメントの問題点は、労働者同士が結託してサボる可能性があることや、あるいは逆に労働者の間で過剰な競争が起きて足の引っ張り合いや協力関係の崩壊が発生することです。しかし、ホワイトカラーの仕事の場合のように、絶対評価が難しい場合にはトーナメントは広く使われています。

◆費用削減のインセンティブ契約

これまでの契約では、変動する支払いがインセンティブの強さと関連していましたが、部品などの納入の契約では支払いが変動しないことがインセンティブの強さにつながります。これは、支払いが変動しなければ、納入者の費用削減の成果はすべて納入者に帰属し、納入者の費用削減のインセンティブが最大になるからです。

実際には、納入契約ではコストの一部を納入価格に反映させる契約が一般的です。これを考えるために、下請企業が自動車の部品を親会社に供給する契約を考えてください。下請企業の費用は、1）努力による費用の引き下げと、2）事後的な原料費の変化の2つの原因で変化します。親会社としては、費用の変化自体は観察できますが、必ずしもこの2つを区別できません。下請企業に一定の単価で支払いをする契約を結ぶと、下請企業は一生懸命費用を下げるよう努力しますが、原材料費が上がった時には赤字になり倒産してしまうかもしれません。一方、費用の変化を納入単価にすべて反映させることを親会社が認めると、下請企業は費用を引き下げる努力をしなくなります。そこで、費用の変化のうち一部は単価の上昇という形で親会社が引き受け、残りの変化分は下請企業が負担する契約が、インセンティブとリスクのバランスの観点からは望ましいことになります。実際の取引を調べた研究からは、そうなっていることが報告されています。

> **コラム　コンビニのフランチャイズ契約**
>
> 現実のインセンティブ契約には、本文で例を挙げたよりも複雑なものも多くあります。とりわけ、ビジネス同士の契約では、両方が努力をする必要があることが多くあります。お互いに相手の行動がよく分からない状況で、相手に自分に望んだことをして欲しいという状況です。この場合、モラルハザードの問題が両側に発生する可能性があります。この典型的な例がコンビニなどで見られるフランチャイズ契約です。このコラムでは、フランチャイズ契約について簡単に見てみます。
>
> フランチャイズ契約は、本部（フランチャイザーと呼ばれます）と各店舗（フランチャイジー）の間で結ばれます。
>
> 本部の仕事は、各店舗に供給する商品の開発と宣伝そして店舗の営業指導です。これらの点では、本部が各店舗から仕事を依頼されている形になっています。一方、各店舗の経営者は、アルバイトの雇用を含めた店の管理と客への対応

を行っています。各店舗の努力により、売り上げが変わるという点で各店舗の経営者は本部の代理人の関係にあります。そして、アルバイトの管理などで費用を抑えるよう努力する任務も負っています。さらにフランチャイズの場合、一店での評判は全体に影響を与えるため、各店舗はフランチャイズの評判を維持する役目も持っています。

　情報の経済学でフランチャイズ契約というと、固定されたフランチャイズフィー（ロイヤリティー）をフランチャイザーに払う契約を指すことがあります。しかし、現実のフランチャイズ契約では固定されたフランチャイズフィーはむしろ少ないようです。本部も各店舗もそれぞれ努力する以上、それぞれに見返りが必要だからです。自分の取り分が多ければより努力することになります。さて実際の契約はどうなっているでしょうか。コンビニの業界では、仕入れから計算した粗利益のうちの決まった割合を上納するのが通常のようです。1990年後半ごろ業界大手について筆者の演習で調べた時には、最大手のＡ社では40％前半であり、その次に位置するＢ社やＣ社では約35％でした（ちなみに、開業資金は3000万円から5000万円で、日商はＡ社で70万円弱、Ｂ社で50万円程度でした）。なお興味深いことは、上納する際の粗利に万引きの分は売り上げと勘定されることと、アルバイトへの給与は費用として引かれていないことです。このため、各店舗の経営者は、万引きの防止とアルバイトの費用を抑えることに関しては強いインセンティブがあります。これらは各店舗には高いリスクを負担させるようになっていますが、本部にはコントロールしにくい事柄なので、すべてを店舗負担にすることで強いインセンティブを与えているのだと理解できます。

　上の例で面白いのは、成功しているフランチャイズでは上納金の割合が高いことです。上納金の割合が高ければ、本部としては努力するインセンティブが高くなります。実際に、Ａ社の商品開発力は定評があります。逆を言えば、上納金の額を抑えると本部のインセンティブが低くなり、そのフランチャイズはうまくいかなくなる可能性があります。実際、あるフランチャイズは、定額のしかも低いロイヤリティーで加入店舗を集めましたが、本部は単なる名前を貸すだけの機関となってしまいました。ロイヤリティーが低いため、商品開発も営業指導も低調で、やがて行き詰まり倒産してしまいました。

　上納金の額が低すぎれば、本部のやる気は失われます。逆に、高すぎると各店舗の経営者のやる気が失われます。この両者のバランスの上に、実際の上納金の割合が決まってきます。そこから予測できることは、本部の努力がより重要な業界では上納金の割合は多くなり、逆に各店舗の努力がより重要な業界では上納金の割合は小さくなることです。

14-8. モニタリングかインセンティブ契約か

◆モニタリングによる解決法

ここまではモラルハザードの解決策として、インセンティブ契約について見てきました。モラルハザードの解決法はもう1つあります。情報の非対称性をモニタリングにより解消すればよいのです。

上で述べたようにインセンティブ契約にもデメリットがありますから、モニタリングが安価にできる場合は、それが最善の解決法になります。たとえばアルバイトと雇い主が一緒に作業していて、アルバイトの働きぶりが簡単に分かる場合には、インセンティブ契約を使う必要はありません。しかし、現実には多くの場合に、モニタリングは容易ではありません。不可能というわけではありませんが、その費用が安くないことが多いのです。たとえば、医者の行動についてそれが患者の望む最もよいものかどうかを調べるには、別の医者にも診てもらって最適な治療の方法を聞けば確認できます（セカンドオピニオンと呼ばれます）。しかし、これでは医者を2人使うことになりますから、かなり高価につきます。生命にかかわるような病気以外では、この方法はもったいないように思えます。現実の解決策では、モニタリングの費用とインセンティブ契約のデメリットを比較して、より効率のよい方を使うことになります。

モニタリングのコストは工夫次第で下げることができます。たとえば、タクシー会社が運転手が木陰で駐車して休憩ばかりしていないか心配しているとします。その時、運転手がきちんとお客を探して運転していることをモニタリングするひとつの方法は、探偵に後をつけさせることです。しかしこれはかなり高い費用がかかります。そこで探偵でなく、車にGPSという機器を積んで車がどこを走行しているかを分かるようにしても、だいたい同じ効果がしかも安価に得られます。技術の進歩で通信機器などは安く小型になったので、このようなモニタリングの方法が可能になりました。モニタリングをする場合、いかに工夫して安価に効率よく行うかというのは、経営者の腕の見せ所です。

もっとも代理人のやる気は心のあり方であり、行動をモニタリングしていても完全には分からないことも多くあります。実際の経済では、状況に応じてモニタリングとインセンティブ契約を使い分けたり、あるいは組み合わせて使っています。次の節では、具体的な例を使ってどのようにモラルハザードの問題

に対応したらよいか説明します。

14-9. インセンティブ契約を導入すべきかどうか

◆モラルハザードの問題への対応策の立て方

モラルハザードの問題への対応のまとめとして、予備校の講師と高校の教師を比べながら、どのような報酬体系が望ましいかを考えます。

これまでの議論を整理すると、インセンティブ契約を導入するとすれば、以下の4つの問いに対する答えがすべてYesでなくてはいけません。

①モニタリングは困難か？
②何らかの測れる指標はあるか？（合格率など）
③インセンティブ契約のリスクは適正な範囲内か？
④インセンティブ契約で引き出される努力の内容は、求められている教育の内容に合致しているか？

どれか1つでも、Noであれば、モニタリングの強化で対応するか、あるいは何の対応もしない方がよくなります（図14-6参照）。これらの4点について、順に見ていきましょう。

まずはモニタリングですが、これは予備校でも高校でも、同じように難しいと考えられます。教師の努力として重要な授業の準備はしばしば学校以外の場所でされるわけですし、また講義中の集中力や創意工夫など単に時間では測れない努力があるからです。

測れる指標としては、学生の満足度（たとえばアンケート調査による）そして模試などの成績や合格率といった指標は、どちらの場合も得ようとすれば得られます。予備校と高校で得られる指標での違いは、予備校では出席する学生の数が講師の努力を反映して変化する可能性があることです。

モニタリングが困難で測れる指標がありましたから、モラルハザードの対策としてはインセンティブ契約が考慮の対象となります。もっとも、インセンティブ契約が可能だからといって、必ずそれを使わなくてはいけないということはありません。上の3番目と4番目の基準を満たさないようなインセンティブ契約であれば、むしろ導入しない方がよくなります。以下では、可能なインセンティブ契約を具体的に考えて、それらがこれらの基準を満たしているかどうかを検討します。

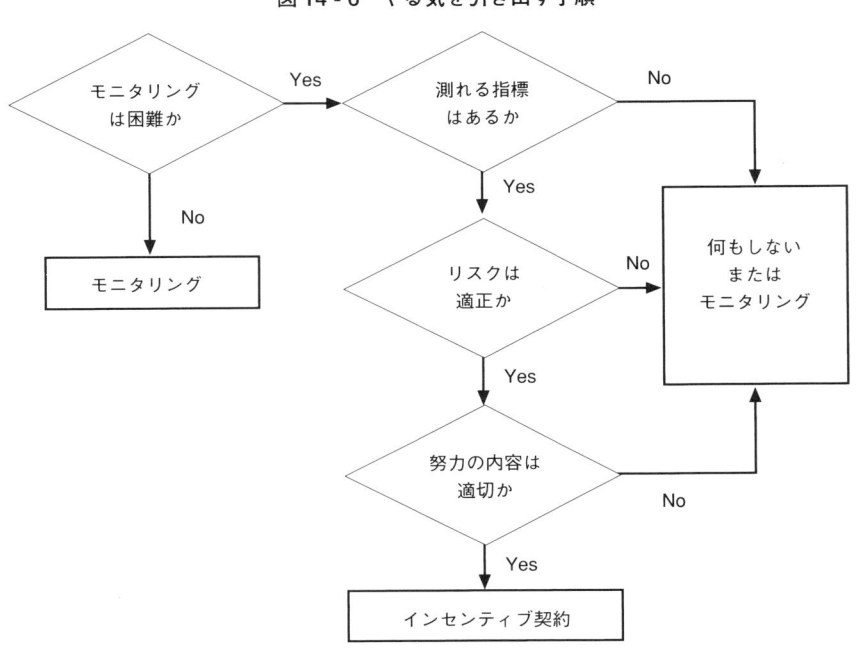

図14-6　やる気を引き出す手順

```
モニタリングは困難か ──Yes──▶ 測れる指標はあるか ──No──▶ 何もしない
      │                              │                         または
      No                             Yes                       モニタリング
      ▼                              ▼                          ▲
   モニタリング                   リスクは適正か ──No───────────┤
                                    │                          │
                                    Yes                         │
                                    ▼                          │
                                努力の内容は適切か ──No────────┘
                                    │
                                    Yes
                                    ▼
                              インセンティブ契約
```

14-10．インセンティブ契約を導入すべきかどうか：予備校の場合

◆予備校で可能なインセンティブ契約

　予備校でインセンティブ契約を導入する場合を考えてみましょう。受講生の数や学生の満足度そして合格率といった指標を基にインセンティブ契約を作るとします。そうすれば、講師たちはこれらの指標を高めるためにいろいろ努力すると考えられます。これは予備校の目的にかなっているでしょうか？　予備校の一番の目的は、多くの学生に来てもらうことです。そこで、人気のある講師がいて多くの受講生を集めていることは、予備校の目的にかなっています。また、学生の満足度や合格率が高いことは、今後の受講生募集の最も重要な要因と考えられます。ですから、予備校の講師に、これらの指標によるインセンティブ契約を与えることは、予備校の目的に沿った努力を引き出す点で、とても有効であると考えられます。実際に、いくつかの予備校で、上で挙げたいくつかの指標に基づいてインセンティブ契約が採用されています。

◆予備校でのインセンティブ契約のリスク

　予備校では、インセンティブ契約は適切な努力を引き出すことに有効であると分かりましたが、そのリスクが過大になることはないでしょうか？　教育の場合、努力と成果が密接に関連してくるのは、ある程度年数が経ってからだと思われます。最初のうちは、講義のやり方も実際にやりながら学んでいます。また、評判も確立しておらず、学生が集まってくるかどうかは運によるところが大きいと思われます。となると、経験の浅い講師に対して、インセンティブ契約を使うことは大きなリスクを負わせることになります。インセンティブ契約を提示する場合に、中堅以上の講師に限定して与えることがありますが、それはこのような考慮がされているからだと考えられます。

14-11．インセンティブ契約を導入すべきかどうか：高校の場合

◆高校で可能なインセンティブ契約

　高校でのインセンティブ契約を考えてみます。高校の教師の場合は、学生数は学校で決められますので、使える指標としては、学生の全国試験の成績や学生の満足度（たとえばアンケート調査による）などが考えられます。以下では、これらの指標を使ったインセンティブ契約が、上で示した第4の基準を満たすかどうかを吟味します。言い換えれば、高校で可能なインセンティブ契約は、高校の望むような努力を教師から引き出すことができるかということです。

◆生徒の成績によるインセンティブ契約

　高校の教師へのインセンティブ契約の第1の種類として、学生の全国試験の成績で教師の報酬を変化させる方式を考えてみましょう。米国カリフォルニア州では数年前からこの方式を公立学校で導入しています。このようなインセンティブ契約の下では、教師は生徒の成績を上げようと努力します。高校の重要な目的は、生徒に勉強させることですから、この点ではこの方式は望ましい効果をもたらすことが期待されます。教師の中にはもう少しやる気を高めてもよいと思われる人もいるようですので、その意義は無視できないものがあります。

　しかし、高校の教育の目的は単に生徒の成績を上げることだけではありませ

ん。予備校が受験準備を目的としているのに対し、高校での教育は情操教育や集団生活を通して社会との接し方を学ぶという側面もあります。私の高校時代の教師のひとりは、勉強ばかりしていないで読書をしなさいとか友人と過ごす時間を大事にしなさいと言ってくれました。そのころ読んだ本や友人とした議論は、今に至るまで貴重な体験となり、その先生の助言には大変感謝しています。私の個人的な経験はともかく、高校の教師がいつも勉強しろとばかり言っていたら、生徒の人格形成にあまりよい影響があるとは思えません。

　成績をインセンティブに使う方式には、もうひとつの問題点があります。クラスの平均点を上げるのに一番簡単な方法は、理解が遅く成績の悪い生徒を切り捨て、クラスの平均くらいの学生に集中して教えることです。そこで、平均点を上げようとだけ考える教師は、落ちこぼれた学生は相手にせず、その結果としてクラスが荒れる可能性もでてきます。これは自然淘汰のようなものですが、そのような苛烈な対応をすることは、高校ではふさわしくないと思う人も多いと思います。

◆生徒の満足度によるインセンティブ契約

　高校の教師へのインセンティブ契約の第2の種類として、アンケートなどで学生の満足度を測り、それで教師の報酬を変化させる方式を考えてみましょう。分かりやすく講義をしたり、人生の模範となるような教師は、満足度が高いと思われます。そこで、この方式では、成績を基にインセンティブ契約を与える方式の問題点はずいぶん解消されそうです。しかし、授業の水準を下げ成績を甘くつけることで、人気を高めようとする教師が出てくるかもしれません。予備校では受験という目的で学生は来ているので、むしろきちんと教えてくれる講師を好みます。ですからこの問題は発生しません。しかし、高校生がみんな勉強第一であると考えるとは思えませんので、この心配される事態は現実に起こりそうです。

◆高校でのインセンティブ契約のメリットとデメリット

　こう考えていくと、高校の教師にインセンティブ契約を与えることは、メリットもありますがデメリットも大きいことが分かります。上で導入した用語でいえば、高校では予備校と違って教師の作業がより多面的でマルチタスクの状況になっていると考えられるからです。こうなると、インセンティブ契約の導

入で高められる種類の努力とそれで犠牲になる種類の努力の両面を考慮して、どちらがより重要かで導入するかどうかを決める必要が出てきます。新聞報道などを通して理解するに、米国カリフォルニア州では公教育の質の低下が問題となり、勉強の面での努力が優先事項であると判断されたようです。そのため、学生の成績を基にしたインセンティブ契約が導入されたと考えられます。一方、日本では、高校教育に求められているのは人格の形成も含めた総合的な教育であると、現時点では考えられます。その場合には単一の指標に基づいたインセンティブ契約はふさわしくありません。現実に多くの高校でインセンティブ契約は取られておらず、内部の管理者（校長など）が総合的に判断するという方式を取っています。もっとも、最近は学生の知識の低下が問題になってきており、近い将来に学生の成績に基づいたインセンティブ契約が、日本でも導入されることがあるかもしれません。

　適切なやる気を出させる仕組みを作るのは、なかなか難しいものです。今日の組織の中心的課題といっても過言ではありません。読者の皆さんも身近な組織で、どのような仕組みを作ったらよいか考えてみると面白いと思います。ぜひ試してください（ちなみに、大学の教師に適切なやる気を出させる仕組みを作ることは難しく、日本でもまた英米でも試行錯誤しています。練習問題で取り上げますが、よい方法を考えついたら教えてください）。

第14章のまとめ

- 依頼人が代理人を雇って仕事をさせる時には、代理人が適切な努力をするかどうかが問題になりますが、これはエージェンシー問題です。
- 情報の非対称性と利害の不一致の両方の要素がある時、モラルハザードの問題が発生します。
- モラルハザードへの対策としては、モニタリングとインセンティブ契約を適切に選択して使うことが有効です。
- インセンティブ契約を使う際には、代理人に過大なリスクを負わせていないかに注意しなければなりません。
- 代理人が多面的な活動（マルチタスク）をする時は、誘因によって引き出される努力が、ある面では十分でも別の面ではおろそかになることがあります。マルチタスクの場合は、努力の内容が適切かどうかについて注意しなければなりません。

練習問題 14-1

車の調子が悪いので修理を頼むとします（車両保険は使えないとします）。その時必要以上に修理代が高いのではと多くの人は心配になります。なぜそうかを情報の経済学を使って分析しましょう。

a）この状況では、だれが代理人でだれが依頼人でしょう。
b）ここでのエージェンシー問題を説明しなさい。
c）ここでの情報の非対称性は何か説明しなさい。
d）新車を買うと、最初に一定額を払えば「3年かまたは3万キロまでは事故以外は無料で修理します」という契約がオプションであったりします。車の販売店が修理も担当するとすると、このような契約は上のモラルハザードの問題を解決するのにある程度役立つといいます。情報の経済学の用語を使って簡単に説明してください。

略解

a）修理を頼む人が依頼人（プリンシパル）で、修理工場の人が代理人（エージェント）です。
b）代理人は修理をすればするほど儲かるのに対して、依頼人は不要な修理はしてほしくないという利害の対立があります。
c）代理人の仕事は専門的で依頼人には何をしているかが分からないという点で、代理人の行動に関する情報の非対称性が取引開始後に発生します。
d）代理人である修理工場は修理をしても新たに収入が増えません。そこで、毎回の修理においては、必要以上の修理はしません。一方、修理が過小だとまた持ち込まれて修理をしなくてはいけなくなります。そこで、必要な修理は行うことになります。この意味で、修理工場には適切な修理を行いつつ、費用を下げるインセンティブが働きます。そこで、過剰な修理というモラルハザードの問題は解決できます（注：メーカーが製品の保証を行う時には、自分の製品の質に自信を持っていることをシグナルしているとも解釈できます。シグナリングの章を読んだら、なぜこの契約がシグナリングになると考えてみることをお勧めします）。

練習問題 14-2

典型的な小作契約を考えましょう。地主は小作人に努力してもらいたいのですが、小作人の努力が観察できません。そこで、収穫に応じて支払いを変えることで、高い努力を引き出そうと考えました。高い収穫の時は y を農民の取り分とし、低い収穫の時は x を農民の取り分として与えるとします。地主は、努

力を引き出しつつ期待費用を最小化しようとしています。

農民は努力をするかしないかどちらかで、努力をする時は確率3/4で高い収穫が得られます。しかし、努力をしなければ高い収穫の確率は1/4になります。努力をすることは、農民にとって効用で測って1の費用がかかります（努力しなければ費用はかかりません）。農民の取り分wからの効用は$\sqrt{w}$とします。農民は、取り分の効用から努力の費用を引いたものの期待値（期待効用）を最大化しようとします。なお、この農民は他の地主の下で働くことも可能で、その場合は1の効用が得られます。

地主にとって最適な小作契約つまりxとyを求めなさい。

略解

誘因整合性の条件は$3/4 \times \sqrt{y} + 1/4 \times \sqrt{x} - 1 \geq 1/4 \times \sqrt{y} + 3/4 \times \sqrt{x} - 0$となります。一方、個人合理性の条件は$3/4 \times \sqrt{y} + 1/4 \times \sqrt{x} - 1 \geq 1$です。小作人はリスク回避的ですから、できるだけ均等な支払いを好みます。それは、上の2つの不等式が等号で成立するところです。2つの条件からなる連立方程式を解いて、$x = 1/4$と$y = 25/4$となります。

練習問題 14-3

インセンティブ契約を実際に用いるにはさまざまな要因を考慮する必要があります。大学の教育をよくするという観点で、大学教員にインセンティブ契約を適用する場合に当てはめて議論しなさい。

略解

以下は解答例です。インセンティブ契約を導入すべきかどうかは状況によります（下ではすべきでないとすべきの2つの極端な例を書いてみました。当然その中間も可能です）。いずれにせよ、以下のステップをきちんと踏んで結論を導くことが重要です（以下では研究については最小限に議論し、もっぱら教育という点で議論します）。

　　　　　　　　　＊　　　　　　　　　＊

0．モラルハザードの問題は何か

大学の目的のひとつは、学生に教育をすることです。その観点からは、学生（または授業を払っている父兄など）が依頼人であり、講義をする教員が代理人となっています。小中高と違って、大学の教育は、大部分が教員の裁量に任されています。よい講義かどうかは、教員がどれだけその講義の準備をしたかで大きく変わってきます。大学の教員は教育自体が好きで教員になった人ばか

りではありません。ですから、よい講義をしてほしいという学生と、教員の間に利害の不一致がありエージェンシー問題が発生します。教員がどれくらい一生懸命講義をしているかは簡単には観察できませんから、情報の非対称性が発生します。これは典型的なモラルハザードの状況です。

1．モニタリングはできるか

モニタリングとは依頼人が代理人の努力を観察することです。一般に大学の教員が講義を準備を含めどれくらい熱心にしているかは、講義が専門になればなるほど、専門外の人間には分かりにくくなります。そこで（休講の数くらいは簡単にモニタリングできるにせよ）、一般に、大学教員の努力のモニタリングは簡単にはできません。

2．測れる指標はあるか

測れる指標としては、学生の理解度を試験で測る方法、あるいは学生の出席率（出席数）やアンケートによる満足度を使うことが考えられます。

3．リスクは過大でないか

インセンティブ契約は必然的に給料にリスクを持ち込みます。新任の教員など、上記の指標がどうなるか分からない段階では、あまりインセンティブは有効ではなく、インセンティブ契約は単にリスクを増やすだけとも考えられます。そこで、インセンティブ契約はある程度の年数教えた教員（教授など）を中心にすべきです。一般に、中堅以上の教員はある程度の年収があり、多少のリスクは許容できると考えられます。

*　　　　　　　　*

ここから先は、1つ1つの指標について、「努力の配分は適切か」という観点から議論していきます。最初の3つは簡単に思いつくような方法で、残り2つは少し面白い方法です。いずれの方法も比較的に簡単で安くできるので、その点ではモニタリングに比べ優れています。

A）学生アンケート

学生アンケートで講義の評価を定め、それに基づいて教員に報いればよいというのは、典型的なインセンティブ契約です。この方法の問題点は、簡単な講義や休講の多い講義に高い評価を与える学生がいることです。同じ大学生相手でも、資格の予備校の場合は受験という目標があるため、必要以上に簡単にしたり休講が多いとどの学生もこれを評価しません。しかし、大学では単に単位

を取りたいという学生もいて、内容が充実しているよい講義だけが学生から高い評価を受けるとは限りません。

B）出席率（出席数）

よい講義は出席が多いはずというのが、この議論の前提です。実際に世界で最初に大学ができた時は、講義に聴きに来る学生がそのたびに授業料を持ってきました。人気のある教員はたくさんの収入があり、そのためよい講義をしようと努力しました。しかし、大学が就職のための資格となってくると、ためになる講義を取るだけではなく、卒業のための単位を取るために講義に来る学生もいます。出席を重視すれば、教員も出席で成績をつけるようになり、そうすれば出席率と講義のよさは関係なくなります。また、受講者数で評価すると単位の取りやすい講義に人気が集まることになり、必ずしもよい講義に学生が集まるとはいえません（1限や土曜の講義は出席が少ない傾向があります）。

C）学生の成績

学生の成績で講義を評価すればよいというアイデアもあります。教員が自分で試験問題を作ると簡単にしてしまう恐れがあるので、試験は第三者たとえば別の教員やあるいは経済学検定などの全国試験によるべきです。この方法の欠点は、講義が試験の予備校と化すことです。たとえば経済学の場合は、よく分からない経済現象をいろいろな角度から分析しようとしているわけで、そこにそれぞれの教員の研究が反映してきます。試験に出さない出せないようなことも、講義では教えています。基礎科目以外ではこういう要素は重要です。試験に出しやすい知識だけを講義をしたらとてもつまらない講義ばかりになります。

D）就職状況で契約する

大学の目的のひとつは、学生を育てて社会に送り出すことです。そこで、就職率や就職先で教員を評価するという方法も意味があります。大教室での講義は就職にはそれほど影響しないでしょうから、大教室での講義をよくする観点からは、この方法はあまり有効ではないと考えられます。しかし、少人数講義とりわけ演習は参加者により強く影響し、その就職状況にもある程度は影響します。そこで、演習の参加者の就職状況で教員にボーナスを出せば、演習の教育をよくするインセンティブとして機能することは可能かもしれません。

E）同じ講義を2人に担当させて競わせる

同じ講義を2人の教員に担当させて、年度末に学生に比べさせるというアイ

デアもあります。1つの比較方法は、履修した学生の成績で比べることです。よい成績をとったクラスの教員がよりよい講義をしていたと判定するのです。もう1つの比較方法は、学生にクラスを選ばせて、履修者の数で比べることです。試験は同じとすれば、分かりやすい講義に出るので、履修が多い教員の方がよい講義をしていることになります。この方法の欠点は教員が2倍必要なことです。基礎の科目はともかく、専門の科目では複数の科目を用意することは不可能ではないにしろ、費用がかなりかかります。

＊　　　　　＊

　ここから分かることは、どの方法もそれなりの問題があることです。一般にひとつの努力を引き出すと他の面の努力がおろそかになりやすいといえます。あとは、メリットとデメリットのどちらが大きいかという現場の判断になります。個人的には、学生の満足度アンケートによるボーナスくらいは、有効なインセンティブ契約として機能すると考えますが、読者の皆さんはどう考えますか。

15 逆選択

　前章ではモラルハザードについて説明しました。モラルハザードは、雇った人の行動が雇い主に分からないという「取引開始後」の情報の非対称性によって引き起こされます。この章から第17章までは、「取引開始前」に情報の非対称性が発生して起こる問題を見ていきます。一般に、取引相手の性質や能力に関する情報が分からなくて取引開始前に情報の非対称性があると、取引が行われにくくなります。この問題は、情報の経済学では逆選択と呼ばれます。この章では逆選択がどのような問題を引き起こすかを見ていきます。その対策は次章とその次の章に順に説明します。

15-1. 逆選択とは

◆取引前の情報の非対称性

　情報の非対称性が取引の前からある場合、情報を持っている側が持っていない側の思惑通りに行動してくれないことが起きます。情報を持っていない側の利益に逆らって、情報を持っている側が選択するので**逆選択**といいます。逆選択の典型的な例は、売り手が売るものの質を知っているのに、買い手にはその質が良いか悪いか分からない状況です。このような状況では、だまされて粗悪品をつかまされることを恐れて、買い手は買うのをためらいます。

　前章までに明らかにしたように、モラルハザードは情報の非対称性が取引の開始後に発生することで起きる問題でした。そこで、報酬を工夫して、取引の開始後にやる気が出るようにすること（インセンティブ契約）が有効な解決方法のひとつでした。これに対して、逆選択では、情報の非対称性が取引前から

あります。そこで、いかに相手の異なる情報を見分けるかが重要になります。一般に、逆選択の問題への対応策は、モラルハザードの対応策とは異なった種類のものが必要となります。

相手が違う情報を持っていると、それに応じて行動が変わります。たとえば書類整理のバイトの学生を雇う場合を考えてください。整理能力の高い学生とそうでない学生では、異なった行動をしますし、またいろいろ条件をつけた時の反応も違ってきます。そこで、同じ人でもその能力や知っている情報（保有する財の性質など）に応じて、違った種類の「人」として区別して考えた方がよくなります。ただ、同じ人でも違う人と考えるというと混乱しやすいので、情報の経済学では、**タイプ**という用語を使います（この用語は第5章のベイジアンゲームのところで導入したものと同じものです）。整理能力の高いタイプとそうでないタイプというように呼んで、同じ1人の学生でも種類が違う行動をすることを明確にします。この用語を使うと、取引の前の情報の非対称性は、相手は自己のタイプを知っているがこちらは知らない状況と言い換えることができます。

逆選択の下では付け込まれることを恐れて、情報を持っていない側は取引をしたがらなくなります。まずは、逆選択のこの問題を、中古車市場と保険市場でそれぞれ見てみましょう。

15-2. 中古車市場の問題

◆レモンとは質の悪い中古車のこと

アメリカでは、質の悪い中古車を俗にレモンといいます（英語で酸っぱいというと、うまくいかないという意味があるので、欠陥品をレモンというようです）。さて、アメリカの中古車市場では、買ってきた中古車は、同じ年式の平均的な中古車と比べて故障しやすいといわれています。これは単に運が悪かったということではなく、かなり多くの人がレモンをつかまされたと感じるようです。この現象は一見なぞのようですが、情報の経済学とりわけ逆選択の考え方を使えば簡単に説明できます。このことを最初に指摘したのがアカロフで、彼はその功績もあってノーベル賞を受賞しました。

アカロフの議論を例で説明しましょう。質の良い中古車と質の悪い中古車があるとします。中古車の半分は質の良いもので、残りの半分は質が悪いとしま

図 15-1 中古車市場の逆選択

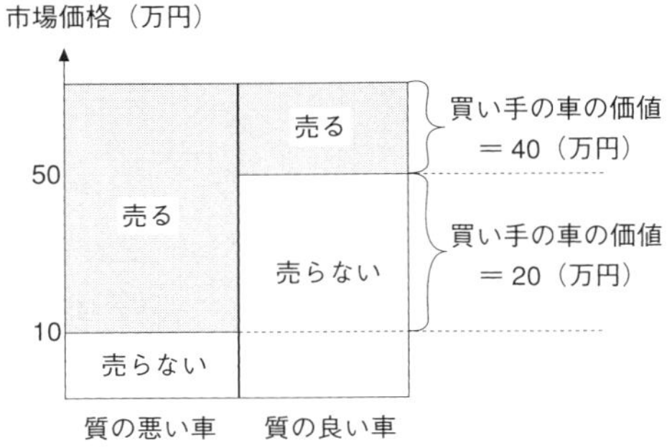

[図: 市場価格（万円）を縦軸、質の悪い車・質の良い車を横軸とした図。質の悪い車は10万円以下で「売らない」、10〜50万円で「売る」。質の良い車は50万円以下で「売らない」、50万円以上で「売る」。買い手の車の価値＝40（万円）、買い手の車の価値＝20（万円）。]

す。質の良い中古車の場合、元の所有者には50万円の価値があるとします。そして、質の良い中古車では、買い手は喜んで60万円を払ってくれます。一方、質の悪い中古車の場合、元の所有者には10万円の価値しかありません。質の悪い中古車でも、20万円なら買ってくれる人がいるとします。もし車の質が分かれば、どちらの場合でも取引が成立するようにこの例ではなっています。交渉力が対等であれば、質の良い車は55万円で取引され、質の悪い車は15万円で取引されます。

◆逆選択は市場の取引を阻害する

　元の所有者は経験から車の質について学びます。故障しやすいとか、調子がすぐに悪くなるとかです。一方、買い手は試運転してみたり、車のエンジンルームを見たりはできますが、それだけでは車の質は簡単には分かりません。そこで情報の非対称性が発生します。

　上の例では、情報の非対称性があると、質の良い車は市場に出回りません。質の良い車が出回るには、50万円以上の値段で売れなければいけません。しかし、中古車が50万円以上で売れれば、情報の非対称性に付け込んで質の悪い車の所有者もその価格で自分の車を売りに出します。質が分からないのですから、買い手は半分の確率で質が悪いと考えておく必要が出てきます。そこで買い手にとっての価値は、質が良い時の60万円と悪い時の20万円の平均である40万円となります（図15-1参照）。とすると、買い手は40万円以上は払いたくないことになります。そこで価格は40万円以下まで下落しなくてはなりません。しかし、40万円では質の良い車は売りに出なくなります。こうして、市場に残

るのは質の悪い車だけになります。そこでは、買い手にとっての車の価値は20万円で売り手にとっては10万円ですから、市場では10万円と20万円の間で質の悪い車に限って取引が行われます。情報の非対称性によって、市場の取引が縮小してしまいました。

こうして、売りに出される中古車にはレモンが多いという現象が発生するのです。ここでは、買い手は値段の割りに質の良い車を買いたいと考えています。一方、売り手は値段の割りに質の良い車は自分で使い、値段の割りに質の悪い車だけを売りに出します。売り手が取引前に知っている情報によって、情報を持たない買い手の不利になるようになっていますから、これはまさしく逆選択の問題です。

15-3. 保険市場での逆選択

◆保険市場での情報

もうひとつの逆選択の例として、保険の市場で起こる場合を見ましょう。ここでは自動車保険を扱いますが、以降の分析は解釈を変えることで、その他の保険にも同じように当てはめることができます。ここで扱う保険は、事故が起きた時にその損害を補償する形のもので、すべての人に1種類の保険が販売される状況を考えます（2種類以上の中から選ばせることは、次章で扱うスクリーニング＝ふるい分けの手法です）。また、保険会社は1社しかなく市場を独占しているとします。なお、以下では第13章3節で説明した状態空間分析を使います。

事故が起こる確率は個人の努力によらず、運転手の持って生まれた性格（慎重なタイプとせっかちなタイプ）によって決まるとします。同じ運転手でも慎重なタイプはあまり事故を起こしません。なお、世の中の半分は慎重で残りの半分がせっかちだとします。

◆情報の非対称性がない場合

まずは情報が完全な時に起こる状況を分析しましょう。図15-2を見てください。ここでは情報が分かっていますから、それぞれのタイプごとに契約が異なります。また、保険会社が独占であることから、保険はそれぞれのタイプごとに保険がない時の効用を保証しつつリスクがない点が提供されます。慎重な

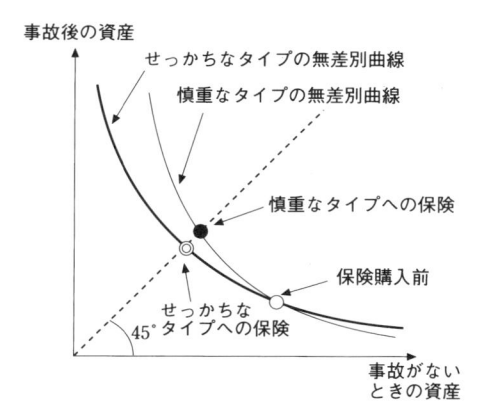

図15-2 タイプ別の最適な保険

(図：縦軸「事故後の資産」、横軸「事故がないときの資産」。45°の破線。「せっかちなタイプの無差別曲線」「慎重なタイプの無差別曲線」「慎重なタイプへの保険」（黒丸）、「せっかちなタイプへの保険」（二重丸）、「保険購入前」（白丸）の記載あり。)

タイプでは黒丸の点が、せっかちタイプでは二重丸の点がそれぞれ契約になります。なお、慎重なタイプの無差別曲線は、せっかちなタイプに比べて傾きがより急になっています。事故の確率が低い慎重なタイプは、同じ保障を受けるとすれば保険料がより安くなければ元の効用を維持できないからです。この結果として、情報が完全な時は、慎重なタイプの方が保険料は安く逆に保障は大きくなることに注意してください。

◆情報の非対称性がある場合

さてここで情報の非対称性を導入しましょう。運転手が慎重かせっかちかは本人は知っていますが、保険会社には分からないとします。もう一度、図15-2を見てください。もし前と同じ契約を提示して運転手に自己申告させたら、すべての運転手は自分は慎重だというでしょう。そうすることで保険料を下げることができるからです。これが、保険市場での逆選択の問題です。情報が分かればせっかちなタイプには高い保険料を払ってもらえるのに、情報の非対称性の下では、一番安い保険料のところにすべてのタイプが集まってしまいます。こうして、保険会社は利益を減らしてしまいます。

そこで、保険会社は保険料を情報が分かっていた時の両タイプの平均で決めることにしました。せっかちなタイプには保険料の値下げとなり、慎重なタイプには値上げとなることに注意してください。両タイプに受け入れられれば、これにより情報が分かっていた時の利益が回復できます。ところが、もともとの保険料はリスクを軽減してもらうのにちょうど見合っていましたから、慎重

なタイプは保険料が値上がりしたら保険から脱退します。こうなると、保険会社としては保険料を値下げして慎重なタイプを引き止めておくか、あるいは慎重なタイプを保険につなぎとめることはあきらめて、せっかちなタイプから高い保険料を取るかのどちらかを選ぶしかなくなります。慎重なタイプの事故を起こす確率が小さく、(情報が分かっていた時に払う)慎重なタイプの保険料が低かった時は、慎重なタイプをつなぎとめることをあきらめた方が儲かります。これは中古車市場で質の良い中古車が販売されない状況と似ています(質の良い中古車は、ここでは慎重なタイプに対応します)。社会的な効率性の観点からはすべてのタイプが保険を購入すべきなのに、情報の非対称性のために一部のタイプは保険を買わなくなってしまいます。

◆強制保険の存在理由

ここでは運転手のタイプは2種類としました。現実には、とても慎重なタイプから普通のタイプそしてとてもせっかちなタイプまでいろいろなタイプの人がいます。その中で、保険に入らなくても一番困らないタイプは、ほとんど事故を起こさないとても慎重なタイプです。そこで、情報の非対称性のため、全員に同じ保険料を提示すると、最初に保険から脱退するのは一番慎重なタイプです。一番慎重なタイプは保険会社にとって儲かるお客さんですので、その人たちが保険に入らないとなると、保険料を値上げすることになります。すると、今度は少し慎重なタイプが、保険料が高騰したことから保険に入らなくなります。こうして、より慎重なタイプが保険から抜けるたびに保険料が上がり、慎重なタイプから順番に保険から脱退する傾向があります。極端な場合には、最後に残るのはとてもせっかちなタイプだけになります。これは社会全体から見たらとても非効率な状況です。社会全体として見れば、全員が保険に入り続けた方がよくなります(とても慎重な一部の人はこれで損しますが、大半の人は得をします)。これが強制保険の存在意義です。現在の日本では、自動車には強制の保険がありますが、それはこのようなことが背景にあります。また、多くの国で健康保険が強制なのもこれが理由になっています。ただ、実際の保険の市場では、ここで考えたような単純な保険だけが売られているわけではありません。自己負担額などを選択させることで、スクリーニングをしています。自動車の保険でも、任意保険の部分ではスクリーニングが行われています。これについては次章で扱います。

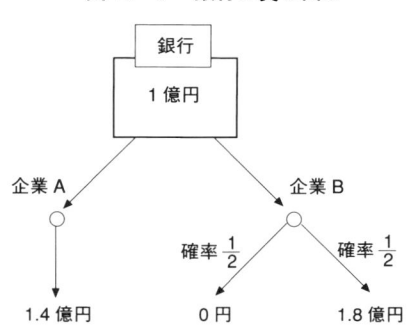

図 15-3　銀行の貸し出し

```
        ┌──────┐
        │ 銀行 │
        │ 1億円 │
        └──────┘
        /        \
    企業A         企業B
     ○            ○
     │       確率1/2  確率1/2
     ↓         ↓       ↓
   1.4億円    0円   1.8億円
```

15-4. 貸出市場での割り当て

◆貸出市場での情報の非対称性

　銀行の貸し出し市場は、必ずしも価格（つまり金利）だけで需要供給が決まっていません。よく言われることは、借りたくてもなかなか貸してくれないということです。本来借りたい人がたくさんいれば金利が上がって調整されるはずですが、貸出市場では金利は上がらずに、貸し出しを「割り当て」することで調整します。この現象は、情報の経済学を使って説明できます。以下では、ノーベル賞を取ったスティグリッツとその共同研究者のワイスの研究に依拠しながら、簡単な例でこの状況を分析します。

　2つの企業があり、銀行はどちらかの企業に1億円を貸そうと考えています。なお、それぞれの企業のプロジェクトは細分化できないので、半分ずつ貸すことはできません。また銀行は独占的であるとします。企業Aは優良企業で融資を受ければ、必ず1.4億円の儲けが出ます。一方、企業Bは、確率1/2で失敗してまったく儲かりませんが、成功した時は1.8億円儲かります（図15-3参照）。銀行には、どちらが企業Aでどちらが企業Bか分からないとします。

◆割り当ての発生

　金利が変化した時、それぞれの企業はどう行動するでしょうか。企業Aは、1億円借りれば1.4億円までは返せるので、利子が40％より低ければお金を借

りようとします。しかし、利子が40％を超えると決して利益が出ないので、企業Aは融資を申し込みません。それに対し、企業Bは利子が80％までは融資に応募してきます。失敗した時は、どうせ返すお金は1円もありません。成功した時には、利子が8000万円未満なら、儲けが出ます。そこで成功するチャンスにかけて、利子が80％まではお金を借りようとするのです。注目したいのは、企業Bの方が期待収益は小さく、失敗した時には倒産して、銀行に多大な損害を与えることです。しかし、企業Bの経営者にしてみれば、銀行の損は関係ありません。ですから、企業Aがあきらめるような高い金利でも借りようとするのです。

　銀行の儲けはどうでしょう。利子が40％以下では、両方の企業が借りに来ます。どちらか分からないので、ランダムに貸し出すとします。利子が40％（より少し小さい）の時を考えましょう。企業Aは利子を含めて確実に1.4億円を返済します。一方、企業Bは成功した時のみ利子を含めて1.4億円を返済します。そこで、銀行としては、4分の3の確率で1.4億円が返済されると期待します。その期待値は1億円を超えていますので、ランダムに貸出先を選んで貸すことで平均的には利益を上げることができます。

　金利が40％以下では2企業が借りに来るのに、資金は1企業分しかありません。需要が供給を上回っていますから、通常の市場では価格つまり金利を上げて調整するところです。ところが、金利を40％より高くすると企業Aは借りるのをやめてしまいます。企業Bの期待収益は1億円以下であり、貸し出すのは損です。そこで、金利が40％より高いとどんな金利でも貸し出さない方がよくなります。つまり、銀行は金利を40％より上げようとはせず、資金の割り当てをすることで市場を調整しようとします。

　この例でもそうですが、お金を貸す時に最も重要なことは、借りた人がちゃんと返してくれるかです。銀行の最も重要な仕事のひとつが、これに関する情報を集めることです（審査といいます）。しかし、返すのは将来のことで、借り手の能力や努力に大きく依存しています。銀行がどれだけ努力して情報を集めても、借り手ほどにはこれらの情報は分かりません。その意味で、銀行の貸出市場には情報の非対称性の問題が極めて強く現れます。銀行制度の変革や倒産の法制について、最近では情報の経済学の手法を使って分析が進み、実際の政策にも反映されてきています。

15-5. 統計的差別

◆統計的差別とは

　逆選択が起きるような状況では、情報を持っていない側は何とかして相手の情報を得ようとします。そのひとつの工夫は、外から分かる特徴からその情報を類推することです（この他の工夫は次章以降扱います）。たとえば、自動車保険の保険料は年齢によって異なります。若い人では高く、中高年には安くなっています。これは、若い人が事故を起こす確率が、中高年が事故を起こす確率よりも高いからだと考えられます。逆に掛け捨ての生命保険では、若い人の保険料は安く、年を取るほどに保険料が上がっていきます。若い方が保険期間中に死亡する確率が低いからと考えられます。

　これらの例では、取引する相手の本当の性質は分かっていません。若い人でも安全運転をする人もいますし、また年取っていても健康でまだまだ確実に長生きできる人もいます。しかし、これらの情報は簡単には証明できません。それに対して、年齢は簡単に証明できます。そこで、情報を持っていない側としては、外から分かる特徴でグループ分けを行い、そのグループの平均的な性質を推定します。そして、グループごとに扱いに差をつけます。グループの平均といった統計的なデータによって対応に差がつけられるので、これを**統計的差別**といいます。個人の本当の性質でなく、自分の属するグループで扱いが決まるので、個人の観点からは確かに差別といっても差し支えないでしょう。

◆雇用機会の男女格差

　男女の雇用機会均等がなかなか進まないのも、統計的差別が背景にあるからだと考えられます。企業が幹部候補生を雇う時に注目することのひとつは、その社員が長期的に勤続し続けるかどうかということです。会社の幹部になるには、幅広い業務を通して会社全体の仕組みを理解することが必要です。そうすることで長期的には生産性が上がります。しかし、数々の仕事を覚えることは短期的には生産性の低下につながります。また、長期にわたって育成しても、幹部になる前にあるいはなってすぐにやめてしまうようでは、教育への投資が無駄になります。そこで長期的に勤める可能性が低い人は幹部候補生にせずに、1つの仕事だけを教えて、それに集中させる方がよくなります。長期的に

図 15-4 統計的差別

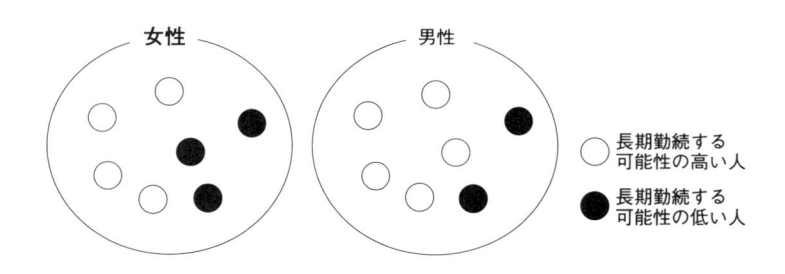

○ 長期勤続する可能性の高い人
● 長期勤続する可能性の低い人

生産性が上がるわけではありませんが、短期的には効率のよい方法です。さて、企業は雇う時に、どうやって長期に勤続するかどうかを見分けたらよいでしょうか？　何の工夫もせずに採用予定者に尋ねたら、ほとんどの人が将来性があり給料も高い幹部候補生になりたいと思い、自分は長期に勤続するつもりですと答えるでしょう（現実には、幹部候補生には頻繁に転勤を課したりして、長期に勤続するつもりの人とそうでない人を区別するようなことをします。これは次章で扱うスクリーニングの手法です）。そこで、企業は外見で区別できる差で、幹部候補生にするかどうかを決めるようにしました。女性は出産・育児の過程で退職する場合があり、「平均的に」男性より長期勤続の確率が少ないことが知られています。そのため、幹部候補生として男性のみを採用する傾向が発生しました。図15-4を見てください。白丸は長期勤続する可能性の高い人で、黒丸はそうでない人です。女性も男性も過半数は長期勤続する可能性が高いのですが、女性の方が若干その数が少なくなっています。この統計的な差によって、男性と女性はグループとして扱いにおいて差をつけられるのです。

◆差別と解決法

職場での男女差別はいろいろな原因で起こっています。男性が多い職場の中には、心理的に女性の進出をよく思わない雰囲気があります。建設や酒造などで従来は男性中心だったのは、そのような心理的な要因に基づく差別があったと考えられます。しかし最近では、朝のテレビドラマでも取り上げられたよう

に、これらの業界には女性がかなり進出し始めてきています。それは、能力もやる気もある者を希望する業界で働かせないことは、市場の効率性に逆らっているからです。これに関して劇的に変化が見られた例がアメリカの大リーグです。昔は差別のため黒人選手を雇っていませんでしたが、それは優秀な黒人選手を使わないという点で、チームにマイナスです。それに気がついたチームから順番に黒人選手を導入するようになり、時間が経つにつれてすべてのチームで多くの黒人選手が活躍するようになりました。心理的な要因に基づく差別が効率性に反している時、自由な社会ではそのような差別はやがて解消されていく傾向があります。

　これに対して、統計的差別は市場に任せておくと解消されるどころかより広がっていく傾向があります。なぜなら、それは情報の非対称性の問題に対する対応策であり、それにより少しでも効率性を高めようとしているからです。男女雇用機会均等法が成立した1980年代には、女性の総合職（幹部候補生）の将来について楽観的な見方もありました。しかし、何年か経った今でも、女性の管理職はその数が大して増えていません。統計的に見れば、せっかく採用した女性の総合職が退職していく確率はやはり男性より高く、総合職の採用は男性を中心にする方がより効率的だと判断されたことが背景にあります。

　統計的差別は個人の努力では解消できません。個人がその属しているグループによって判断されてしまうからです。したがって根本的な解決法は、グループ全体に影響するようなものになります。ここでは、２つの解決法を例示します。１つは、女性を管理職につける企業には政府が補助金を出すことです。上で考えた男女差別の原因は、女性の方が途中退職の確率が高く教育訓練の投資効率が悪いことでした。そこで、その非効率性を補助金で補えば、企業にとって女性に教育訓練の機会を与えても損しません。男性でも途中退職する場合もありますし、女性でもすべてが途中退職するわけではないので、それほど大きな補助金が必要とは考えられません。しかし、このように女性を優遇する補助金は社会的に抵抗されるかもしれません。もう１つの対策は、女性が勤続しやすい環境を政府や社会が整備することです。保育施設の充実などで、女性が出産育児で退職しなくて済むようになれば、統計的差別は自然に解消されていきます。後者は、少子化対策にもなりますし、社会的にも受け入れられやすい政策です。

15-6. 逆選択の解決法

◆逆選択に対する2種類の対応策

上の中古車市場や保険市場の分析は、逆選択の起き得る状況では、情報を持っている側に付け込まれるのではと恐れて、情報を持っていない側が取引を止めることがあることを示しました。取引が完全に消滅しないまでも、一般に取引の水準は下がって非効率になります。これを解決するために、現実には様々な工夫がなされます。ひとつは、統計的差別のところでも扱ったように、できるだけ相手の情報を集めることです。しかし、相手の性質や能力はなかなか分からないものです。相手は知っているわけですから、その情報を何とかして知らない方に伝達できれば情報の非対称性は解消されます。

情報の伝達には2つの可能性があります。その1つは、情報を持っていない側が色々工夫して、情報を持っている側から情報を引き出して対応することです。これは**スクリーニング**（ふるい分け）と呼ばれます。もう1つは、情報を持っている側がその行動を通して情報を伝えようとすることです。これは**シグナリング**（信号伝達）と呼ばれます。これらは、もし情報が完全であれば必要ないもので、その意味では資源の無駄使いとも考えられます。しかし、情報が完全でない時には、逆選択の問題を改善するために、そのような費用が使われたり必要であったりするのです。

経済の様々な活動は、スクリーニングやシグナリングとして理解できます。これらについては、次章とその次の章に順に説明していきたいと思います。

第15章のまとめ

- 情報の非対称性が取引の前にあると、情報を持っている側に付け込まれることを恐れて、取引が効率的に行われにくくなります。
- 統計的差別とは、取引前に情報の非対称性がある時に、外から分かる特徴で情報を集めることで、個人の本当の性質や能力にかかわらず、グループごとに異なる対応をすることです。
- 情報の非対称性が取引前にある時、情報を持っていない側が工夫して情報を引き出そうとすることをスクリーニングといいます。一方、情報を持っている側が相手に情報を伝えようとすることをシグナリングといいます。

練習問題15-1

次の状況で、逆選択が起こるといいます。どう逆選択が起こるかを簡単に説明して、現実に取られている対応策を挙げなさい。

a）健康保険
b）小口の顧客は売り上げの割りにかかる手間が多いので、お店としては高い単価で売りたいと考えている（大口顧客に対しては割引をしたい）。

略解

a）健康保険では、保険料を取り、病気の時に収入を保障します。情報が完全な時には、健康な人ほど保険料は低く、保障は高くなります。情報が非対称になると、健康状態の悪い人も健康だといって保険料を下げようとするのが逆選択です。健康状態の悪い人が健康だといって保険に入ることを考慮して保険料を上げると、健康な人から保険に入らなくなります。健康な人は病気になる確率が低いので保険の必要性を低く感じているからです。

逆選択への対応策としては、日本では国民皆保険としてすべての国民を強制的に加入させる方策を取っています。健康保険が任意であるたとえば米国では、保険会社はいくつかのメニューを用意します。これは後で述べるスクリーニングです。そこでは、保険料と自己負担の組み合わせで何種類かの保険が提供されます。

b）大口顧客には単価を下げるというと、すべての顧客がこれからたくさん買うからといって、単価を下げようとします。すると、手間のかかる小口の客にも安く売ることになります。これが逆選択です。これを避けるために、お店ではしばしば量に応じて割引（大口割引）をします。一度にたくさん買う人には安くするというのです。また、ポイントカードなどで、点数がたまった場合だけ割引をするという工夫もよく見られます。これらは、後で述べるように、スクリーニングの手法です。

練習問題15-2

お土産のお饅頭の値段を考えます。多くのメーカーがお饅頭を作りますが、それらは3種類に分類できるとします。AタイプとBタイプはそれぞれ高品質のお饅頭を作るとします。一方、Cタイプは低品質のお饅頭しか作れません。1箱当たりの製造費用は、Aタイプは900円で、BタイプとCタイプは800円だとします。なお、複数のメーカーがそれぞれのタイプごとにあるとします。

消費者は、高品質のお饅頭には1500円までは払ってよいと思いますが、低品質のものであればまったく1円も払いたくないと考えています。しかし、買っ

て食べるまで品質は分かりません。ただ、上の状況は理解していて、すべてのタイプがそれぞれ1/3ずつの割合であることは知っています。

企業は価格競争するとして、情報が完全な時と非対称の時で、市場均衡がどう変わるか説明しなさい。

✿略解

情報が完全な時は、消費者は高品質なメーカーから買います。そして、価格競争が起こると、費用の安いBタイプのみが供給することになります。その際の値段は、競争の結果800円になります。

情報が非対称の状況を分析するには、価格に応じてそれぞれのタイプがどう行動するかを調べる必要があります。値段が900円以上では、すべてのタイプが供給します。そこで、2/3の確率で消費者は高品質の製品が手に入ると考えます。ですから、消費者は$1500 \times 2/3 = 1000$円までは払ってよいと考えます。一方、900円未満ではAタイプは供給しません。すると、高品質の製品が手に入る確率は1/2となり、消費者は$1500 \times 1/2 = 750$円より多くは払いたくないと考えます。生産費用は800円以上ですから、この価格帯では生産が起きる価格は存在しません。こうなると、市場で付く価格は900円以上ということになります。もっとも価格競争がありますから、価格は900円になるはずです。

情報が完全な時は、高品質で最も低費用のタイプだけが生産することになります。しかもそこでの価格は競争を反映して低くなっています。これに対し、情報が非対称な時は、すべてのタイプが生産に参加できています。値段もそれほど低くなっていません。これは、2重の意味で非効率です。だからといって、Bタイプのメーカーが価格を800円台に引下げると、消費者は購入してくれません。その価格ではAタイプが供給しないため、低品質のCタイプの可能性も出てくるからです。お土産の価格がなかなか下がらないのはこういう事情も背景にあると考えられます。

16　スクリーニング

　取引相手が知っている情報を自分が知らない時、そのままにしておくと相手にその情報をうまく使われて、自分が不利になってしまうことがあります。このような逆選択の状況を改善するために何をしたらよいでしょう。ひとつは、前章も話したように年齢や性別などの調べられる情報を集めることです。しかし、多くの場合に完全な情報を集めることは困難です。もうひとつは、相手の持っている情報を何とか引き出すあるいは伝達してもらうことです。この章では、情報を持っていない側が相手の情報を引き出す工夫を見ていきます。これはスクリーニングと呼ばれています。次章は、シグナリングつまり情報を持っている側が工夫して情報を持っていない側に伝達することについて説明します。

16-1．スクリーニングとは

◆スクリーニングと自己選択

　スクリーニングでは、情報を持っていない側が、情報を持っている相手に対して「いくつかの選択肢を提示してそこから選ばせること」をします。相手は持っている情報の違いに応じて行動が変わりますから、前の章で導入した用語を使えば、いろいろなタイプがあることになります。タイプごとに異なる選択肢を用意してそれを選ばせることで、相手の持っている情報ごとに異なる行動を取らせることができます。タイプごとに分けるのでふるい分け＝スクリーニングといいます。うまく選択肢を設計すれば、ある程度は自分の望んだ方向に相手の行動を誘導できます。

スクリーニングでは、それぞれのタイプは自らの情報に基づいて選択肢を選ぶことになります。このこと、つまり情報を持っている側に自ら選ばせることを、**自己選択**といいます。選択肢の設計において重要なことは、自己選択が誘因整合性を満たすようになっていることです。誘因整合性とは、やる気を引き出す仕組みが適切に作ってあり、望んだ行動を情報を持っている側に取らせるように仕向けることでした。スクリーニングの状況では、「情報を持っていない側がそれぞれのタイプに選ばせたいと思っている選択肢があった時、そのタイプにとってその選択肢を選ぶことが一番望ましいようになっていること」です。誘因整合的になっていれば、相手の自己選択の結果が自分の望んだものになります。誘因整合性の条件を満たさなくてはいけないので、選択肢は完全に自由には設計できません。しかし、何もしなかった時に比べると、ある程度は相手の行動を誘導できるので、自分の利得を上げることができます。

　スクリーニングは別の見方をすれば、情報を持っている側から情報を引き出そうという工夫と考えられます。相手の選んだ選択肢を見れば、そこから逆に考えて相手のタイプが推測できます。もちろん、相手の情報はただでは手に入りません。選択肢が誘因整合性を満たしていることが必要で、情報の非対称性がない時に比べて何らかの費用・犠牲を払う必要があります。

　スクリーニングでは、モラルハザードの際のインセンティブ契約と同じように、情報を持っていない側が、持っている側に契約（選択肢）を提案します。それにより、利害の不一致（エージェンシー問題といいました）を緩和しようとします。違いがあるのは、スクリーニングでは情報の非対称性が取引の前にあるために、異なるタイプごとに異なる選択肢を設計する必要があることです。以下では、具体例を使ってそれを見ていきたいと思います。

16-2．非線形価格付け

◆価格差別

　スクリーニングの典型的な例として、量に応じて1個当たりの価格を変える非線形価格付けについて見てみましょう。産業組織論では第2種価格差別とも呼ばれています。ちなみに第1種価格差別では個人ごとに異なる価格を付け、第3種価格差別では（個人ごとには価格差別せず同じ市場内では同一の単価で販売しますが）市場ごとに異なる価格を付けます。第2種価格差別では、個人

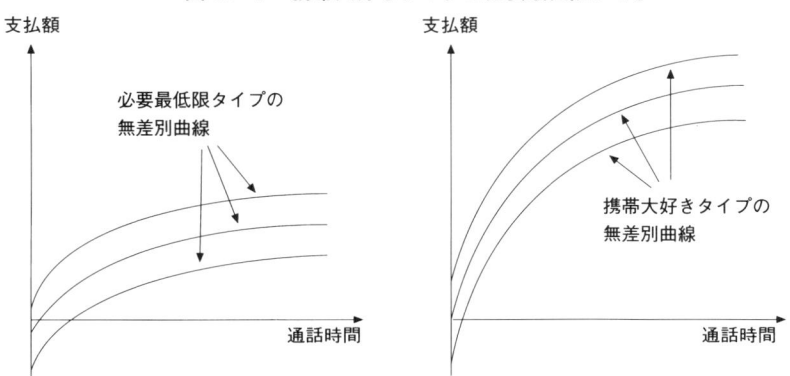

図 16-1　携帯大好きタイプと必要最低限タイプ

ごとには価格差別しませんが同じ市場内でも単価が異なるので、この2つの中間になります。どんな価格差別でも、それがうまくいくには、買ったものを消費者が簡単に転売できないことが必要です。転売が可能であれば、1個当たりの価格が一番安い組み合わせで購入できる消費者が、横流しを始めてしまいます。以下では、転売はできないとして話を進めます。

◆携帯電話の市場のモデル

　非線形価格付けの仕組みを理解するために、携帯電話の料金の例で考えてみます。2つのタイプの消費者がいるとします。1つのタイプはいわば必要最低限タイプで、携帯電話を使うのは緊急の連絡とか待ち合わせの時だけです。もう1つのタイプは携帯大好きタイプで、友達といつも話していたいので携帯電話を手放せなく感じています。少し具体的な例を使って、この状況を表してみます。x を携帯電話の通話時間として、y を支払額とします。必要最低限タイプの効用関数は $\sqrt{x}-y$ であり、携帯大好きタイプの効用関数は $2\sqrt{x}-y$ であるとします（以下の展開は、これらの数式を無視しても、図が理解できれば分かります）。図16-1は、2つのタイプの無差別曲線（効用が同じ点を結んだ曲線）を表しています。図では下の無差別曲線ほど、効用が高くなるようになっています。また、無差別曲線の傾きは、もう1分余分にしゃべるのにいくら払えるかを示しています。どの通話時間でも、携帯大好きタイプの方が傾きが大きく、よりたくさん払っても、より長く話したいと感じていることが読み取れ

図 16-2　電話会社の利潤

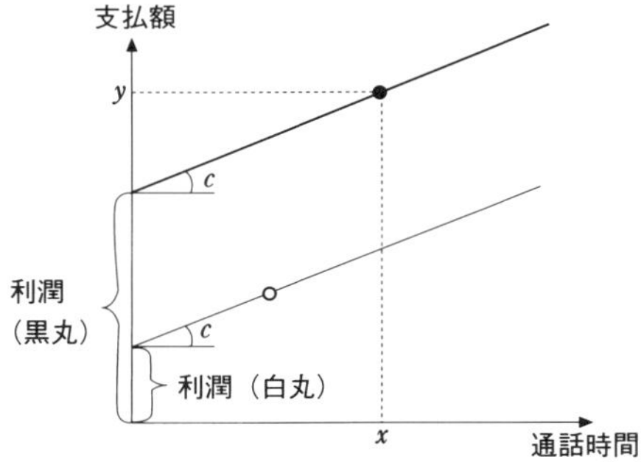

ます。

電話会社の費用は、通話時間当たり c とします。そこで、消費者が x 時間通話して、y 円だけ払ったとすると、電話会社の利益は $y-cx$ となります。図16-2 を見てください。黒丸の点では、消費者の通話時間が x で y を支払っています。この時、黒丸を通る傾きが c の直線を考えると、その y 切片が電話会社の利益を表します。これは、通話時間当たりの費用が c であることから、y 切片は支払額から総費用（つまり cx）を引いたものになっているからです。同様に白丸の組み合わせからの利潤は、そこを通る傾きが c の直線の y 切片で表されます。図の上では、支払額と通話時間の組み合わせが左上になればなるほど電話会社の利潤が高いことが見て取れます。なお以下では、携帯電話の会社は 1 社しかない状況を考えてください。

◆情報の非対称性がない場合

比較のために、電話会社に消費者の正体がはっきり分かる場合をまず考えましょう。この場合は、情報の非対称性がありませんから、企業はそれぞれのタイプに対して別の支払額を設定して、利益を最大限高めようとします（第1種価格差別）。そこでは、それぞれのタイプから払ってもらえる最大限の支払額を取り、結果として、それぞれのタイプの効用はゼロになります。そこで、そのような支払額は効用がゼロの無差別曲線の上にあります（図16-3 参照）。企業の利潤は、$y-cx$ であり、これを最大化するのは、図16-3 にあるように、効用がゼロの無差別曲線と傾きが c の直線が接するところです（傾きが c である直線の y 切片が電話会社の利潤だったことを思い出してください）。図では、

図 16-3　情報が対称なときの料金体系

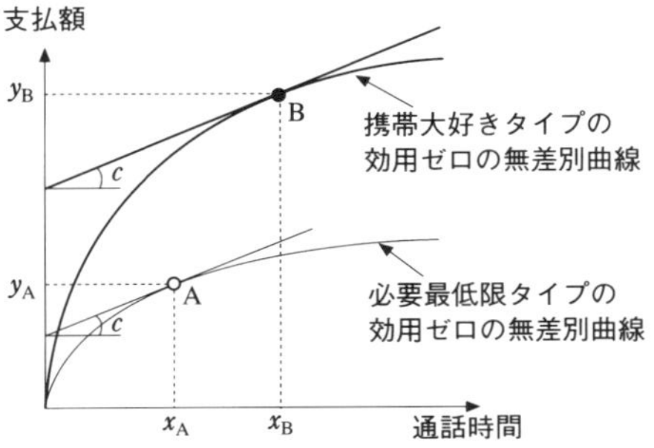

支払額

y_B ……… B　携帯大好きタイプの
　　　　　　　　効用ゼロの無差別曲線
　　　　c

y_A ……… A　必要最低限タイプの
　　　　　　　　効用ゼロの無差別曲線
　　　c

　　　　x_A x_B　通話時間

点A：必要最低限タイプへの組み合わせ
点B：携帯大好きタイプへの組み合わせ

必要最低限タイプはAの点で、携帯大好きタイプはBの点です。携帯大好きタイプの方が、よりたくさん通話して、よりたくさん支払うことに注目してください。

◆情報の非対称性がある場合

　情報の非対称性を導入しましょう。一般に、企業は個々の消費者の好みを簡単に知ることはできません。ただ市場調査などで、どのような好みの人がどれくらいいるかに関しては、かなりはっきりと分かります。上の例でいうと、必要最低限タイプと携帯大好きタイプがそれぞれどのような消費者でそしてどれくらいの確率でいるかは分かっても、どの消費者が携帯大好きタイプかは分からないということです。こうなると、個人別の価格差別ができなくなります。しかし、そのような状況でも、電話会社としては支払額と通話料の組み合わせを示して、その中から消費者に選ばせることはできます（第2種価格差別）。携帯電話を貸し借りして通話することは不便ですから、携帯電話の通話に関しては、転売は問題になりませんので、価格差別は可能です。電話会社は複数の選択肢を用意することで、必要最低限タイプには少ない通話時間と低い支払額の組み合わせを、そして携帯大好きタイプには長い通話時間と高い支払額の組み合わせを、それぞれ選ばせればよいのです。これは上で導入した用語では、自己選択です。

　さて、支払額と通話料の組み合わせを示すといっても、いったいどのような組み合わせを示せばよいでしょうか？　正体が分かる時には図16-3の組み合

図16-4　情報の非対称性の下での料金体系

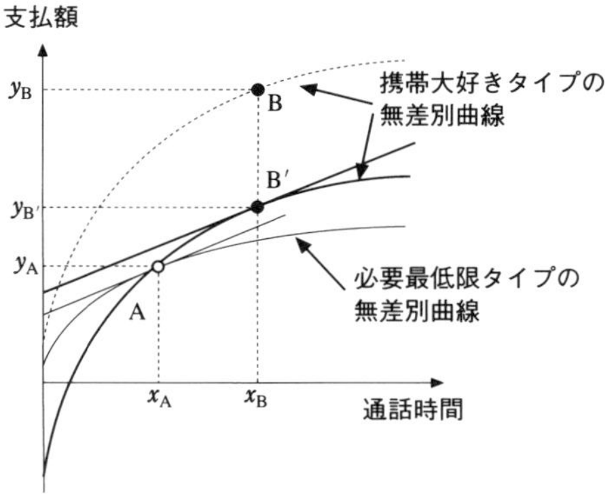

支払額軸に y_B、$y_{B'}$、y_A が示され、通話時間軸に x_A、x_B が示されている。携帯大好きタイプの無差別曲線上に点B（x_B, y_B）と点B'（$x_B, y_{B'}$）があり、必要最低限タイプの無差別曲線上に点A（x_A, y_A）がある。

点A：必要最低限タイプへの組み合わせ
点B'：携帯大好きタイプへの組み合わせ

わせが最適でしたので、それをそのまま提示したらどうでしょう。ここで注意したいのは、正体が分かっている時は、それぞれのタイプは「もうこれ以上払うくらいなら電話を使わない」というほど高い支払額を払わされていたことです。しかし、正体が分からないわけですから、携帯大好きタイプは必要最低限タイプのふりをすることで、払う額を引き下げられます。通話時間は減りますが、支払額の引き下げの効果はそれを上回り、必要最低限タイプのふりをすることで携帯大好きタイプは自分の効用を高めることができます。つまり、携帯大好きタイプにとっては、もともとの携帯大好きタイプ向けの組み合わせBを選ぶことは、誘因整合的ではありません。このことを考慮せずに、正体が分かっていた時の組み合わせを提示したら、すべての顧客が必要最低限タイプのための組み合わせを選びます。これでは売り上げが減ってしまいます。顧客が電話会社にとって不利な選択をしますから、これがこの状況の逆選択です。

◆誘因整合的な料金体系

この逆選択への対策としては、携帯大好きタイプが必要最低限タイプのふりができることを前提に、選択肢を作らなければなりません。図16-4を見てください。電話会社は、必要最低限タイプには、以前と同じ組み合わせ（Aの点）を提示します。一方、携帯大好きタイプには図のB'の点を提示します。Bの組み合わせに比べると支払額が下がっているので、必要最低限タイプ向けの組み合わせAでなく、B'を選択しても携帯大好きタイプに損はありません

図16-5 最適な料金体系

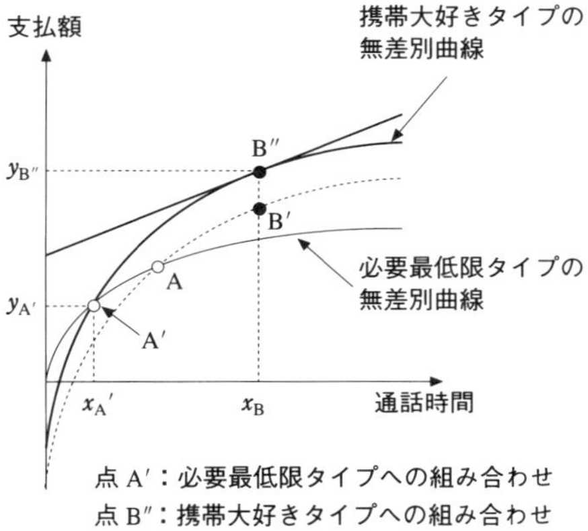

(図では、Aを通る携帯大好きタイプの無差別曲線がB'も通っていますので、携帯大好きタイプにとってこの2つはどちらでも同じくらい望ましいものであることが分かります)。これで、携帯大好きタイプには多くの通話時間を使ってもらう代わりにたくさんの支払額を払ってもらえるようになります。ここでは、自分向けの組み合わせを選ぶことが、自分にとって一番よいように(誘因整合的に)設計できました。つまり、自己選択させても望んだ結果を実現できています。こうして、上で起きた逆選択の状況は少し改善することができました。

◆最適な料金体系

さらに利益を上げるには、携帯大好きタイプが必要最低限タイプのふりをしにくいようにすることが有効です。図16-5のA'の点を見てください。これは、必要最低限タイプ向けの組み合わせを、より通話時間が短いものに変えてあります。こうすると、携帯大好きタイプにとっては、必要最低限タイプ向けの組み合わせを選択することは、あまり望ましくなくなります。そこで、携帯大好きタイプに対する支払額の要求はより高くできるようになります。図のB''の点を見てください(この点は、A'を通る携帯大好きタイプの無差別曲線の上で、利潤を最大にする点です)。前より高い支払額を支払うようになっても、携帯大好きタイプは必要最低限タイプのふりをしにくくなったので、受け入れざるを得ません。これが、電話会社にとっての最適なスクリーニングで

図 16-6　実際の料金体系

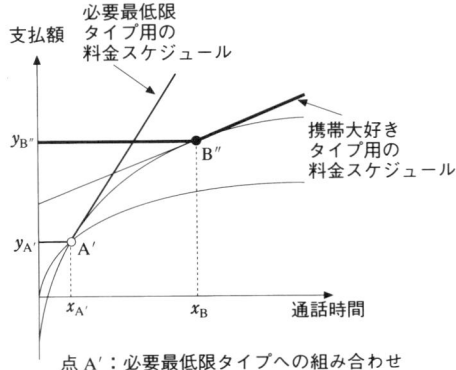

点 A′：必要最低限タイプへの組み合わせ
点 B″：携帯大好きタイプへの組み合わせ

す。

◆最適な契約と実際の料金体系

　上で考えた選択肢は、現実の料金体系ではどのように実現されているでしょうか。いろいろな可能性が考えられますが、図16-6はその中でもしばしば実際に使われるものを例として示しています。そこでの太い実線が携帯大好きタイプ向けの料金体系です。ここでは、基本料金が $y_{B″}$ で通話時間が x_B までが無料通話時間に含まれています。そして通話時間が x_B を超えると超過時間に応じて料金がかかります。一方、細い実線が必要最低限タイプ向けの料金体系です。基本料金は $y_{A′}$ に下がりますが無料通話時間は $x_{A′}$ だけです。そして、無料通話時間を超えた場合には、急速に料金が上がっていきます（料金を示す実線は、A′ の点を超えると傾きが大きくなっています）。

　2つの料金体系がある時に、それぞれのタイプは、自分向けの料金体系でかつ自分向けの組み合わせの点を選択することが、それぞれ最も効用を高くするようになっています。つまり、ここでのスクリーニングは、1単位当たりの価格が量に応じて変わる非線形価格付けのメニューを提示することで実現可能です。読者の皆さんもこのような料金体系を見たことがあると思いますが、実はそれはスクリーニングであると解釈できます。

図16-7　情報の非対称性がないときとスクリーニングとの比較

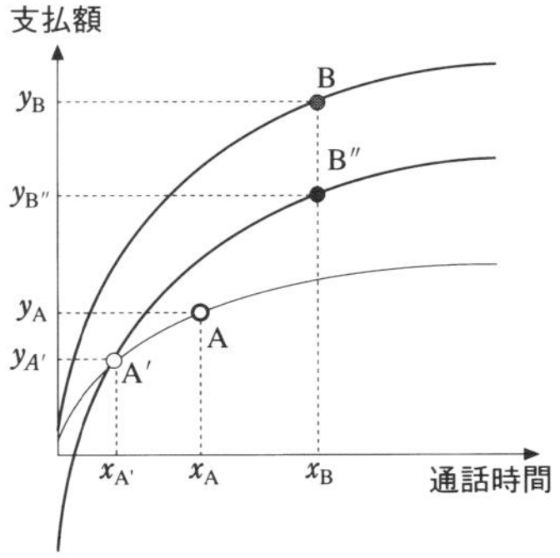

点A, B：情報の非対称性がない時の組み合わせ
点A′, B″：スクリーニングでの組み合わせ

16-3．スクリーニングと情報の非対称性のない時の比較

◆スクリーニングの利得への効果

　上では、電話会社が逆選択の問題に対する対応として、スクリーニングをどのように使うかを説明しました。ここでは、スクリーニングがそれぞれの当事者にどのような影響をもたらすかについて、情報の非対称性がない時と比べて分析します。

　最初に、スクリーニングが行われる時に、情報の非対称性がない時に比べてそれぞれの当事者が得するか損するかを考えます。図16-7を見てください。これは図16-3で示した情報の非対称性がない時の選択肢の組み合わせと図16-5で示した最適なスクリーニングでの選択肢の組み合わせを、同じ図の上に示したものです。簡単に分かるのは、必要最低限タイプの効用は相変わらずゼロのままだということです。もともと必要最低限タイプは他のタイプのふりをすることで得するわけではありませんでしたから、情報の非対称性があってもそれを利用して得はできません。一方、スクリーニングの下で、携帯大好きタイプの効用は情報の非対称性がない時に比べて上がっています（通話時間が同じで支払額が下がっています）。携帯大好きタイプは、ふりをするという選択肢をもったおかげで、効用を上げることができたのです。一般に、他のタイプのふりをして得ができるタイプは、情報の非対称性により（スクリーニングがあっても）得をします。

電話会社の利益は、スクリーニングをしても2つの点で情報の非対称性がない時に比べて減っています。1つは、携帯大好きタイプの支払額を下げていることです。携帯大好きタイプがふりをすることを考慮する必要があるのでやむを得ません。もう1つは、携帯大好きタイプがふりをしにくくするために、必要最低限タイプの通話時間を減らしその支払額を下げていることです。しかし、これらにもかかわらず、何もしない時に比べれば、スクリーニングである程度は利益を回復できています。逆選択の下では、すべてのタイプがAの点を選択してしまいます。それに比べると、スクリーニングでは、携帯大好きタイプからはかなりの支払額を取れるようになっています。一般に、情報を持っていない側は、情報の非対称性の下では、スクリーニングである程度は利益を回復できますが、情報の非対称性がない時より利益は下がってしまいます。

◆スクリーニングの通話時間への効果

次に、スクリーニングによって、それぞれのタイプの消費する量がどう変化したかを図16-7を使って見てみます。興味深いのは、必要最低限タイプ向けの選択肢で、通話時間が短くなっていることです（情報の非対称性がない時は x_A で、最適なスクリーニングの時は $x_{A'}$ です）。これは、必要最低限タイプだけを取ったらむしろ電話会社にとって損です。それにより必要最低限タイプへの支払額を引き下げなければいけないからです。しかし、そうすることで、携帯大好きタイプがふりをしにくくなり、携帯大好きタイプからはたくさん支払額が取れるようになります。一方、携帯大好きタイプ向けの選択肢では、情報の非対称性のあるなしにかかわらず同じ通話時間になります（いずれの場合も x_B です）。これは、携帯大好きタイプのふりをするタイプがいないため、携帯大好きタイプ向けの選択肢をわざわざ非効率にする必要がないからです。

一般に、スクリーニングの際には、それぞれのタイプへの選択肢を独立して考えることはできません。とりわけ、ふりをされる側のタイプの選択肢は、ふりをするタイプへの影響を考慮して設計する必要があります。この点で面白い例が、遊園地のチケットの価格付けです。多くの遊園地では、1回券と回数券そしてフリーパスといった選択肢を用意しています。遊園地であまり乗り物に乗らない私がしばしば思うのは、もう少し回数券の割引率をよくしてくれればということです（よくあるのは、10回分の料金で11回分乗れるものです）。割引率がよければ回数券を買っていくつかの乗り物にも乗ってみようかと思うの

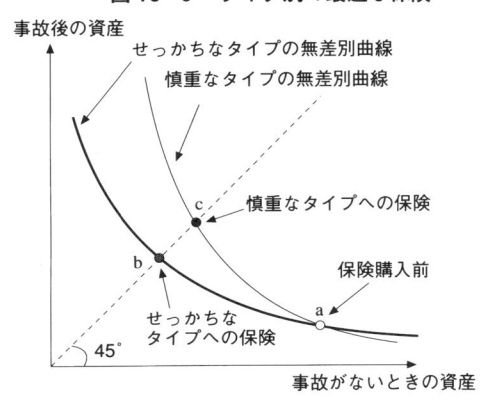

図 16-8　タイプ別の最適な保険

ですが、あまり割り引いてくれないので、1回券で少し乗るだけにしてしまいます。これは私のような客に関しては、利益の最大化ではありません。しかし、回数券の割引率を上げないことは、全体としてはよい方策です。割引率を上げてしまうと、乗り物好きの顧客がフリーパスを買ってくれなくなり、フリーパスの料金を下げなくてはならなくなるからです。遊園地としては、私のような小口の客からの収入は多少は犠牲にしても、乗り物好きの顧客に高額なフリーパスを買ってもらい、そこで儲けようとしているのです。

16-4．保険の自己負担

◆保険の市場

　保険の市場での逆選択を前の章では説明しました。この章では、スクリーニングがその問題の対策としてどう使われるかを見てみます。想定している保険の状況は前章とまったく同じで、運転手に慎重なタイプとせっかちなタイプがあるとします。正体が分かれば、図16-8にあるように、慎重なタイプからは保険料はそれほど取れませんが、せっかちなタイプからはたくさん取れます。しかし、正体が分からない時に、慎重なタイプ向けの安い保険料を提示すると、せっかちな運転手までが慎重なタイプのふりをして保険を安く買えるようになります。これが保険市場の逆選択でした。

　もしすべてのタイプに同じ保険を提供しなければならないとすると、しばしば保険会社は慎重なタイプには保険を売らなくなります（図16-9参照）。こう

図 16-9　情報の非対称性の下での保険

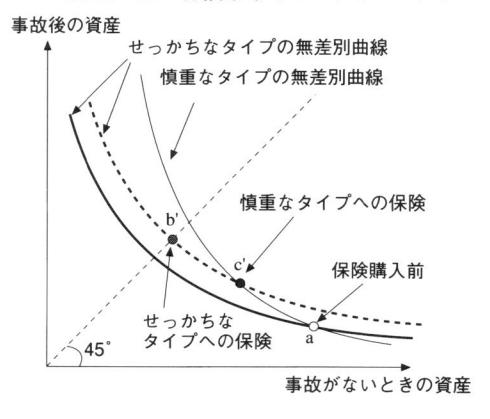

(縦軸: 事故後の資産、横軸: 事故がないときの資産。せっかちなタイプの無差別曲線、慎重なタイプの無差別曲線、慎重なタイプは無保険、保険購入前 a 点、せっかちなタイプへの保険 b 点、45°)

図 16-10　保険市場でのスクリーニング

(縦軸: 事故後の資産、横軸: 事故がないときの資産。せっかちなタイプの無差別曲線、慎重なタイプの無差別曲線、慎重なタイプへの保険 c′点、保険購入前 a 点、せっかちなタイプへの保険 b′点、45°)

して情報の非対称性で取引が縮小してしまうことを前の章では説明しました。

◆保険市場でのスクリーニング

　実際の保険では、この問題にはスクリーニングを使うことで対応しています。図16-10を見てください。ここでは、慎重なタイプへも完全ではありませんがある程度はリスクを軽減する保険を提供しています（図のc′点）。一方、せっかちなタイプには図のb′の点を提供します。せっかちなタイプは慎重なタイプのふりをすることができるので、慎重なタイプ向けの保険より不利な条件では保険を購入しません。そこで、このb′の点では、慎重なタイプ向けの

保険（図の c' 点）と同じ程度の効用をせっかちなタイプに保証しながら、c' の点に比べればリスクを減らすことで、慎重なタイプより保険料を上げています。これらの組み合わせにより、せっかちなタイプの保険料は多少下がりますが、慎重なタイプにも保険を売ることができます。

携帯電話の例と同じように、ふりができるタイプつまりせっかちなタイプは情報の非対称性があることで得をしています。一方、ふりをされるタイプつまり慎重なタイプは得をしていません。また、運転手のタイプが分からない保険会社は、情報の非対称性で利潤が下がってしまいます。

このような保険は、具体的には自己負担と保険料の組み合わせという形で行われます。慎重な人は、自己負担があっても保険料が安い契約を選びます。図では、事故がない時の資産がそれほど下がっていないことが保険料が安いことを示しています。一方、事故があったら事故のない時に比べて資産が減っていることが、自己負担を表しています。このような保険はリスクはありますが、慎重なタイプはもともと事故にあう確率が低いので、自己負担はそれほど気になりません。それよりも、保険料が安いことが魅力です。それに比べ、せっかちなタイプは事故にあう確率が高いので、多少保険料が安いくらいでは自己負担のある契約を選びません。つまり、自己負担があることで、せっかちなタイプは慎重なタイプのふりをしにくくなっています。

16-5．スクリーニングの設計方法

ここまで2つの例を通して、スクリーニングがいかに行われるか見てきました。スクリーニングでは、2つの要素を組み合わせた複数の選択肢をうまく設計することが重要です。上で見たように、設計する時には共通したやり方があります。それは他の状況でもスクリーニングをする場合に共通した手法ですので、ここでまとめておきます。

◆3ステップでのスクリーニング設計

スクリーニングを設計する時に最初に考えることは、どんなタイプがどんなタイプのふりをしたがっているかです。携帯電話の例では携帯大好きタイプが必要最低限タイプのふりをして支払額を下げようとし、保険の例ではせっかちなタイプが慎重なタイプのふりをして保険料を下げようとしていました。

次に考えることは、選択肢を誘因整合的にすることで、ふりをしても得しないようにすることです。言い換えれば、それぞれのタイプが自己選択するように複数の選択肢を示します。携帯電話の例では、携帯大好きタイプの支払額を下げて、携帯大好きタイプが必要最低限タイプのふりをしないようにしました。

最後に考えるのは、上で作った選択肢を調整することです。逆選択の問題は、あるタイプが別のタイプのふりをすることで起きます。そこで、ふりをされるタイプに与える選択肢をふりをするタイプにとって好ましくないものに変更することで、ふりをしにくくすることが有効な工夫です。電話会社の場合では、必要最低限タイプに提供する通話時間を減らすことが有効でした。また、保険の場合には自己負担の導入がそれに対応します。これらの工夫は、そのタイプからの収入を減らすので、一見するとよくないように見えます。しかし、これにより別のタイプがふりをしにくくなり、別のタイプからの利益を高められるので、その効果を考えると全体としてよい工夫になるのです。

16-6. いろいろなスクリーニング

上で扱ったスクリーニングの例は、主として料金と量（通話時間や保険金）の組み合わせを使って、選択肢を作っていました。一般に、複数の要素を組み合わせることで、いろいろな状況でスクリーニングを設計することができます。

◆売り出す時期と価格の組み合わせ

商品を売り出す時期と価格を組み合わせてするスクリーニングも広く行われています。本、とりわけ小説の市場では、多くは最初は単行本として出版され、しばらくしてから文庫本として発行されます。出版社としては、その作家のファンには高い料金を課し、それほどファンではない一般の読者には買ってもらうために安くすることが利潤を高めます。しかし、ファンかどうかは心の中でだけ分かることであり、また時間と共に変わったりするため、出版社としては簡単には見分けられません。そこで、この2つのタイプをスクリーニングするために、出版社は売り出す時期と価格を組み合わせて2つの選択肢を示します。最初に出版するのは高い単行本です。ファンは我慢できないので、多少

高くても単行本を買います。しばらくしてから、安い文庫本を出版します。安くて面白そうならと、高い単行本では買わなかった一般の読者が買ってくれます。最初に儲けようとして、単行本と文庫本とを同時に発行してはいけません。そうすると、ファンまでもが安い文庫本を買う可能性があるからです。出版社としては、収入が入るのが遅れても、一般の読者向けの文庫本は時間が経ってから発行する必要があります。この他にも、売り出す時期と価格を組み合わせてスクリーニングする例はいろいろあります。映画とビデオレンタルも典型的な例です。ファンは高いお金を払って映画を見に行き、普通のお客は安いレンタルになるまで待ちます。また、音楽のCDや映画のDVDなどでも、最初は通常版（または初回限定版）を高く発売し、しばらくすると廉価版にして安く販売したりします。

◆機能と価格の組み合わせ

家電などでは、機能と価格を組み合わせて複数の選択肢を作り、スクリーニングをしています。たとえば、テレビの市場では、見る以外にほとんど何も機能がついていないテレビが驚くほど安く売られています。そして、その横では、いろいろと便利な機能のついたテレビが、その何倍もの価格で売られています。家電会社としては、ある程度収入がある家族には高く売り、豊かでない人たちには安くしても売りたいと考えます。収入に応じて売値を変えるということは、うまくいきません。そうすると、収入の低い人が安く買って、それを収入の高い人に転売するからです。そこで、家電会社がスクリーニングの手段として考えたのが、便利さの違いです。豊かになると便利さにお金を払ってもよいと考えるようになります。そこで、機能が豊富で便利だけれど高価な商品と、機能は限られているけれど安価な商品を並べて売るのです。すると、豊かな人は前者を購入し、そうでない人は後者を購入します。このように機能と価格を組み合わせてスクリーニングする例は、自動車（高級車と大衆車）や航空運賃（ファーストクラスとエコノミークラス）などに見られます。

◆期間と価格の組み合わせ

航空運賃で最近よく見られる期間限定の割引も、スクリーニングの例です。期間を限定することで、時間に余裕があり自由に予定を立てて旅行できるお客（たとえばシニア世代）とそうでないお客（たとえばビジネス客）をスクリー

ニングしています。シニア世代はお金に余裕はそれほどありませんが時間はあり、安く行けるなら旅行します。一方、ビジネス客は営業や会議などで出張に行く必要があり、多少高くてもその日程に合わせて旅行します。割引を期間限定にすることで、シニア世代には安くしてでも飛行機に乗ってもらい、自由に予定を立てて旅行しているわけではないビジネス客には通常の運賃を払ってもらうようにできます。デパートなどで、働いている人が来にくい時間帯にタイムサービスと称して割引をするのも同様の仕組みです。

16-7. ラチェット効果

◆繰り返される状況でのスクリーニング

ここまでは、取引が1回で終わる状況を考えてきました。現実には多くの状況で、取引は何度も繰り返されます。取引の前に情報の非対称性があり、その情報が時間と共に変化せず、かつ取引が繰り返される場合には、スクリーニングを設計する上でもうひとつ注意する点があります。それは、スクリーニングを設計する方が、契約を途中で変えずに守り通せるか、つまり契約にコミットできるかということです。スクリーニングでは、異なるタイプは異なる選択肢を選びます。もしそれが最初の取引で分かると、次の取引では、情報を持っていなかった側はこの情報を使おうとします。情報が明らかになってしまいましたから、情報を持っていなかった側は自分に有利なように取引の条件を変えてきます。情報を持っていた側にすれば、いったん不利になった条件は元に戻らないため、これを**ラチェット効果**と呼びます（なお、ラチェット効果と呼ばれる現象は消費関数の分析でも出てきますが、それとは意味は似てはいますが異なるものです）。ちなみに、ラチェットとは、自転車の後輪などに使われている歯車で、一方にしか回転しないようになっているものです。

◆ラチェット効果とスクリーニング

情報を持っている側もこのことは予測しています。そこで、最初の取引ではみすみす情報を明かしたりしません。すると、最初の取引ではスクリーニングがうまく機能しないということになります。一般に、情報を持っている側がラチェット効果を恐れる状況では、スクリーニングはうまくいきません。

携帯電話の例で考えてみましょう。取引は毎年繰り返されるとします。最初

の年に、第2節で考えたようにスクリーニングをすることにしました。顧客がその年のことだけ考えて、それぞれのタイプに対応する選択肢を選んだとしましょう。選択肢によってタイプが分かりますから、次の年には、電話会社には顧客の正体が分かっています。そこで、次の年からは、情報の非対称性がなかった時の料金体系を、顧客に要求するようになります。携帯大好きタイプにしてみれば、2年目以降の支払額が上がり効用が下がることになります。もし携帯大好きタイプがこれを予想したら、初めの年はわざと必要最低限タイプ向けの選択肢を選んできます。こうすることで、2年目以降は必要最低限タイプの安い支払額が（通話時間は減りますが）享受できます。もともと携帯大好きタイプが必要最低限タイプのふりをして得をしようとしていたのが逆選択の問題でしたが、ここではそれが復活してしまいました。つまり、電話会社のスクリーニングは意味がなくなってしまいます。これなら、毎年同じ料金体系を使うと約束して、明らかにされた情報を使わないとした方が、電話会社にとってよくなります。スクリーニングが有効であれば、多少なりとも逆選択の問題が回避できたからです。

◆ラチェット効果の防止策

　ラチェット効果を防ぐには、何らかの方法で最初に提示する選択肢にコミットすることが必要です。長期にわたり同じ選択肢が提示され続けるのであれば、情報を明かしても条件が不利になることはありません。コミットメントのひとつの方法は、長期契約です。企業間取引ではラチェット効果を防ぐためもあり、しばしば長期契約で取引を行います。もうひとつの方法は評判を使うことです。情報を明かすとそれが利用されて損するという評判が立ったら、そのような企業には情報を隠すようになり、その企業は長期的に利潤が減ります。そこで、企業は継続して同じ料金体系を使い、得た情報を利用して支払額を値上げしたりはしないと考えられます。消費者とは長期契約を結ぶことは簡単ではありませんので、消費者を相手にするような企業には、評判が主要なコミットメントの方法となります。実際、電話会社が電話をよく使う消費者に対して値上げを要求したら、非難轟々でそれからの経営がうまくいかなくなると思われますので、評判による方法は有効であると考えられます。

*　　　　　　　*

この章では、逆選択の問題の対策として、情報を持っていない側が工夫するスクリーニングについて説明しました。逆選択の問題の対策には、情報を持っている側が工夫して情報を伝えようとする方法もあります。それが、シグナリングで、次章はそれについて解説します。

> **第16章のまとめ**
> - スクリーニングとは、情報を持っていない側が複数の選択肢を示して、情報を持っている側に選ばせることです。それにより、逆選択の問題を改善しようとします。
> - 選択肢は、量と料金というような複数の要素を組み合わせて作ります。
> - 選択肢を作る時には、それぞれのタイプが対応する選択肢を自己選択するように、誘因整合性を満たして設計する必要があります。
> - スクリーニングの仕組みを作る時には、どのタイプがどのタイプのふりをしたいかを見極めて、ふりをしにくくすることが有効な対策です。
> - 取引を繰り返す時は、ラチェット効果を恐れて、情報を持っている側がスクリーニングに反応しなくなりがちです。スクリーニングを有効に行うには、情報を持っていない側は、情報が明らかになっても選択肢を変えないことを約束する必要があります。

練習問題 16-1

ここに2つのプロジェクトがあります。易しいプロジェクト（プロジェクトE）は会社に300万円の価値があり、難しいプロジェクト（プロジェクトD）は、会社に600万円の価値があります。企業は、太郎君と花子さんの2人を雇ってこれらのプロジェクトをやってもらおうと考えています。

いくらもらったらこのプロジェクトを行うかは、能力に依存します。能力の高いタイプは、プロジェクトEは簡単なので100万円の給料でよく、プロジェクトDでも300万円払ってくれればよいと考えています。これに対し、能力の低いタイプは、この倍もらわなければプロジェクトに参加しないと考えています（つまり、プロジェクトEには200万円、プロジェクトDなら600万円必要です）。

花子さんと太郎君は上で（それぞれのプロジェクトについて）示した額より下回らない給料をもらえれば、この企業で喜んでそのプロジェクトを行いますが、それ未満であれば断るとします。裏庭で畑を耕せば、食べることはできて、少なくともゼロの効用は確保できるからです。もちろん、上で示した額よ

り多ければ多いほどうれしいと感じます。

実は、花子さんは能力が高いタイプで、太郎君は能力が低いタイプであるとします。企業はどちらかが能力が高くどちらかが低いことはは知っていますが、だれがどちらのタイプかは知らないとします。

a) 企業は能力の高い人をプロジェクトEに能力の低い人をプロジェクトDに配置しようと考えています。このような配置を実現する賃金体系は存在しますか？　存在する場合には、いくらずつ払えばよいかも答なさい。

b) 上とは逆に、企業は能力の高い人をプロジェクトDに能力の低い人をプロジェクトEに配置しようと考えています。このような配置を実現する賃金体系は存在しますか？　存在する場合には、いくらずつ払えばよいかも答えなさい。

✿略解

プロジェクトEへの賃金をxとし、プロジェクトDへの賃金をyとします。以下ではスクリーニングを考えます。

a) 能力が高い花子がプロジェクトDでなくプロジェクトEを選ぶためには、$x-100 \geq y-300$という誘因整合性の条件が成り立っている必要があります。一方、能力が低い太郎がプロジェクトEでなくプロジェクトDを選ぶためには、$x-200 \leq y-600$という誘因整合性の条件が成り立っている必要があります。第1式から、$y-x \leq 200$となり、第2式から、$y-x \geq 400$となります。しかし、これらの不等式は同時に満たすことはできません。そこで、この配置は不可能です。

誘因整合性の条件を満たす必要から、何でもスクリーニングで達成できるわけではないことに注意してください。

b) 能力が高い花子がプロジェクトEでなくプロジェクトDを選ぶためには、$x-100 \leq y-300$という誘因整合性の条件が成り立っている必要があります。能力が低い太郎がプロジェクトDでなくプロジェクトEを選ぶためには、$x-200 \geq y-600$という誘因整合性の条件が成り立っている必要があります。第1式から、$y-x \geq 200$となり、第2式から、$y-x \leq 400$となります。つまり、$200 \leq y-x \leq 400$であればよくなります。太郎がプロジェクトEを引き受けるには、$x-200 \geq 0$という個人合理性の条件が成り立っている必要があります。これと、$y-x \geq 200$から、$y \geq 400$となります。花子は、$y=400$なら、プロジェクトDから正の効用を得ますから、これ以上賃金を上げる必要はありません。そこで、$x=200$で$y=400$となります。花子は、能力の低い太郎のまねをできるため、高い賃金を確保でき、より高い効用を得ていることに注目してください。

練習問題 16-2

情報の非対称性の下で、企業は利潤最大化を求めて、色々な組み合わせの料金体系やサービスを消費者に提供することがあります。具体的な例を見つけて、それがどのような意図の下に行われているか（どのような消費者がどのような契約をすると想定されているか）説明しなさい。

略解

〈よい例〉

A) 携帯電話などの料金は大口割引の要素があります。これは大口の客にはたくさん使ってほしいので1通話当たりの単価を下げるのがよいのですが、そのままでは小口の客の料金が低くなりすぎます（あるいはこの逆として、小口の客から収入を増やそうとして1通話当たりの料金を上げると、大口の客は通話量を減らします）。会社にはどの客が大口客か分かりませんので、大口割引などの方法で行います。

B) 航空会社の早割もスクリーニングの例です。行楽客は安ければ乗りたいと思っているので、割り引いてでも乗ってもらう方がよいのです。一方、ビジネス客は料金が多少高くても乗ってくれます。ビジネス客は一般に急に予定を立てるのに対し、行楽客は計画をゆっくり立てられるので、早割で自己選択をしてもらう仕組みです。

C) スポーツジムなどで、平日コースとか夜間コースとかで条件に応じて料金を大きく変えることも適切な例です。たくさん払えるサラリーマンからはたくさん取り、暇な主婦たちには安くして利用してもらうようにしています。

D) ビデオやCDのレンタルで新作と旧作の値段を変えることも適切な例です。映画や音楽好きは高くても新作を借ります。

E) レストランのコースで、グルメ高級コースと大衆安価コースを用意することもスクリーニングと考えられます。前者からは高い料金を取る一方、安いコースで一般の客も呼び込みます。

F) ビデオなどで初回限定発売として、何か特典を付ける代わりに多少高めに値段を設定することもスクリーニングの例としてあげられます。ファンは高くても特典欲しさに買うからです。普通の客は特典がなくても安いものが出るまで待ちます。野球やサッカーなどのスポーツそして芸能人のファンクラブも同じような仕組みで、ファンに特典を与えて高い料金を取ることに成功しています。

〈よくない例〉

スクリーニングでは、料金と何かの組み合わせで複数の種類が提供されてい

る必要があります。ですから、1種類しかないとスクリーニングとはいえません。たとえば、お菓子などでおまけ付きのものがありますが、これはスクリーニングではありません。確かにお菓子とおまけが組み合わせられていますが、おまけが付いていない組み合わせがなければ選択肢は1つしかありません。

また、条件によって料金が違うというだけでも必ずしもスクリーニングとはいえません。マスクメロンとアンデスメロンは値段が違いますが、これはスクリーニングではありません。これは市場の価格メカニズムです。同じように、預金金利が期間に応じて異なったり、中古車の値段が年式によって異なるのも市場の働きです。スクリーニングのためには、情報の非対称性に加えてそれを行う側にある程度の市場支配力（独占力）がなければなりません。

女性や学生を割り引く場合は、確かに条件によって値段が異なりますが、情報の非対称性の対応策とはいえません。これは、（外から見える情報に基づき）異なる市場ごとに異なる価格を付ける第3種価格差別です。

練習問題 16-3

本文の第2節にあるように必要最低限タイプの効用関数は $\sqrt{x} - y$ であり、携帯大好きタイプの効用関数は $2\sqrt{x} - y$ であるとします。通話時間当たりの費用 c は1であるとします。

a) 情報が対称な時の独占企業が付ける価格と通話時間の組み合わせを求めなさい。

b) 情報が非対称な時を考えます。最適な契約で必要最低限タイプの通話時間が x だとします。この時の会社の利潤を求めなさい。ただし、携帯大好きタイプの確率は p であるとします。

c) 携帯大好きタイプの確率が1/2の時（$p = 1/2$）、最適な契約での必要最低限タイプの通話時間を求めなさい。$p = 1/4$ の時はどうなりますか。

😺略解

a) もし情報が対称ならば、企業はそれぞれのタイプの効用がゼロとなるところまで料金を取ります。すると、必要最低限タイプからは $y = \sqrt{x}$ を、携帯大好きタイプからは $y = 2\sqrt{x}$ を料金として取ります。通話時間当たりの費用は1ですから、必要最低限タイプからの利潤は $\sqrt{x} - x$ となります。これを最大化する値は、$x = 1/4$ となります。同じように、携帯大好きタイプからの利潤を最大にするのは、$x = 1$です。それぞれ効用はゼロですから、支払額は必要最低限タイプは1/2で、携帯大好きタイプは2となります。

b) 必要最低限タイプへの組み合わせを (x, y) とし、携帯大好きタイプへの組み合わせを (X, Y) とします。本文の分析から必要最低限タイプの効用

はゼロですから、$y = \sqrt{x}$ が成り立ちます。そこで、必要最低限タイプからの利潤は $\sqrt{x} - x$ となります。携帯大好きタイプはまねをする時と自分用の組み合わせを選ぶ時とで同じ効用になりますから、$2\sqrt{X} - Y = 2\sqrt{x} - y$ となります。また、携帯大好きタイプの通話時間は情報の非対称性がない時の1が最適ということは本文の分析から分かっています。これらから携帯大好きタイプからの利潤は、$Y - X = 2\sqrt{X} - 2\sqrt{x} + y - X = 1 - 2\sqrt{x} + \sqrt{x} = 1 - \sqrt{x}$ となることが分かります。会社の利潤は2つのタイプからの期待値ですから、$p(1 - \sqrt{x}) + (1-p)(\sqrt{x} - x)$ となります。

c) $p = 1/2$ の時は、会社の期待利潤は $(1 - \sqrt{x})/2 + (\sqrt{x} - x)/2 = (1 - x)/2$ となります。利潤は、x が増えれば増えるほど減ります。そこで、$x = 0$ が最適となります。つまりこの場合は、必要最低限タイプの通話時間はゼロです。

$p = 1/4$ の時は、会社の期待利潤は $(1 - \sqrt{x})/4 + 3(\sqrt{x} - x)/4 = (1 + 2\sqrt{x} - 3x)/4$ となります。これを最大化する x は1/9です。つまりこの場合は、必要最低限タイプの通話時間は1/9です。

必要最低限タイプの割合が大きくなれば、必要最低限タイプの通話時間が情報の非対称性のない時に近づくことを確認してください。

17 シグナリング

　逆選択には2種類の対策があります。1つは、情報を持っていない側が行うスクリーニングで、前の章で説明しました。もう1つは、情報を持っている側が行う対策で、シグナリングと呼ばれるものです。この章では、このシグナリングを説明します。

17-1. シグナリングとは

◆シグナリングとチープトークの違い

　情報の非対称性が取引の開始前からあって逆選択が起こる状況では、取引が行われにくくなります。この時、情報の非対称性があることで損をするのは、情報を持っていない側だけではありません。第15章で説明した中古車市場の例では、質の良い中古車の持ち主は、逆選択のために車が売れなくなり損をしていました。一般に、逆選択により取引ができなくなってしまうタイプは、情報の非対称性がない方がよいと考えます。そこで、このようなタイプは、自分の持っている情報を相手に伝えて情報の非対称性を解消したいと考えます。しかし、多くの場合に、自分の持っている情報を相手に証明することはできません（あるいは証明の費用があまりに高すぎて証明することは現実的ではありません）。そこで、「自分の行動を通して相手に情報を伝えようと工夫する」ことになります。これが**シグナリング**です。

　情報を伝えるといっても、単に言い張るだけでは相手に信じてもらえません。中古車の例で言うと、自分の車の質が良いといくら言い張っても相手には簡単に信用してもらえません。なぜなら、言うだけで信じてもらえるなら、質

の悪い車の持ち主も自分の車の質は良いと言い出すからです。経済学では、単に口で言うだけのことを、**チープトーク**といって、シグナリングとは区別します（チープトークとは"話すだけならただ"という意味です）。

ではどうやったら相手に信じてもらえるでしょう？　ここに、誘因整合性の考え方が使えます。あるタイプが自分の情報を信じてもらうために、費用をかけて何かの行動を取ります。そのタイプにとっては、たとえ費用がかかっても自分の情報を信じてもらえれば得だとします。しかし、他のタイプがふりをするためにその行動をまねすると損するようになっているとします。損なことはしないはずですから、このような状況では、その行動を見た時に、そのタイプが情報を送っていると相手は信じてくれます。つまり、ある行動が「シグナル」として信じてもらえるためには、対応するタイプのみがそれによって得をし、それ以外のタイプは損するようになっていて、誘因整合性の条件が満たされている必要があります。

◆**シグナリングの仕組み**

中古車の取引でしばしば見られるシグナリングは、一定期間に故障したら取引を取り消すという広告です（中古車販売店を思い浮かべてください）。たとえば、3カ月以内に故障したら、車を引き取りお金を全額返すというような約束を広告するとします。質の良い中古車が3カ月以内に故障する確率はほとんどゼロとし、質の悪い中古車は3カ月以内にかなり高い確率で一度は故障するとします。また、広告には費用がかかります。たとえば、2万円かかるとしましょう。売り手は、広告をせずに知人の子供に安く（たとえば15万円で）売ることもできるとします。この状況で、質の良い中古車の持ち主が、上のような買戻しの広告をし始めたとしましょう。広告を見ただけでは、買い手にはそれが本当に質の良い車かどうかは分かりません。ただ、買い手はこう考えます。「もしこれが質の悪い車であれば、3カ月以内にかなりの確率で故障して売り手は買い戻さなくてはいけない。そうすれば、売り手は広告代の2万円分損することになる。そんなことをするはずはないから、私はこれが質の良い車だと信じよう。」たしかに、質の悪い車の持ち主は、このような約束をすることは損ですからしないでしょう（このような売り手は知人の子供に安く売るでしょう）。こう考えると、質の良い中古車しかほしくない買い手も安心して買うことができます。そこでの広告は必ずしも中古車の質を客観的に証明していませ

んが、相手に情報を信用される形で伝えることができています。このように、行動を通して間接的に相手に情報を伝えることがシグナリングです。

中古車市場の例を使って、シグナリングがどのように起こるかを説明しました。シグナリングを通して、情報を持っている側が相手に情報を伝えることができることが分かっていただけたと思います。ただ、シグナリングをもう少し細かく見ていくと、この簡単な例では分からない色々なことが分かってきました。たとえば、シグナリングはいつでも信じてもらえるかとか、シグナリングをすることで本当に得をしているかということです。これらの質問に答えるには、モデルを使ってきちんと分析する必要があります。以下では、シグナリングを最初に研究したスペンスの学歴のモデルを簡単にしたものを使って、シグナリングの性質を探ることにします。なお、スペンスはこの功績でノーベル賞を受賞しました。

17-2. 学歴モデル

◆生産性の違う労働者

労働者に、生産性の高いタイプと生産性の低いタイプがいるとします。生産性の高いタイプは雇われるとHの価値を企業にもたらし、生産性の低いタイプはLの価値をもたらすとします（$0 < L < H$）。それぞれ、本人は自分が生産性が高いかどうかを知っていますが、雇う側の企業には分からないとします。ただ、社会全体で見れば、生産性の高いタイプの確率はp（$0 < p < 1$）であることは分かっているとします。企業は労働者を事前に決めた賃金で雇います（生産性を見てから、それにあわせて賃金を変えることはできないとします）。また、企業は労働者の獲得をめぐって競争しており、その結果として雇う時点での生産性の期待値に見合った額を払うとします。

労働者のタイプをまったく区別できなければ、企業は両者の生産性の期待値を払うことになります。高い生産性Hの確率がpで、低い生産性Lの確率が$1-p$ですから、生産性の期待値は$pH+(1-p)L$で、これがこの時の賃金となります。情報の非対称性がない時と比べると、生産性の低いタイプは自分の生産性以上にもらって得をします。一方、生産性の高いタイプは自分の生産性より少ない賃金をもらって損をします。

254　第2部　情報の経済学入門

図 17 - 1　学歴モデル

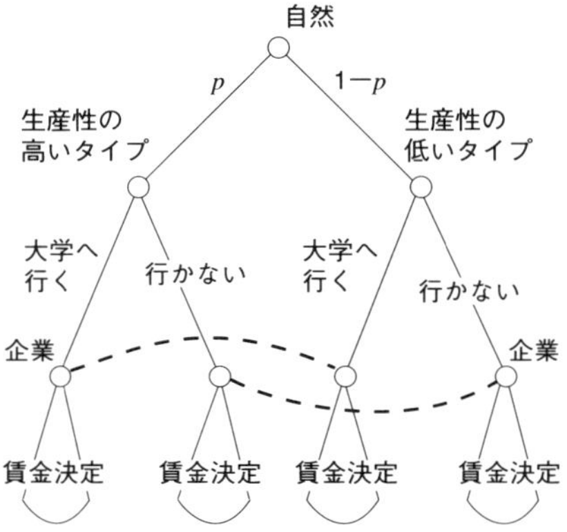

◆シグナリングのゲーム

　生産性の高いタイプは、情報の非対称性があることで賃金が下がってしまいましたから、何とか自分が生産性が高いことを企業に伝えようとします。ここでは、シグナルとして学歴とりわけ大卒という資格を考えます。企業は雇う人が大卒かどうかは簡単に確かめられますから、それを基に賃金を決めるとします。この状況は、情報を持っている側（労働者）が初めに戦略（大卒になるかならないか）を選び、次に情報を持っていない側（企業）が戦略（いくら払うか）を選ぶゲームと考えられます。情報を持っている側がどちらのタイプになるかは確率的ですので、これは第5章で扱ったベイジアンゲームです。図17-1はこのゲームの状況を表すゲームの木の一部です（この図では利得が省略されています）。最初に労働者がどちらのタイプかが確率的に決められます（決めるのは自然だとします）。どちらのタイプかは労働者は知っていますから、労働者はタイプごとに戦略を決めます。一方、企業はどちらのタイプか分かりません。図の点線は、企業がこのどちらにいるか分からない（第6章では情報集合といいました）ことを表しています。ですから、企業は生産性自体に応じて賃金を決められません。ただ、企業は大学に行ったかどうかは知ることができます。図では、「大学へ行く」ところの情報集合と「行かない」ところの情報集合とは繋がっていないことでこれが示されています。そこで、大卒かどうかを見て賃金を決めることはできます。

　生産性の違いに応じて行動に違いが出る要因として、大卒という資格を得る

ための費用が異なることを考えます。大卒という資格を得るための費用には、受験と大学での勉強の両方が関係します。受験のための参考書や塾の費用そして大学の講義の教科書の費用は当然に含まれます。これらと同等あるいはそれ以上に重要なのが、受験や大学での勉強のための努力という心理的費用です。一般的に、生産性の高いタイプは、受験や大学の勉強をこなしていく能力も高いと考えられます。そこで、総合的な費用の観点から、生産性の高いタイプが大卒という資格を取る費用（cとします）は、生産性の低いタイプが大卒という資格を取る費用（dとします）より低いとします（$c < d$）。ここでは、生産性の低いタイプは絶対に大卒の資格が取れないとはしていません（一般論として、時間とお金さえかければ、ほとんどの人は大卒になれると考えられます）。ですから、大卒というだけでは、生産性の高いことの完全な証明にはなっていません。ただ、生産性の低いタイプにとっては、大卒となる費用が、生産性の高いタイプより高いとしています。

17-3. 分離均衡と一括均衡

◆シグナリングが機能するための第1の条件

　生産性の高いタイプの方が大卒という資格を得る費用が安いので、大卒という学歴がシグナルとして使えそうです。では、必ず大卒というシグナルは機能するでしょうか？　実は、シグナルが機能するためには2つの条件が必要です。

　シグナリングが起こるための第1の条件は、生産性の高いタイプが大卒となり生産性の低いタイプはならないことが誘因整合性を満たすことです。つまり、「生産性の高いタイプにとっては生産性が高いことを信じてもらえるなら大卒となった方が得であり、生産性の低いタイプにとっては大卒になれば高い賃金がもらえるのを知りながら費用が高いのでやはり大卒になるのは損である」ことです。式で表すと、前者は $H - c \geq L$ で、後者は $L \geq H - d$ となります。言い換えると、生産性の高いタイプが大学に行く費用はそれほど高くなく、逆に生産性の低いタイプが大学に行く費用が十分に高いことが条件となります（図17-2参照）。シグナリングが起こっているような状況は、ゲーム理論では**分離（セパレーティング）均衡**といいます。異なるタイプが異なるシグナルを送っていて、シグナルを通してタイプを分離できるのでそう呼びます。

図 17-2 誘因整合性

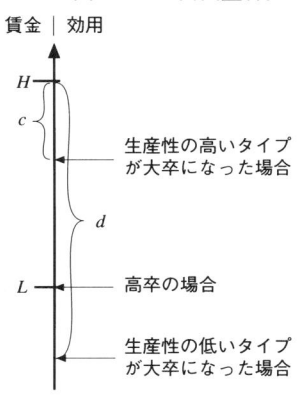

賃金｜効用

- H ─ 生産性の高いタイプが大卒になった場合（Hからc下がった位置）
- L ─ 高卒の場合（Hからd下がった位置）
- 生産性の低いタイプが大卒になった場合（Lよりさらに下）

　ここで興味深い点は、大学に行くこと自体は生産性を変化させないと想定しているのにもかかわらず、大学に行くことで高い賃金がもらえるようになることです（実際には大学に行くことで生産性が上がると考えられますが、上のモデルではその効果を考慮していません）。このような現象は、分離均衡におけるシグナリングに特徴的な性質です。シグナルとして使われる行動は、それ自体が伝えたい情報と直接に関連がある必要はありません。必要なことは、異なるタイプごとにその行動を行う費用（または便益）が異なることです。費用（または便益）が異なることで、異なるタイプが異なる行動を取ることが誘因整合的となり、それらの行動がシグナルとして信用されるのです。

◆シグナリングが機能するための第2の条件

　シグナリングが起こるための第2の条件は、「シグナルが起こっていると信じられること」です。どんなシグナルが送られても、シグナリングが起こっていると企業が考えないとしましょう（つまり、企業は生産性が高い確率はもともとの確率pのままだと考えます）。費用をかけて大卒になっても何の効果もなければ、労働者はわざわざ大卒の資格を取ろうとはしません。そこで、すべてのタイプが高卒で就職してきます。このような均衡は、**一括（プーリング）均衡**と呼ばれます。分離均衡と違い、一括均衡が起きるには特別な条件はありません。一括均衡では、明らかにシグナリングは起こっていません。

　一括均衡が常にあり得るということは、シグナリングがいつも起こるとは限らないことを意味します。誘因整合性の条件が満たされていて分離均衡が可能

であり、シグナリングが起こり得る状況でも、人々が信じなければシグナリングは起きません。つまり、シグナルを送ることで情報を伝えられるためには、シグナルを送る側の誘因整合性が満たされている上に、シグナリングが起きていると情報を持っていない側に信じられている必要があります。

◆シグナリングはいつ起こるか

　どういう時にシグナリングとして信じてもらえるでしょうか？　ゲーム理論の研究者の間では、現在２つの立場があります。１つの立場は、一括均衡も均衡である以上、シグナリングは信じられる時もあるし、起こると思われない時もあるというものです。簡単に言えば、いつ信じてもらえるかは予測できないという態度です。もう１つの立場は、誰がシグナルを送り、誰が送らないかについてのより詳しい分析をすることで、積極的にシグナリングが起こる状況を明らかにできるとするものです。

　後者の立場からの興味深い考え方のひとつは、プレイヤーは絶対損をする行動は取らないと仮定するものです。つまり、「たとえシグナリングを信じてもらっても、その行動の費用が高すぎてどんな場合でも利得が下がるようなタイプは、その行動を取らない」と想定します。これをゲーム理論では**直観基準**といいます。上の誘因整合性の条件をもう一度思い起こしてください。生産性の低いタイプにとっては、$L \geqq H - d$ となっています。つまり、大卒になれば高い賃金を払ってもらえても、大卒となるための費用が高いために、そうするのはどんな場合でも生産性の低いタイプにとって損です。直観基準の考え方を使うと、このようなタイプは決して大卒というシグナルは送りません。とすれば、大卒というシグナルが送られれば、それは生産性の高いタイプからということになり、シグナリングが起こることになります。

　直観基準を適用すると、誘因整合性が満たされている多くの状況で、分離均衡の方が起こるという予測になります。つまり、誘因整合性が満たされていれば、シグナリングは起こる可能性が高いということです。

　これに対して、直観基準の考え方を批判する研究者は、直観基準でされる「必ず損をすることはしない」という想定が現実の人間の行動として必ずしも正しくないと主張します。たとえば、誰も大学に行かないような状況（一括均衡）で、ある人が大学に行ったとしましょう。直観基準に従えば、これは生産性の高いタイプが自分の生産性の高さをシグナルしていると考えます。しか

し、実際にはその人は単に大学での勉強が好きだっただけで、生産性の低いタイプであるかもしれません。このように、直観基準の想定がどれくらい現実的かについてはゲーム理論の研究者の間で意見が分かれています。今後の研究が待たれる分野です。

17-4. シグナリングは得か

◆シグナリングの利得への影響

シグナリングがあることで、それぞれのタイプが得をするか損をするかを考えてみます。これから比較していくのは、シグナリングがあると思われているような状況（分離均衡）と、シグナリングがないと思われている状況（一括均衡）です。シグナリングがあると思われている状況で、シグナルを送るかどうかを考えているわけではないので注意してください（シグナリングがあると思われている状況では、誘因整合性から、生産性の高いタイプはシグナルを送る方が得で、生産性の低いタイプは送らない方が得になっています）。

シグナリングがない時（一括均衡）では、すべてのタイプが平均の生産性に対応する賃金をもらいます。式で書けば、$pH+(1-p)L$ となります。一方、シグナリングがある時（分離均衡）は、生産性の高いタイプは費用を払うことで高い賃金を得ます。そこで、効用は $H-c$ となります。生産性の低いタイプは大卒の資格を取らないことで正体が分かってしまいますから、低い賃金 L を得ます。ここからすぐに分かるのは、生産性の低いタイプはシグナリングがあることで損をしていることです。

生産性の高いタイプの利得が、シグナリングがない時（一括均衡）に比べて上がるか下がるかは状況によります。図17-3を見てください。この図は、生産性の平均が大きいか小さいかで2つの状況に場合分けしています。左の状況では、生産性の平均が小さく、一括均衡でもらえる効用の方が分離均衡（シグナリングがある状況）でもらえる効用より低くなっています。つまり、シグナリングがあることで生産性の高いタイプは得しています。しかし、右の状況では、生産性の平均が大きく、一括均衡でもらえる効用の方がシグナリングでもらえる効用より高くなっています。そこで、シグナリングがあることで生産性の高いタイプも生産性の低いタイプと同じく損しています！　せっかく生産性の高いことを証明したのに、シグナルの費用が高いことで、かえって損をする

図 17-3 シグナリングは得か

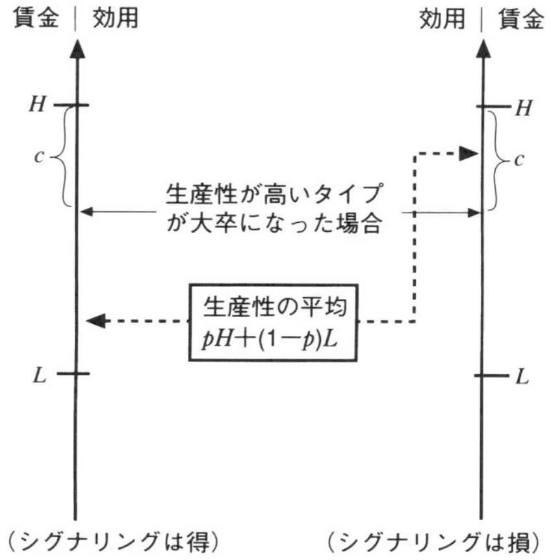

（シグナリングは得）　　　（シグナリングは損）

のです。図から、生産性の高いタイプがシグナリングで損するのは、生産性の高いタイプのシグナリングの費用 c が大きいかそれとも生産性の平均が高い時であることが読み取れます。これらの場合には、シグナリングがあることですべてのタイプが損します。

◆**シグナリングをなくすためには**

シグナリングがあることで損をするからといって、生産性の高いタイプが個人的にシグナルを送るのを止めただけでは、シグナリングはなくなりません。シグナルを送らなければ、生産性の低いタイプと思われて賃金が下がり、より効用が下がってしまいます。シグナリングを止めるためには、社会でそのシグナリングが信じられなくなることが必要です。

そのひとつの方法は禁止することです。米国のある経営大学院では、学生が就職活動で成績を使うことを禁止しています。具体的には、就職用の成績証明書を交付しません。もし、成績が自分の生産性のシグナルとして有効であれば、学生は可能であれば高い成績を得ようと必要以上の努力をしかねません（この大学院の学生は、単位を取るためだけでも非常にたくさんの勉強をする必要があります）。この大学院は学生の質が平均的に高いことを誇っていて、わざわざシグナルのために成績を使わなくてもよいと主張しています。上の議論からは、確かに禁止することには根拠があることが分かります。何よりも確

かなことは、禁止したことにより、成績の悪い学生を含めてすべての学生が充実した学生生活を送れることです（学生間で交流を深めることで、将来のビジネスに役に立つネットワーク作りができ、また新しいビジネスのアイデアを生むこともできると考えられています）。

　日本でも、以前に受験地獄といわれ、学歴を極端に重視する風潮がありました（昔ほどではありませんが、今でもあります）。これは、学歴というシグナルがあるために、シグナルがない時と比べて学生全員が苦しんでいる状況と解釈できます。学生が全員で学歴を追求することを止めれば、全員がよりよくなったかもしれません。しかし、単に誰かが学歴追求を止めただけではシグナリングはなくなりません。結局のところ、誰も禁止しなかったため、今日に至るまで学歴によるシグナリングは続いています（もっとも、最近では日本の若者の知識水準の低さが問題になっていることもあり、もっと勉強すべきであるという観点からは、学歴というシグナルのために若者が努力することは悪いことではないかもしれません）。

17-5. 広告の分析

◆広告のモデル

　学歴がシグナルであることを上では説明しました。また、シグナリングは必ず起きるわけではなく、誘因整合性の条件を満たした上でかつそれが信じられる場合にのみ起きることを示しました。残りの節では、シグナリングの他の例をいくつか紹介していきます。まずこの節では広告を考えてみます。

　広告を見ていて時々思うことは、いったいそれは何のためにやっているのかということです。たとえば、車の広告で、かっこよい青年が隣に美女を乗せてヨーロッパの郊外を軽快に走りぬけ、そしてお城に着いて景色を見渡すなどといったものがあります。ここでは、車の性能とか機能については一切触れられていません。このような豪華な広告を作るにはかなりのお金がかかります。美しい風景とかっこよいドライバーで伝えたいものは一体何なのでしょうか。

　マーケティングの専門家に言わせれば、豪華な広告で伝えたいものはブランドイメージだと言うでしょう。ただ、消費者の立場にしてみると、確かに「よく宣伝されている商品は品質が良い」ように感じます。これを短絡的にだまされていると解釈することは、必ずしも正しくありません。シグナリングの考え

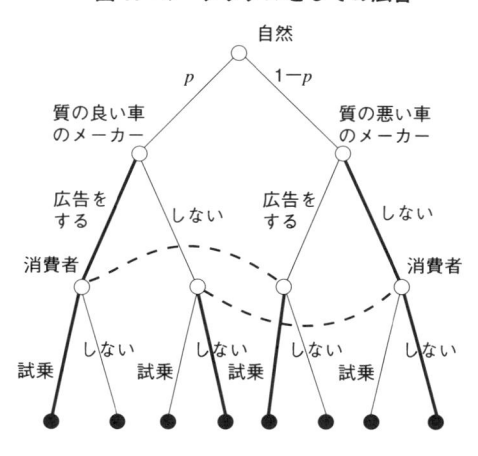

図 17-4　シグナルとしての広告

方を使えば、合理的な反応であると解釈できます。情報の経済学では、広告のひとつの機能は「その商品の品質に自信を持っている」ことをシグナルすることだと考えます。きっと売れるだろうと会社が考える商品には、お金をかけて広告を出します。一方、それほどでもないと思う商品には、それほどお金をかけて広告を出したりしません。そこで、お金のかかった広告を見ると、消費者はこれは自信のある商品だというシグナルであると解釈するのです。

　上で説明したことを、簡単なモデルで考えてみましょう（図17-4参照）。車の種類には、質の良いものと質の悪いものがあるとします（前者の確率がpであるとします）。メーカーはどちらか知っています。消費者も、ショールームに来て試乗したりすればどちらかある程度は分かるとします。そこで、消費者がショールームに来て試乗すれば、質の良い車の場合にはaの確率で販売でき、質の悪い車の場合にはbの確率で販売できるとします。なお、aはbより大きいとします。消費者にしてみれば、ショールームに行くのは面倒ですから、わざわざ質の悪い車の試乗には行きません。メーカーは広告で宣伝するのに費用がCかかるとし、ショールームに来た消費者に売れればRの収益があるとします。また、ショールームに来る消費者に売れなくても、他の営業手段でSの利益が上がるとします。

◆広告によるシグナリング

　広告が良い質のシグナリングとなるということは、質の良い車ができたメー

カーが広告し、そうでないメーカーは広告しないような分離均衡が起こるということです（図17-4の太線は分離均衡での戦略を表しています）。では、分離均衡が起こるための誘因整合性の条件を考えてみましょう。質の良い車ができたメーカーが広告してそう信じられる時の利益は、$aR-C$ です。一方、広告しなければ S の利益となります。質の良い車ができなかったメーカーがまねをして広告すると、消費者は質が良いと思ってショールームに来てくれます。そこで、その時の利益は、$bR-C$ となります。広告しなければ S の利益です。これらを合わせると、誘因整合性の条件は、$aR-C \geqq S$ と $S \geqq bR-C$ となります。ここから、$bR-S \leqq C \leqq aR-S$ となります。この式は、広告の費用があまり高すぎてはいけないことを示しています。あまり高いと、質の良い車ができたメーカーまで広告をしたくなくなるからです。一方、広告の費用はあまり小さくてもいけません。あまり低いと、質の良い車ができなかったメーカーが質の良い車ができたメーカーのまねをしようと思うからです。

　上の例で広告をする理由は、質の良い製品のメーカーがその情報を消費者に伝えて、消費者に試用してもらうためです。試用さえしてくれればきっと買ってくれると思うメーカーは広告をして、試用してもらうように努力します。逆に自信のないメーカーは広告をあまりしません。ここで大事なことは、財やサービスの内容を伝えることではありません。それよりもまず試してもらうことです。情報の経済学の観点からは、自信があることをシグナルするために、費用のかさむ豪華な広告をしていると理解できます。

17-6. 参入阻止価格

◆参入阻止のモデル

　独占企業（既存企業）が、他の企業が参入しないようにわざと低い価格を付けることをリミットプライシング（参入阻止価格）といいます。その低い価格が参入後も続くようでは、せっかく参入しても儲かりません。そこで、新規参入を考えている企業はあきらめることになります。この議論はもっともらしく聞こえますが、ゲーム理論的には正しくありません。参入する前に安い価格を付けていたからといって、参入後にも安い価格を付け続ける必要はないからです。参入が阻止できなかったなら、それを前提として一番儲かる価格を付けるべきです（これは第6章のところで習ったサブゲーム完全均衡の考え方です）。

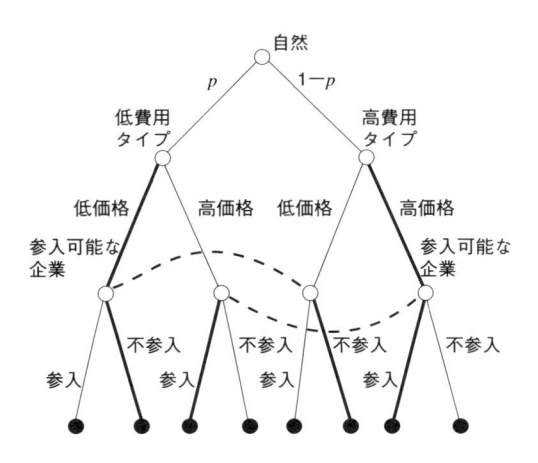

図17-5　参入阻止価格

```
                         自然
                    p  /     \ 1-p
                 低費用         高費用
                 タイプ         タイプ
              低価格/\高価格  低価格/\高価格
           参入可能な              参入可能な
           企業                    企業
```

ですから、参入を阻止しようと人為的に低い価格を付けても何の効果もないことになります。しかし、現実の経済では確かに参入阻止価格は観察されています。とすれば、上の議論には何か欠けている要素があるはずです。

　情報の経済学では、参入阻止価格をシグナルだと解釈します。既存企業には2つのタイプがあるとします。1つのタイプはとても製造費用が安くて、参入企業を競争の末に撤退させることができるタイプ（低費用タイプ）です。もう1つのタイプは、製造費用がそこそこで、他の企業が入ってきてもそれを打ち負かすほどではないタイプ（高費用タイプ）です。企業の費用構造は、簡単には外から分かりませんので、既存企業の費用に関して情報の非対称性が発生します。図17-5はこの状況を表すゲームの木の一部です。

◆低価格が低費用のシグナル

　高費用タイプはあまり安くするとせっかく参入阻止できてもほとんど儲かりません。一方、低費用タイプはある程度安くしても参入阻止できれば得をします。こうして分離均衡のための誘因整合性の条件が成り立ち、安くすることが低費用のシグナルとして機能します（図17-5では太線が分離均衡で取られる戦略を示しています）。もし情報の非対称性がなければ、わざわざ値段を下げる必要はありません。費用の安いタイプと分かる時には参入は起きませんし、

費用の高いタイプと分かる時には参入が起きます。価格をわざと下げることで参入を阻止できるのは、どちらのタイプか分からない時に、費用の安いタイプがそれをシグナルとして使っている時だけです。

17-7. さまざまなシグナリング

◆社会におけるシグナリング

　社会にはさまざまなシグナリングがあります。一見無駄と思われるような行動の多くは、シグナルとして解釈すると、その機能が理解できることがよくあります。

　たとえば銀行やデパートの建物を見てください。昔からある銀行やデパートには、大変に立派な建物を持つものが多くあります。こんなことに金を使うなら、株主に還元した方がよいと思う人もいるかもしれません。しかし、立派な建物を作るにはシグナルとしての機能があります。長く商売をしていくつもりのない企業は、立派な建物を作ったら元が取れません。そこで、立派な建物は「長期に営業を続ける意図のある」ことをシグナルしています。それを見て、将来にわたって安定したサービスを希望する顧客は、その企業を信用するのです。一方、安普請の建物しか建てられない企業は、長期にやっていく意図がないと思うので信用しません。つまり、銀行やデパートは、経営にとって最も大事な資産のひとつである信用を、立派な建物でシグナリングして獲得しようとしているのです。同じようなことが、飲食店で皿やコップに名前を入れることで起こります。名前を入れてしまうことで、それらは他に転用できなくなります。そうすることで長期に営業していく意図をシグナルしているのです。長期に営業していくつもりなら手抜きの料理は出さないだろうと、お客は安心して利用するようになります。

◆生物界でのシグナリング

　経済の例を離れますが、生物の世界にも面白いシグナルの例があります。動物のなかには時々とても目立つ格好をしているものがいます。一番顕著な例が孔雀のオスの羽です。着飾っても、孔雀はそれ自体ではとりたててよいことはありません。それどころか、目立つことで外敵に襲われやすくなります。ところが、孔雀のメスは、より目立つ羽を持つオスを好むようです。これはどう解

釈したらよいでしょう。動物学者の解釈はこうです。とても目立つ羽を持っていてかつ生き延びているのは、その孔雀が逃げる能力に優れているということの証明だというのです。逃げる体力のないオスでかつ目立つ羽を持つものは生き残っていません。そこで、生き残ることができるタイプは、遺伝子の観点から見ると、「逃げるだけの体力があり羽が立派なタイプ」と「羽はそれほど立派でなく体力が劣るタイプ」だけになります。体力のあるなしは簡単に分かりませんが、羽の立派さは簡単に分かりますから、羽の立派さが体力のシグナルとなっています。体力のあるオスと子供を作りたいメスは、このシグナルを信じて、羽の立派なオスに惹かれていきます。孔雀の世界では、このような「命がけの」シグナリングが起こっていると考えられます。

第17章のまとめ

- シグナリングとは、直接証明できない時に、行動を通して自分の持っている情報を伝えることです。
- シグナリングが起きるには、シグナルを送るタイプとそうでないタイプの間で、シグナルを送る費用または便益が異なることが必要です。シグナルを送らないタイプは、送れば他のタイプのふりができても、損になるのでしません（誘因整合性）。
- シグナリングは、送る相手に信じられなければ何の効果もありません。
- シグナルを送るには費用がかかります。このため、シグナリングがあると、シグナリングが存在しなかった時（一括均衡）と比べて、すべてのタイプの利得が下がることがあります。

練習問題 17-1

第7節で挙げたように、どの国を見ても銀行の建物はがっしりした造りで立派な建物が多いようです。しかし、これは費用をかさ上げする要因です。安普請の建物で銀行を開いて手数料を下げるようなことがあまり行われてこなかったのはなぜでしょうか？ シグナリングの観点から説明しなさい。

略解

銀行が営業を長期に続けられた時に得られる利益を、R とします。銀行には2種類のタイプがあり、1つのタイプは健全で安定して営業を続けられますが、もう1つのタイプは資産が不健全で近い将来に行き詰る可能性があるとし

ます。前者のタイプが長期に営業を続けられる確率を p とし、後者のタイプが長期に営業を続けられる確率を q とします。なお、$0 < q < p \leq 1$ とします。そして、立派な建物を建てると d の費用がかかるとします。

消費者は、銀行がつぶれると迷惑をこうむるので、多少手数料が安くても不健全なタイプの銀行とは決して取引しないとします。ただ、どの銀行が不健全かは知らないとします。

この時に、$qR < d < pR$ が成り立っていると、健全なタイプは立派な建物を建てることで健全さをシグナルし、不健全なタイプは立派な建物を建てないという分離均衡が存在します。なおこの均衡で、不健全なタイプの銀行は取引してもらえません。立派な建物を建てれば取引してもらえることは分かっていてもそうしません。なぜなら、行き詰る確率が高く建物に投資した費用が回収できないからです。なお、安普請で qR を下回る費用でできる建物ではシグナルの役割を果たしません。それほど安ければどちらのタイプも建設できるからです。シグナルとして機能するためには、ある程度費用が高いことが必要です。

別の説明として、余裕資金の量をシグナルしているという解釈もあります。健全な量の資本をもっている銀行は、資金に余裕があり、立派な建物が建てられます。資本不足の銀行は、立派な建物を建ててしまうと貸すお金が少なくなってしまいます。そこで、立派な建物を建てると損になります。ですから、立派な建物が両者の差を示すシグナルとなります。

練習問題 17-2

第2節で扱った学歴モデルを再び考えます。本文では学歴は大卒かそうでないかのどちらかを選ぶとしましたが、ここではより現実的に（連続的な）教育を受けた年数を学歴として選ぶことが可能とします（中退も含めています）。生産性の高いタイプが1年間の教育を受ける費用は C で、生産性の低いタイプが1年間の教育を受ける費用は D であるとします。ただし、$0 < C < D$ とします。

a）誰も教育を受けない時の一括均衡でのそれぞれの賃金を求めなさい。
b）生産性の高いタイプが x 年間教育を受けるような分離均衡があるとします。誘因整合性の条件を求めなさい。
c）生産性の高いタイプが $(H - L)/D$ 年間の教育を受けるような分離均衡は、分離均衡の中でももっともその教育期間が短くなっています。この均衡とaで求めた一括均衡を比べて、プレイヤーの利得がどう変化するか比べなさい。
d）cで示した教育年数より長い教育を受けることは、生産性の低いタイプに

略解

a）この場合の賃金は生産性の期待値になりますから、両タイプとも $pH+(1-p)L$ が賃金となります。これを実現するような報酬体系は、たとえば教育年数によらずこの賃金を払うことです。

b）まず最初に注意することは、分離均衡では生産性の低いタイプは教育をまったく受けないことです。どうせ一番低い給料となるなら、教育を受けません。逆に教育を受けなければ低い賃金となります。それを知りながら、生産性の低いタイプは教育を受けません。このための誘因整合性の条件は、$H-Dx \leq L$ となります。一方、生産性の高いタイプは教育を受け、高い給料をもらいます。このための誘因整合性の条件は、$H-Cx \geq L$ となります。これらを整理すると、$(H-L)/D \leq x \leq (H-L)/C$ となります。つまり、誘因整合性の条件は、シグナルとして使われる教育年数が一定の幅に収まっている時に成り立ちます。

図では、教育年数が0で賃金が L の組み合わせを通る無差別曲線を考えることで、この条件を表すことができます。図17-①を見てください。教育年数が1年増えるごとに費用がかかりますから、無差別曲線は1年当たりの費用を傾きとする直線になります。賃金が高い方が効用が高くなりますから、左上に行くほど効用は高くなります。誘因整合性の条件は、教育年数が x で賃金が H の点で、生産性の低い人の無差別曲線は上側を通り、生産性の高い人の無差別曲線は下側を通ることです。

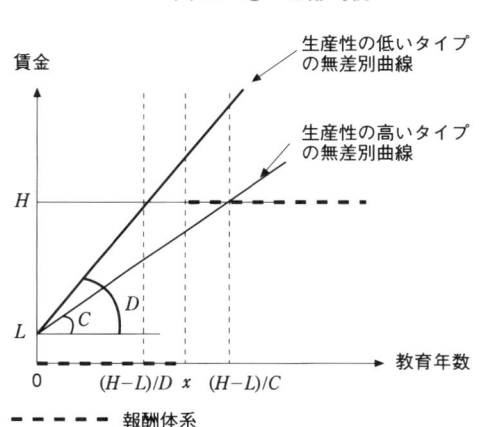

図17-① 分離均衡

c) 最初に生産性の高いタイプを考えます。教育年数が $(H-L)/D$ で賃金が H の時、生産性の高いタイプの利得は $H-C(H-L)/D$ となります。C/D は1より小さいですから、利得は L と H の間の値になります。一括均衡では、生産性の高いタイプの確率 p が小さければ、賃金は L に近くなります。逆に、生産性の高いタイプの確率 p が大きければ、賃金は H に近くなります。そこで、p が大きい時には生産性の高いタイプは一括均衡の方がよいことになり、p が小さい時には生産性の高いタイプは分離均衡の方がよいことになります。

図で考える場合には、賃金が H で教育年数が $(H-L)/D$ のところを通る生産性が高いタイプの無差別曲線を考えると便利です（図17-②参照）。この無差別曲線の y 軸との切片が、教育の費用を除いた純粋の利得を表しています。一括均衡では教育年数は0としましたから、一括均衡と分離均衡でどちらがよいかを調べるには、この切片が $pH+(1-p)L$ より大きいかどうかを調べればいいことになります。図のように切片が下にある時は、一括均衡の方が得であることを示します。逆に上であれば、分離均衡の方が得になります。

生産性の低いタイプは、常に一括均衡の方が得になります。

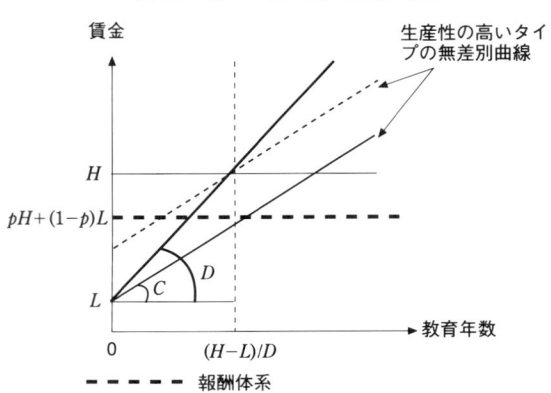

図17-②　一括均衡と分離均衡

d) $x>(H-L)/D$ が成り立つと、変形して $H-Dx<L$ となります。この場合、高い生産性であると思われて高い賃金をもらっても、教育を受けずに低い賃金をもらう時より生産性の低いタイプの効用は低くなります。

直観基準によれば、$(H-L)/D$ より長く教育を受ければ必ず生産性が高いと信じてもらえます。

練習問題 17-3

資格を取ることが流行しています。就職に役立つという噂が流れているからだとマスコミなどでは報道されています。しかし、どんな資格でも就職に役立つというわけではなく、資格があっても就職しやすくなるわけではない場合もあります。なお、ここで考える資格は、直接その仕事に就くのに必要な資格や試験たとえば司法試験とか公務員試験などではなく、普通のサラリーマンになりたいと考えている人が取る資格です。

この現象を情報の経済学を使って説明したいと思います。説明にあたっては、世の中には生産性の高い人と生産性の低い人の2種類しかいないと仮定して分析しなさい。

略解

〈資格が就職の役に立つ場合〉

生産性の高い人ほど能力が高いと推定され、よって資格を取るのに必要な努力はそれほど大きくないと考えられます。そこで、資格によってより条件のよい職に就けるなら喜んで取得します。一方、生産性の低い人が資格を取るのに必要な努力がかなり大きいとすれば、能力の低い人は資格を取らずに多少条件の悪い仕事で我慢した方がよいことになります。この状況では、企業は資格のある人を採用で優遇します。これはいわゆる分離均衡であり、資格により能力のシグナリングを行っています（注：ここでの資格は、採用されたあとではまったく役に立たないようなものでもよいのです。重要なのは、能力により取得の難易度が大きく違うことです）。

〈資格があっても就職しやすくなるわけではない場合〉

これには2つの可能性があります。

1つの可能性は、その資格を取る費用がとても低くて誰でも容易に取れるか、あるいは、逆に非常に高くて誰も取りたくないような場合です。これらの場合には、上で示したような分離均衡が存在しません。ですから、資格はシグナリングには使われません。

もう1つの可能性は、生産性の高い人もその資格を取らないと信じられている場合です。この状況では、いくら資格を取ってもそれは生産性の高い証拠にはなりません。

練習問題 17-4

第6節の参入阻止をモデルを使って分析しましょう。既存企業には2つのタ

イプがあるとします。1つのタイプはとても製造費用が安くて（cとします）、参入企業を競争の末に撤退させることができるタイプ（低費用タイプ）です。もう1つのタイプは、製造費用がそこそこ（dとします）で、他の企業が入ってきてもそれを打ち負かすほどではないタイプ（高費用タイプ）です。参入を阻止できればAという利益が得られます。阻止できなければBという利益になります（$A > B$）。価格は高い（p）か低い（q）かどちらか（$p > q$）で、高い時にはxだけの需要があります。一方、低い時には、yの需要があります（$x < y$）。

参入阻止価格がシグナルとして機能するための条件を求めなさい。

❀略解

誘因整合性の条件を式で示しましょう。低費用タイプが低い価格というシグナルを送る方がよいための誘因整合性の条件は、$(q-c)y+A \geqq (p-c)x+B$です。一方、高費用タイプがシグナルを送らないで高い価格を付けた方がよいための誘因整合性の条件は、$(p-d)x+B \geqq (q-d)y+A$です。これらを変形すると、誘因整合性の条件は$c(y-x)+px-qy \leqq A-B \leqq d(y-x)+px-qy$と書けます。$c$が十分小さく、$d$が十分高い時にこれらは成立します。

18 情報の経済学から見た日本の人事システム

　本書の後半では、情報の経済学を説明してきました。経済の効率的な運営のためには、情報の非対称性が引き起こす問題に適切に対応する必要があることが分かっていただけたと思います。この章ではこれまでの議論を応用して、労働サービスの取引に焦点を当てます。今日の経済では、労働サービスの取引で発生する情報の非対称性の問題は、主として企業の人事システムによって対応されています。具体的には、いかによい労働者を確保し、そしてどのように労働者のやる気を引き出すかが課題となります。各企業はさまざまに工夫を凝らし、これらの課題によりよい解決法を見つけようと努力しています。その成否は、企業の浮沈にもつながる重要な課題です。ここでとりわけ注目するのは、高度成長期の日本の企業にしばしば共通して見られたいわゆる「日本型の人事システム」です。情報の経済学の観点から、そのシステムのメリットとデメリットを評価していきます。

18-1. 日本型の人事システムの特徴

◆終身雇用制と年功序列制

　ここでの分析では**終身雇用制**と**年功序列制**の組み合わせを、「日本型の人事システム」と呼びます。これらは、高度成長のころに日本の大企業で広く行われていた人事の仕組みです。もっとも、日本でもこの「日本型」の仕組みが常に行われていたわけではありません。戦前や戦後すぐのころは日本でも労働市場が流動的であったことが分かっています。また、この「日本型」の仕組みは、高度成長のころでも中小企業では必ずしも行われていなかったことも知ら

れています。ただ、これらは、国際的な観点からも特徴的なものですし、また社会的にも日本の人事のやり方の典型的なものであったとの認識がありますので、本書でもこの2つの組み合わせを「日本型」と呼ぶことにします（なお、この章で記述する人事システム自体についてより詳しく知りたい読者は、小池和男著『仕事の経済学 第2版』（東洋経済新報社）を参照して下さい）。

　まずはこれらについて簡単にどんなものかを説明しましょう。1つ目の終身雇用制ですが、日本の大企業では簡単に従業員を解雇することはできません。法律に解雇してはいけないと書いてあるわけではありませんが、裁判の判例を通して簡単に解雇してはいけないというルールが確立しました（法律の用語では、解雇権濫用法理といいます）。会社が危機に陥ったりあるいは従業員が重大な違反を犯した場合でなければ、解雇は法廷で認められません。もっとも、「肩たたき」と称して中高年の従業員に圧力をかけて辞めさせることはありますし、また関連会社に転籍させることもしばしばあります。しかし、いずれにせよ普通に働いている従業員は、かなり長期に雇ってもらえることが期待できます。2つ目の年功序列制とは、企業に長くいる従業員が、より高い地位とより高い給料をもらうことです。なお、このような日本型の人事システムが大企業で確立したのは、戦後の高度成長のころで、1970年くらいにその典型的な形が完成したとされています。

◆市場を中心とした人事システム

　これに対して、市場を中心とした人事システムもあります。そのようなやり方は、米国で最も典型的に見られることから、しばしば「米国型」と呼ばれます（なお、日本でも戦前は市場の役割が大きく、米国以外の国でも市場中心のところは多くあります）。市場中心の人事システムでは、労働者は会計とか販売とかの仕事・職を覚えます。そして、その職を募集している会社を探して就職します。それぞれの職でいくら給料がもらえるかは、職ごとに市場でおおよそ決まります。ですから、高い給料をもらうには、仕事を覚えてより難しい職に就く必要があります。

◆日本型の人事システムとやる気を引き出す仕組み

　終身雇用制と年功序列制を字句どおりに解釈すると、労働者はいったん雇われると退職するまでずっと雇われ、そして年を取ると高い地位と高い給料を得

るということになります。1980年代中頃のバブル景気の頃、日本経済が好調だったのを受け、日本型の企業のやり方を賛美する人の中には、この解釈を極端に押し進め次のように言う人がいました。「日本企業はまるで（一昔前の）大家族のようなものである。米国などの市場型の経済では、高い報酬を目指してみんなが競い合う。それに対して、日本人は和＝協調が好きだから、家族的経営の下では競争がなくても、人々は一生懸命働くのだ。」しかし、私はこのような考え方には説得されません。私の経験では、どんな国の人でも、それほど本来の性格に違いはありません。違うのは環境です。一生懸命やれば得をする環境では、誰でも努力するものです。逆に、努力しても報われないような環境では、誰も努力しなくなります。こう考えに従えば、「日本型の人事システムは、一見何の競争も生み出さないように見えて、実は一生懸命やったものを厚遇する仕組みを持っていた」はずです。実際に情報の経済学を使って分析する中で、日本型の人事システムは労働者のやる気をうまく引き出す仕組みであることが分かってきました。以下では、文化的な解釈はひとまず脇において、経済学の観点からどれくらい日本型の人事システムが説明できるかを追究します。

　人事システムを情報の非対称性の問題に対する工夫とみなすことは、主として2つのことに注目することを意味します。1つは、事後的な情報の非対称性によるモラルハザードの問題がどう解決されているかです。大きな企業では、個々の労働者の行動や努力を十分にはモニタリングできません。そこで、それぞれの従業員に、会社の望むように行動してもらうためには、人事システムを工夫して従業員に適切な**誘因（インセンティブ）**（やる気を引き出すものや仕組み）を与える必要があります。もう1つは、事前の情報の非対称性による逆選択への対応で、いかに優秀な労働者を獲得するかです。これらの観点から終身雇用制と年功序列制の中身を考えて、以下では、1）年齢賃金プロファイル、2）長期勤続、3）職能給、4）出世競争と5）スクリーニングとしての年功序列制とシグナルとしての学歴、の5つについて順に見ていきます。最初の4つのポイントは、モラルハザードの対策として重要です。労働者のやる気を引き出すことと同時に、そのやる気を企業の望む方向に向けていくことがここでの課題となります。最後のポイントでは、優れた労働者を確保するために、どのような工夫が行われているかを分析します。

図18-1 年齢賃金プロファイル

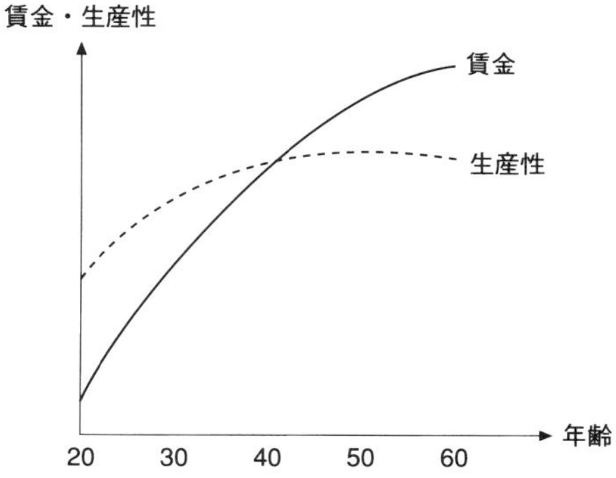
賃金・生産性
賃金
生産性
年齢
20
30
40
50
60

18-2. 年齢賃金プロファイル

◆年齢賃金プロファイルとは

年功序列制の下では、長く勤めれば勤めるほど地位や賃金が上がります。年齢と賃金の関係を労働経済学では、**年齢賃金プロファイル**といいます。日本の年齢賃金プロファイルは他の国に比べて、傾きが大きいことが知られています。つまり、日本の従業員は、若いうちにはとても低い賃金で働き、年功を積むにつれて賃金が上がり、定年（停年）間近にはとても高い賃金を得ます。これは、若いうちは生産性に貢献しているほどは賃金をもらっていなくて、定年間近には生産性に貢献しているより高い賃金をもらっていると考えられます（図18-1参照）。このことは、定年後に同じ仕事で再雇用（嘱託などと呼ばれます）された際に、多くの場合、賃金が約3分の2に下がってしまうことから間接的に証明されます。定年後の賃金が生産性に見合っているとすると、定年間近の賃金の約3分の1程度は、若い時にもらわなかった賃金を後からもらっている分と解釈できます。

◆長期に勤める従業員

年功を積んでからもらえる高い賃金は、若い時に安い賃金に甘んじて貯めておいたものを後払いしてもらうことだと分かりました。もちろん、会社を移っ

てしまえばこの高い賃金はもらえなくなります。そこで、従業員はできるだけ企業に残りたいと考えます。年功を積んでから、若い時に貯めておいた分をより高い賃金として取り戻したいと考えるからです。終身雇用制の下では、簡単には辞めさせられませんから、その結果として長期勤続が起こります。

従業員が辞めないことで、企業は従業員の転退職を減らすことができます。従業員を雇ったり新たに訓練するには費用がかかりますから、転退職が減ることはそれ自体で企業にとっては望ましいことです。

18-3. 長期勤続

長期勤続が可能でかつ従業員がそれを望むことは、転退職を減らす以外にも、従業員にある種のインセンティブを与えます。ここでは、長期勤続の効果として2つの重要な効果を考えます。1つはその企業で自分が成功するための努力を引き出すことで、もう1つはその企業自体が成功するための努力を引き出すことです。順番にこの点を見ていきましょう。

◆企業特殊的熟練の形成

長期勤続の下では、勤めている企業で成功しようと従業員が思うことは当然です。他の企業に移ってしまえば、せっかく培った年功がなくなってしまい、高い地位も高い給料も得られなくなってしまいます。この点に関して重要なのが、企業特殊的熟練です。労働市場が流動的で転職がしばしば起こる状況では、労働者はどの企業でも使える**一般的熟練**を得ようと努力します。これに対し、**企業特殊的熟練**はその企業でのみ生産性を上げる熟練です。他の企業では役に立ちませんが、この種の熟練はその企業の中ではとても有用です。長期勤続のひとつの利点は、このような企業特殊的熟練の形成を促進することです。他の企業に移らずその企業で成功しようとしている従業員は、喜んで企業特殊的熟練を得ようとします。企業特殊的熟練が必要となるのは、その会社の経営のやり方や機械の特徴を覚えることそして人間関係の理解といった面です。しばしば、日本企業の従業員は、会社のことをよく知っているとか社内の人間関係を大事にするといわれます。社内の知識や人間関係は、他の会社では使えませんが、その会社にとどまっているとすれば効率よい経営に寄与します。このようなことは、自然に発生したのではなく、長期勤続がインセンティブとなっ

て生み出してきたものと考えられます。そして、企業特殊的熟練が蓄積されるにつれて、従業員はいっそう辞めなくなります。というのは、そのような熟練は他の企業では使えないからです。

◆会社のために働く

　長期勤続が持つもうひとつの重要なインセンティブの効果は、従業員がその企業の成功のために努力するようになることです。このことはしばしば日本人の忠誠心を表すといわれたりしましたが、情報の経済学の観点からは、日本企業がうまく仕組みを使ってそれを引き出していると考えることができます。長期勤続の目的は、年功を獲得してからの高い地位と高い賃金です。しかしその前提はあくまで企業が存続し続けていることです。よりよいのは企業が成功して大きくなり、より高い地位とより高い給料を、高い年功の従業員に与えるようになることです（この結果、日本企業では成長拡大路線がとられることが多くなります）。こうなれば、従業員が会社の成功を願い、そのために努力するのは自然です。そして、会社の中で悪い点があれば、放っておくのではなく積極的に改善しようとします。この点に関連して重要なことが、日本の工場労働者が積極的に生産に関与してきたことです。具体的には、品質改善の活動としてのいわゆるQC活動や提案活動などです。これらの活動は、日本の製造業で高い生産性が実現できた理由のひとつに数えられています。これらがうまくいった背景には、工場労働者が企業を支えているという感覚が強くあったことが考えられます。もちろん、工場労働者が生産のやり方に積極的に関与できたのは、彼らが企業特殊的熟練の蓄積を通して、その企業での生産のやり方をよく理解していたからです。

18-4. 職能給

◆報酬の仕組み

　年功序列制を賃金の面から見ると、実は2つの構成要素があることが分かります。1つは、純粋に年齢に応じて給料が上がる**年齢給**です。もう1つは、労働者の能力に応じて決まる**職能給**です。高度成長の初期には年齢給の要素が強くありましたが、だんだんと、企業での経験と能力を重視する職能給の比重が高くなってきました。正確には、職能給とは労働者の仕事を行う能力を測って

それに応じて払う賃金です。実際には、労働者の能力は勤続と共に上がり（運用上は原則的に）下がることがないとされたので、職能給は勤続と密接な関連を持ちます。そこで、職能給も年功序列制の重要な構成要素となっているといえます。以下では、年功序列制のうちで、この職能給の効果を分析します。

市場を使う「米国型」での賃金方式は、仕事に応じて賃金が決まる**職務給**となります。職務給では、誰でもできる仕事の賃金は低くなり、難しかったりできる人が少ない仕事の賃金は高くなります。高い給料を目指す人は、後者のような仕事を探して、その仕事ができるように自分で訓練を受けます。

◆職能給と職務給の比較

職能給が職務給に比べてよい点は、短期的には不利でも長期的に役立つ幅広い熟練を形成しやすいことです。日本の大企業では、人事部の力が強く、人事部が従業員がどのように熟練を形成していくかを設計します。その結果、従業員は何年かごとに別の仕事へローテーションしていきます。しかし、仕事を移るということは知らない仕事をするということで、生産性が一時的に下がってしまいます。短期的には、1つのことをやり続けた方が高い生産性を得ることができます。そこで、職務給の下では、このように仕事から仕事へと移ることを従業員が嫌がります。生産性が下がれば給料が減るからです。そのため職務給の下では専門化が進みます。一方、職能給の下では、総合的な能力で判断しますから、新しい職場で一時的に生産性が下がっても、それは今までの仕事の能力に新しい仕事の能力が加わっていると解釈します。そこで、新しい仕事を覚えれば覚えるほど仕事の能力は上がっていき、職能給は上がっていきます（もっとも、あまりたくさんの仕事を覚えても使い切れないため、3つ程度が上限のようです）。ローテーションの結果、その会社のやり方がよく分かるようになり、長期的には会社の生産性に寄与します。ある特定の会社のやり方に関する知識は他の会社ではほとんど役に立ちませんから、これも企業特殊的熟練といえます。上で述べたように、日本の企業では長期勤続により企業特殊的熟練の形成が促進されたこともあり、人的資本の蓄積が高かったと考えられます。優秀な従業員がいる企業が成功するのは、歴史の自然な流れです。

従業員が仕事から仕事に移るのを嫌がらないことのもう1つのメリットは、状況に応じて柔軟に生産過程を変更することが可能になることです。不要になった仕事が廃止されて、新しい仕事に移動させられても、職能給の従業員はさ

ほど困りません。その仕事を覚えればよいのです。これに対して職務給の下では、不要になった仕事を廃止することは、それについている従業員を解雇することになり、しばしば強く抵抗されますので、ここには大きな違いがあります。また、仕事を移る中で複数のことができる多能工が形成されます。その結果、仕事間で繁忙の差がある時に、柔軟に従業員を配置換えできることになります。労働者を企業内で融通することは内部労働市場と呼ばれますが、日本型の人事システムではとりわけその活用が幅広く行われます。これらにより、従業員を解雇したりあるいは外部から中途採用する必要性が小さくなり、安定した労使関係に貢献したと考えられます。

18-5. 出世競争

◆昇進

　年功序列制というと、誰でも年を取れば高い給料がもらえるというように聞こえますが、実際には全員が同じように処遇されるわけではありません。企業内には、一般社員⇒課長⇒部長⇒取締役⇒社長といったような、昇進の階段があります。終身雇用制の下では、ほとんどは内部の昇進でこれらのポストは埋められます。昇進は、部下が増えたりより重要な仕事ができたりすることで、自己実現の達成感をもたらします。また、同時に賃金が大幅に上がることも重要です。職能給でも職務給でも、賃金が上がる最も重要な要因は、昇進して地位が上がる（より高い職能になるあるいはより難しい職務に就く）ことであると、労働経済学の研究から分かっています。

　昇進には、上司の査定が強く影響します。入社から数年はほとんど差がつきませんが、10年位して中堅の管理職（係長とか課長）になるころから、絞込みが厳しくなります。同じ時期に入社した同僚の中でも、出世してより責任がある仕事を任され給料も上がる者と、出世に遅れ給料も頭打ちになる者との差が出てきます。そしてそれ以降は、出世競争の勝者と敗者の間の差は年を経るに従って拡大していきます。

◆出世競争はトーナメント

　そこで、出世競争は長期的な**トーナメント**と考えることができます。従業員は、出世の階段の少しでも上を目指して努力をします。労働者のやる気を引き

出すという点で、出世競争は典型的なインセンティブ契約といえます。この点で、日本企業の人事システムに競争がないというのはまったく誤った認識です。

　長期的なトーナメントは、短期的な成績に基づくいわゆる業績給とは異なった効果を持ちます。一般に、業績給は単年度の成果を重視することで、勤続が短い労働者に対しても有効なインセンティブ契約となります。これに対し長期的なトーナメントは、長期勤続を前提として、長期にわたる評価をすることでより精度の高い評価を与えます。とりわけ、短期的には評価の難しいチームプレイヤーとしての貢献（助け合ったり後輩の指導をしたりすること）は長期にわたることで初めて正当な評価ができるようになります。また、トーナメントの結果がある程度長い期間経って初めて明らかにされるということは、成績を毎期明らかにしないということです。これは、従業員の一部が、キャリアの初期に悪い成績を取ってあきらめてしまうことを防ぎます。終身雇用制の下では、あきらめた従業員でも簡単に解雇することはできません。そこで、できるだけ多くの従業員のやる気を維持することが重要です。ですから、評価を短期的に明らかにしないで、全員に昇進のチャンスがあるように思わせることはインセンティブ契約としてうまい工夫です。

18-6．スクリーニングとしての年功序列制とシグナルとしての学歴

◆採用時のスクリーニング

　日本型の人事システムの下では、長期に勤続して企業特殊的熟練を着実に蓄積していくようなタイプの労働者が必要になります。逆に言えば、長続きしないタイプやあるいはこつこつ仕事を覚えることが嫌いなタイプは、できるだけ採用しないようにする必要があります。終身雇用制の下ではいったん雇った従業員は長期勤続しますから、雇う時はより慎重に雇う必要があります。しかし、採用候補者の質を短期間で確かめるのは至難の業です。そのような状況で、日本企業はどんな工夫をしてきたでしょうか。

　興味深いことは、日本型の年功序列制自体が、長期に勤続するようなタイプの労働者を引き寄せる働きがあることです。年功序列制の下では、初期には生産性よりも低い賃金しかもらえません。その分は、年功を蓄積した後に後払いされます。こうなると、長続きしないタイプは自然とこのような企業を避け

て、始めから自分の生産性に見合うような賃金をもらえる職場を探すことになります。また、長期勤続の下で成功するためには、長期的にこつこつと努力をし続けて、出世競争という長期のトーナメントで勝ち残っていく必要があります。長期的にこつこつ努力するのが苦手な人は、年功序列制の強い企業を避けることになります。つまり、情報の経済学の言葉で言えば、年功序列制は**スクリーニング**として機能します。自分のタイプを知っている労働者が、自己選択する結果、年功序列制の強い企業には、そのような状況でうまくいかないタイプはふるい分けられ（スクリーニングされ）、うまくいくようなタイプだけが集まってきます。

◆採用時のシグナリング

　前の章でも説明したように、日本の労働市場では、労働者が学歴によって**シグナリング**することも広く行われました。特に事務職や技術職という組織の中核をなす労働者の採用の際には、学歴とりわけ一流大学卒という肩書きが重視されました。一流大学に合格することは、付け焼刃ではできません。小学校から高校までまじめにこつこつ長期的に努力することが必要です。この意味で、一流大学に入ったということは、そのような能力を持っていることの適切なシグナルとなります。この結果が、いわゆる受験戦争です。賃金の高い大企業に入るためには、一流大学に入らなくてはなりません。そこで、多くの若者が受験勉強に励むようになりました。このように全員が努力することで、一流大学に偶然入るということがほとんどなくなります。皮肉なことに、そのことは、一流大学の肩書きのシグナルとしての効果を引き上げました。もっとも最近の情勢の変化で、耐えて努力することを求めない企業や長期勤続を求めない企業も出てきました。そこでは、一流大学卒というシグナルは重視されません。

18-7. 日本型の人事システムがうまくいかない状況

　ここまで、日本型の人事システムの特徴について見てきました。そのメリットは、従業員が長期に勤続し、企業特殊的熟練を蓄積することで高い生産性をあげられることであると分かりました。しかし、このようなシステムは万能ではありません。この節では、日本型の人事システムのデメリットを検討します。

◆少ない転職と抵抗される解雇

　日本型の人事システムは、長期勤続すると得するようになっています。そこで、従業員の中には、本当は他の会社に移った方がうまくいくような人がいても、なかなか転職しにくくなっています。これは、資源の適切な配分とはいえません。

　従業員は、年功を上げた後にもらえる高い賃金を当てに努力します。職場を変わっても、年功は減りませんので、配置転換などはすんなりと受け入れます。しかし、解雇に関しては徹底して抵抗します。裁判所が判例で解雇をしにくくしたのは、このような日本の労働市場の現状を踏まえたものであると理解されています。このことは、企業経営に一定の制限を加えます。収益が低くなった分野の従業員でも簡単に解雇できないことは、そのような分野を温存させるか、あるいは高い費用を払って別の仕事ができるようにその従業員を訓練する必要があることを意味します。また、従業員を多く抱えながら、衰退している企業では、本来の業務でないような分野に進出して従業員の雇用を確保したりしなければなりません。これらのことは、企業がより収益の高い分野に経営資源を集中させることを妨げます。

◆日本型と米国型の比較

　上の2つの問題は、職務給と専門化を軸とした米国型では日本型よりうまく対応が可能です。人々は、会計担当とか販売担当とかの職に対して能力を身に付け、その職に応募し、その職に対して賃金が支払われます。ある会社がいやならあるいはその会社がうまくいってなければ、他の会社で同じ職を探せばよいのです。転職や解雇はどんな人事システムでも費用も手間もかかる課題ですが、米国型は比較的うまくこれらの課題をこなすことができると判断できます。

　日本型のシステムと米国型のシステムを比べると、日本型のシステムは安定して成長しているような企業に向いていて、米国型のシステムは変動が激しい企業に向いていることが分かります。安定して成長していれば、解雇の必要性はありません。そこで、じっくりと熟練を形成して、長期的に高い生産性を実現することが、高い利益につながります。それに対し、変動の激しい企業では、しばしば解雇しなくてはなりません。そして、上向いた局面では、急激に新たに雇用しなくてはなりません。そこで、すでに仕事を知っている人を外部

から採用して、下降局面では解雇し、上昇局面では再雇用すれば、会社にも従業員にもそれほど無理なく変動を乗り切っていけます。従業員の出入りが激しいと、長期的により高い生産性を実現することは困難ですが、それは犠牲にせざるを得ません。つまり、日本型も米国型もそれぞれうまくいく環境とうまくいかない環境があります。日本型が日本に多く見られたのは、日本が高度成長を通して長期にわたり比較的安定して成長を遂げたからだと考えられます（米国でも、安定成長する優良企業の中には日本型の人事システムに似た方式を採る企業があります）。一方、米国の経済は変化が激しく、米国型の人事システムをとる企業が多いと考えられます。もっとも、日本の経済は、低成長の下で変動の激しい時期を迎えています。今後どのようになっていくかは、多くの人の関心事です。次の節では、これに関連して最近の動向を、情報の経済学の観点から見てみます。

18-8．業績給について

◆業績給

　日本経済が安定した高度成長から変動する低成長に変わってきたことに影響されて、ここ数年の日本企業の人事システムには大きな変化が見られました。そのなかでも最も大きなものが、短期的な評価で報酬を決定するいわゆる業績給あるいは成果給または年棒制の導入です（本書では業績給という用語を使います。企業によっては、職能給を業績による給与といっている場合もありますので注意してください）。職能給と業績給は2つの点で大きく異なります。1つ目は、評価の期間です。職能給では長期的に形成された仕事をする能力に応じて評価をします。一方、業績給では、1年ないしそれより短い期間の短期での成果に基づいて評価を行います。2つ目は、給料が下がるかどうかです。職能給は仕事をする能力に応じて払われ、能力は努力をすれば上がり（原則として）下がらないとされてきましたから、職能給は下がることはありません。これに対して、短期の成果は上がったり下がったりしますから、それに連れて業績給は上下します。

◆業績給が広まった理由

　業績給が広まってきたことには大きく2つの理由があります。1つは、産業

構造が変化したため必要な労働者を中途採用することがしばしば行われるようになり、短期の雇用の中でもやる気を引き出すことが必要になってきたことです。職種によっては、従来のように長い年月をかけて仕事を覚えて生産性をあげるという仕組みが成立しません。たとえば、コンピューターのプログラマーなどでは、自らの腕ひとつでいろいろな会社を渡り歩くことができます。

　もう1つは、日本経済の高度成長が終わり、少なくない数の日本企業で中堅以上の社員を今までのように厚遇できなくなってきたことです。成長していた時には、管理職の必要な部署も増えていき、中高年の労働者に高い地位を与えることができました。そして、多くの若年労働者が安い賃金で働くことで、これらの労働者の高い賃金を支えてきました。しかし、成長が止まり、若年労働者の流入が細ると、中高年を高い地位と高い賃金で厚遇することは企業にとって大きな負担になります。そこで、企業によってはこのようなやり方を変えようとするところが出てきました。しかし、年功の高い労働者の高い賃金はやる気を引き出す仕組みでしたから、これを止めるということは、別のインセンティブの仕組みが必要になることを意味します。そこで、業績給が使われるようになってきたのです。

◆業績給のデメリット

　ですから、業績給は安定した高度成長から変動の激しい低成長に移行する過程で生み出されてきたといえます。ただ、業績給は注意して使用しなければ、思わぬ副作用をもたらします。以下ではそれらのいくつかを見てみます。

　上で考えたように、長期的なトーナメントは脱落者を出さない工夫でした。業績給に変える以上は、脱落者をどう処遇するかを考えなくてはなりません。終身雇用制の下で、一部の労働者がやる気をなくしてしまうと、これは意外に面倒な問題になります。

　長期の評価では、チームワークなどといった数字で評価しにくい点も評価していました。しかし、短期的な業績給ではどうしても数字に表れる評価に注目しがちです。この結果、従業員が自らの業績だけに集中してチームワークをおろそかにすると、全体としては生産性が下がってしまうこともあります。もうひとつ業績給で問題になるのは、仕事を覚える過程で起こる生産性の低下です。職能給の下では、新しい仕事を覚えることは能力の向上となり、賃金を上げる要因となります。しかし、業績給の下では、仕事を覚える過程で生産性が

下がったことが、マイナスの要因として賃金を下げてしまう可能性があります。こうなると、従業員はこれまでに自分がやってきた仕事に特化して、高い生産性を維持し続けようとします。これでは、複数の仕事を経験することで蓄積する企業特殊的熟練の形成に支障が出ます。

チームワークがおろそかになったり幅広い熟練をしたがらないという問題は、マルチタスクの状況で努力の配分がうまくいかないことから起こっています（マルチタスクについては第14章の説明を参照してください）。ほとんどの労働者は、単一の作業だけをしているわけではありません。チームワークや幅広い熟練の形成など、日々の仕事の中で複数のタスク（業務）をこなしています。マルチタスクの状況では、インセンティブ契約をうまく設計しないと、労働者の努力の配分がゆがんでしまいます。とりわけ、労働者の作業のうちで測ることが難しいものに関しては、インセンティブを与えることができないため、労働者がそれに振り向ける努力が減ってしまいます。上で考えたような面は短期的に測るのが難しいため、業績給に移行することでそれに振り向ける努力が過小になり問題になるのです。実際に、業績給を取り入れた企業の中には、この問題が深刻になり、業績給の比重を下げたところもあります。また、業績給を進めている企業の一部では、多面的な業務にインセンティブをうまく与えるために、上司だけでなく部下や取引先まで含めたより多くの人に評価してもらういわゆる360度評価も取り入れられています。

18-9. 日本企業の人事システムの今後

◆相互補完性

人事システムを設計する上で留意しなければならない重要な点は、人事システムのそれぞれの要素が密接に関連していることです。たとえば、日本型の人事システムでは、企業特殊的熟練の蓄積が終身雇用制の下で可能になり、年功序列制がそれを報酬の面から動機付けています。システムの要素が相互に密接に関連していて相互に促進しあう関係にある時、経済学では**相互補完性**があるといいます。相互補完性があるシステムを手直しする際は、全体として考えなければなりません。必要なところだけ変えたつもりが、相互補完性のために他のところまで影響を受けて、全体としてはうまくいかなくなってしまっては元も子もありません。前の節で論じた業績給の導入で起こる問題の多くは、この

相互補完性によるものと解釈することもできます。

◆ 3つの可能性

相互補完性があることを考慮すると、今後の展開としては3つの方向性が考えられます。1つ目は、全面的に業績給を押し進めて、米国型の職務給と職の専門化そして流動的な労働市場にいたる方向です。これはこれでひとつのまとまった仕組みですので、IT関係の仕事など職種によってはこうなることが予想されます。2つ目は、米国型を取り入れつつ、これまでの方法を残す方向性として、社内の従業員をスペシャリスト（専門家）とジェネラリスト（総合的な職）とに分割するものがあります。この場合、スペシャリストには米国型の短期契約と純粋の業績給を採用します。一方、ジェネラリストの従業員には従来型の人事システムを導入します。それぞれのシステムはその内部では相互補完性があるので、両者を分離して管理することが可能であればこの方法が可能になります。3つ目の方向性は、日本型と米国型の折衷型で、従業員の評価において、短期の評価は短期の金銭的報酬に関連させ、長期の評価で昇進という地位に関する決定を行うというものです。ここでは、短期と長期という時間的な切り分けで、これまでの方法と米国型の方法をできるだけ矛盾なく取り入れようとします。もっとも、時間的に切り分けるといっても、それぞれのシステムは完全には分離できていませんので、相互が矛盾する働きをする可能性は排除できません。ただ、これまでの方式から連続的に運用していけるという利点があります。最近（2000年代の初め）では、第3の方向性が一番広く採用されているようです。ただ、今後労働市場がより流動化した時には、第2やあるいは第1の方向性も生まれてくることも考えられます。

◆ 終わりに

これまでの説明で、日本企業がうまくやってきたのは、単に終身雇用して年を取った労働者を優遇したからではないことが分かっていただけたと思います。日本企業は、これらの仕組みを通して、労働者のやる気をうまく引き出してきました。日本人だからうまくいったというより、（昔の）日本人の中にうまい仕組みを考えた人たちがいたということです。もちろんこの仕組みは、いついかなる時でもうまくいく仕組みではありません。上で述べたように、これがうまくいくのは、安定した状況の中で熟練を高めることで生産性を長期的に

上げていくことが、企業にとって望ましい場合です。このことを理解すれば、今後の経済でこれまでの日本型の人事システムがうまくいくかどうかは、それぞれの企業の置かれた状況に依存することが分かります。また、世界に対して、日本型の人事システムのよいところを説明することができます。

最近の経済情勢の変化によって、多くの企業で従来の日本型の人事システムそのままではうまくいかなくなっています。ここで、米国型のやり方に移行するのかそれとも今までとは違った新しい日本型のやり方を開発するのか、それは21世紀の日本企業への挑戦です。読者の皆さんが企業で活躍されるなかから、時代にあったより効率的な人事システムを、情報の経済学の知識を活用して作り出す人が出てくれることを大いに期待しています。

第18章のまとめ

- 終身雇用制と年功序列制は、従業員の長期勤続を促します。長期勤続の下では、企業特殊的熟練の形成が進みます。また、従業員は会社の将来について強い関心を持ちます。
- 職能給により、従業員はいろいろな仕事を覚えるやる気が出ます。それにより、会社全体の仕組みをよく理解し、複数の仕事ができるようになります。
- 長期勤続の中では、従業員は出世を目指して、長期的に競争します。
- 日本型の人事システムでは、長期的に努力するタイプの労働者を集める必要があります。年功序列制には、このようなタイプを集めるスクリーニングの役割もあります。また、学歴はこのようなタイプであることのシグナルとして機能します。

練習問題 18-1

年齢に基づく給料をやめて実績に応じて払う年棒制にすることはインセンティブ契約として有効であるとされています。人事担当者の意見を聞くと、有能な人材を集める上でも、年棒制は意味があると言います。これを、情報の経済学を使って解釈して説明しなさい。

略解

「有能な人材を集める上」で有効とありますから、採用に当たって取引の前にある情報の非対称性の問題つまり逆選択の問題への対応策として考えることになります。ここでは、情報を持っていない側の対応ですから、スクリーニン

グとして年棒制が果たす役割を論じる必要があります。適当な解答としては、次のようなものが考えられます。

「年棒制の下では、能力の高い人は高い給料を期待できるが、逆に能力の低い人は低い給料を強いられる。そこで、能力の高い人のみが年棒制を採用している企業に集まることになる。つまり、企業は労働者の能力をよく分からなくても、労働者が企業の望むように自己選択する。ここでは年棒制はスクリーニングの機能を果たし、情報の非対称性から生じる逆選択の問題を緩和するのに役立っているといえる。」

練習問題 18-2

米国でも、簡単に解雇をしないことを方針としている企業があります。このような方針は、労働者に対してどのような努力を引き出す誘因(インセンティブ)となるか考えなさい。

略解

「どのような努力を引き出す誘因」とありますから、労働者の努力のうちで1つの企業に長く勤めることが促進するものを考えればよいことになります。ひとつは、転退職を減らすことで、採用にかかる費用を削減できることです。これ以上に重要なことが第3節で説明した1)企業特殊的熟練の形成と2)会社のことを考えて行動することであると考えられます。

企業特殊的熟練の形成が重要な職場は生産の現場です。多くの工場労働者は厳格な年功(シニオリティ)制により雇用されていて、解雇されるのは勤続の短い労働者に限られます。この点の年功制はむしろ日本より厳格なようです(日本では中高年の解雇を、肩たたきと呼ばれる早期退職の形でしばしば行います)。このような状況で、工場労働者は安心して企業特殊的熟練を形成します。

会社のために働くことを促進することは、簡単に短期に成果が測れないような創造性を重視した企業で重要と考えられます。その場合、長期の雇用を保証することで将来の成功を求めるような誘因を確保することは重要と考えられます。

米国では、日本と違って解雇はかなり自由にできますから、長期勤続の前提はありません。それにもかかわらず、長期勤続を保証するような企業があるということは、長期勤続には一定の経済的なメリットがあることを示しています。

19 不完備契約

　第2部では情報の経済学を扱ってきました。そこで分かってきたことは、人々の誘因をうまく設計することが効率を高める上で重要だということです。そして、そのためには、しばしば契約による解決法が有効なことが分かりました。しかし、すべての条件を定めて契約を書くことは費用も時間もかかります。そこで、条件が必ずしもきちんと定められていない「不完備契約」が現実にはよく使われます。その状況でどのように誘因を与えるかは、現実的には大きな問題です。情報の経済学では1980年代の後半からこの面の研究が進みました。この章では、その成果の一部を紹介します。

19-1. 不完備契約とは

　誘因をうまく作り出すには契約が有効です。一生懸命働いた時だけ高い報酬を払うように契約すれば、一生懸命働く努力を引き出せます。また、能力の高い人だけがこなせる仕事をした時だけ高い報酬を払うように契約で定めれば、能力の高い人だけを引き寄せることができます。情報の非対称性のあるなしにかかわらず、やる気を引き出す仕組み＝誘因（インセンティブ）として、契約はよく使われます。しかし、現実には契約を書くことには費用がかかります。とりわけ、将来起こる不確かなことのそれぞれに何をすべきかをすべて定めることは、実際上困難です。そこで、契約を完全には書かずに済ますことが起きます。定めていない条件があるので、このような契約を**不完備契約**といいます。これに対して、すべての起こり得る可能性に対して何をすべきかを記した契約を完備契約といいます。

不完備契約の典型的なひとつの類型は、単純な契約を使うことです。いろいろな状況が起こり得ることが想定されているにもかかわらず、契約ではそのうちの一部の条件のみで条件付けをします。その一例が、固定価格による取引です。もうひとつの類型は、取引条件を完全には定めないものです。定めていないことが起こった時には、前もって決められた交渉方法で取引条件を定めると決めておきます。多くの商取引では、すべての予想し得る状況について細かく書きません。ありそうな状況についてのみ条件を定め、後は「予見されていない事態では誠実に話し合う」という条項を契約に入れておくことが一般的です。また、この種の不完備契約の例として、一部の取引参加者に決定権を持たせることで、事前にはすべての取引条件を定めないこともよくあります。価格だけを決めておいて、売買するかどうかは参加者の双方の合意（または一方の請求）によるとすることはその一例です。

　具体的な不完備契約の状況として、雇用契約を考えましょう。雇用契約は確かに契約ですが、すべての状況で何をするかを決めた完備契約ではありません。それどころか一般的には、何の業務をするかについてはほとんど何も決めてありません。通常、雇用契約に書いてあるのは、勤務時間や報酬などの勤務条件と、上司の命令に従うこと、そして問題が起こった時の解決方法程度です。その意味で、雇用契約は典型的な不完備契約です。これと、たとえば植木屋さんを雇う時の契約と比べるとその違いが明らかになります。植木屋さんの場合には、どの木を剪定するかを定めて契約し、それ以外の用（たとえば買い物）を頼むことはできません。これに対して、雇用契約では、上司の命令で、（辞めない限り）さまざま業務をすることになります。

　雇用契約でも、すべての予想される業務を書き出してそれをいつ実行するかそしてその成果に応じていくらの報酬を払うかを詳細に定めることは、理論的には考えられますが、現実には不可能です。ですから、現実には大枠だけ決めた形の不完備契約が使われます。それが機能している理由は、従業員にしてみれば上司の命令に従わなければ会社を辞めなくてはいけないことと、上司にしてみればあまり無茶な命令をすると従業員が辞めてしまうことがバランスして、労働サービスの取引が柔軟に行われていることだと考えられます。ほとんどすべての企業でこの方法が取られていることは、この方法がそれなりに機能していることを示しています。

コラム　情報の経済学の2つの潮流

　情報の経済学の重要な対象は、企業組織です。企業組織がなぜ市場経済に存在するかを最初（1930年代）に議論したのは、ノーベル賞を取ったコースでした。コースは、取引をする時に市場でするか組織内でするかは、取引にかかる費用（取引費用）が低い方に決まると論じました。つまり、企業が存在するのは、取引によっては市場でするより組織内部で行った方が安くできるからというのです。しかし、コースは取引費用が何かについては詳しくは論じませんでした。コースの議論は長い間あまり注目されませんでしたが、1970年代にウィリアムソンが取引費用について議論を始めたことで、多くの関心を集めることになりました。また、このころ、情報の非対称性の概念が初めて経済学に導入されました。一般に取引費用が発生するのは、何らかの情報の問題があるからと考えられていたこともあり、組織の経済学と情報の経済学は手に手を取るように発展してきました。

　情報の経済学あるいは組織の経済学の歴史を振り返ると、2つの大きな流れがあることが分かります。

　1つの流れは、「人間は合理的に行動できるけれども、情報が完全に与えられていないため、いろいろな問題が発生する」と考えるものです。モラルハザードの問題や逆選択の問題を解決するために、社会はさまざまな対策を工夫してきました。インセンティブ契約やスクリーニングの手法などです。これらは、今日の社会にある企業組織の重要な役割の多くを説明することができます。そのひとつの例として、本書では日本の企業の人事システムについて解説しました。この考えによると、企業はこのような対策の集まりと見ることができます。それぞれの対策は関係者の間の契約ともみなせますから、ここでは企業は「契約の束」と考えられます。企業というのは実態があるわけではなく、たくさんの関係が集まったものを、企業と呼んでいるにすぎないというわけです。

　企業が契約の束であれば、企業の行動を理解するためには、それぞれの契約が果たしている「機能」を理解すればよいことになります。たとえば、昇進競争は努力を引き出すインセンティブ契約であるとか、長期勤続の保証は企業特殊的熟練を獲得させるための仕組みだとかです。これは分析に当たっては、大変すっきりした考えです。企業のいろいろな機能に焦点を当てることで、たくさんの有益な分析がなされてきました。本書の第14章から第18章では、その研究で得られた成果を紹介しています。

　もう1つの流れは、「人間の合理性には限界があるので、それを補うために組織を作って対応している」と考えるものです。人間の合理性には限界があるという考えは、経営学では古くからありますが、それを厳密に分析したのはサイモンです（この貢献もあり、サイモンはノーベル賞を受賞しました）。サイモンは、

> 「人間は何の目的もなく行動しているわけではないが、かといっていつでも目的を達成するために最もよい行動を取っているわけでもない」と論じました。そして、「ある程度は満足できる程度に目的を達成する努力をする」ことが一般であるとして、これを**限定合理性**と名づけました。そして、限定合理性を持つ人々が、よりよく目的を達成できるように作ったのが企業組織であると考えました。
>
> 限定合理性によれば、すべての取引が細かく契約に定められて行われてはいないことになります。契約で定められていないことは、さまざまな制度や慣習によって対応されます。このことは2つのことを意味します。1つは、企業の中の制度や慣習は、効率を確保する上で何らかの機能を果たしていると解釈できることです。限定的であれ合理性がありますから、まったく機能しない制度や慣習は破棄されます。逆に、どのような機能を果たしているかを理解することで、その制度や慣習が今後も存続するかどうかを予測できます。もう1つは、企業が既存の制度や慣習をそれほど簡単には変えないことです。そこで、既存の制度や慣習を理解することで、企業の行動がある程度は説明できることです。これらの観点では、制度や慣習は細かく定められた契約に代わって、取引を推進する仕組みです。その意味で、制度や慣習は不完備契約と考えられます。ですから、不完備契約の考え方は、限定合理性の考え方と密接に関連したものということができます。
>
> 現実の組織には両方の面があります。2つの見方を通して、組織に対する理解はかなり進んだといえます。ただ、限定合理性にはまだよく分からないことがあります。今後の研究（たとえば心理学を応用したもの）で、限定合理性の理解が進むことで、この2つの見方を統一的に扱うことができるようになり、組織に関する理解が一層深まることが期待されるところです。

19-2. 不完備契約と事前の行動

たとえ契約が不完備でも、事後的には、話し合えば効率的な行動が取れます。上の雇用契約の例でも、それぞれの場面では適切な業務をこなすことができます。いつもいつも話し合いがうまくいくとは限りませんが、それでも事後的な取引に関してはある程度は効率的に行われると予想できます。

これに対して、不完備契約の状況で簡単に解決できないことは、事前の行動に対して誘因を与えることです。ある努力に対して契約がされていなければ、その努力は必ずしも報われません。報われないとすると、わざわざそのような努力をしようというやる気は起きません。ですから、何の工夫もしないと誘因

がうまく提供できず、効率が損なわれてしまいます。そこで、現実の企業や組織では、「契約に取引内容を細かく定めること以外の工夫で」事前の行動を適切に取る誘因を作り出そうとします。不完備契約の研究の主要な論点は、どのような工夫がどの程度うまく誘因を作り出せるかです。

　たとえば企業間の取引で、事前に投資（製品開発など）が必要な場合を思い浮かべてください。何の見返りもなければ、そのような投資はしないでしょう。ただ、投資は複雑でなかなか契約に書けないとします。このような状況で、何らかの間接的な方法で、投資の誘因を与えることを考えます。契約で定めないことの代替として、以下では、固定的な取引条件を定めたり、あるいはその状況での決定権を適切に配分することがよい工夫であることを示します。これらは不完備契約と考えられますが、それらを通して事前の行動が取引参加者の利得に与える影響を間接的に変化させます。そして、この間接的な影響が事前の行動の誘因として機能します。

　そのような例として、3つの話題に関して簡単に紹介します。具体的には、第3節で完備でない取引契約について分析します。所有権や企業の管理権は不完備契約として解釈でき、その観点から見るとこれまで明らかになっていなかったことが分かるようになりました。これらを第4節と第5節で順に扱っていきます。

19-3．ホールドアップ問題

　ホールドアップ問題に関しては、第7章でも扱いました。ここでは、この問題を不完備契約の観点からもう一度取り上げます。

　企業S（売り手）と企業B（買い手）が取引を考えています。ここでは例として、企業Sは部品メーカーで、企業Bは組み立てメーカーとします。ここでは両社の交渉力は同じであるとし、交渉の結果はナッシュ交渉解と同じになるとします。

　何の投資もしなければ、部品の生産費用は10億円で、それを組み込んで作った製品は8億円の価値があるとします（他の部品や投入要素は無視できるとします）。部品メーカーは単独では消費者に売る製品は製造できないとします。また、組み立てメーカーも単独では部品は製造できないとします。何の投資もなければ、部品の費用の方が製品の価値より高いので、取引により利益は生ま

表19-1 費用削減投資の時の費用・価値・価格・利潤

	費用	価値	交渉での価格	部品メーカー	組み立てメーカー
投資なし	10	8	−	0	0
投資後交渉	2	8	5	−1	3
固定価格で投資	2	8	7で固定	1	1
固定価格で投資なし	10	8	7で固定	−3	1

れません。

◆費用削減投資

　部品メーカーが4億円の投資することで部品の製造費用を2億円まで引き下げられるとします。投資の費用はいったん投下すると回収できません。なお、投資が起こったかどうかは証明することが難しく、投資を条件とした契約は書けないとします。

　この時は何が起こるでしょうか？　4億円の投資の後には、共同利益はゼロから6億円に増加します。そこで、この投資は2社の総利益の観点から見ればすべきです。しかし、何の工夫もしなければ、投資は起こりません。いったん投資が起こると、その費用は投下費用として考慮されなくなります。これがホールドアップ問題でした。そして、双方の話し合いでは、得られる共同の利益を折半しようということになります（ナッシュ交渉解の性質を思い出してください）。ここでは費用が2億円で製品は8億円の価値がありますから、6億円の共同利益を3億円ずつ分け合って、結局5億円で取引されます。ここでは投下された投資の費用は（取引しなくても返ってこないから）考慮されないことに注意してください。部品メーカーとしては、4億円投資して3億円の儲けでは、1億円の損失になります。投資しなければ利益はゼロでしたので、これでは投資するとかえって損になります。ですから、何の工夫もしなければ、この状況では社会的に望ましい投資が起こらなくなります（表19-1の「投資後交渉」の行参照）。

　この問題には簡単な解決法があります。それは事前に部品を7億円で必ず売買する契約を結ぶことです（表19-1の「固定価格で投資」の行参照）。部品メーカーにとって、この契約の下で投資をすると、取引で5億円の利益が生まれ、投資の費用を差し引いても1億円の得をします。投資をしないと部品メー

カーは費用より安い価格で売ることになり、利益は出ません（表19-1の最下行参照）。そこで、この契約の下では部品メーカーは投資をします。一方、組み立てメーカーは、7億円の納入価格で買えれば、利益をゼロから1億円に増やすことができます。こうして、7億円で部品を売買するという固定価格契約は、投資を引き出すことに成功し両社の利益を増やすことができます。注意したいことは、完備契約なら、投資のあるなしで取引条件を変えることが効率的なことです（投資をすれば7億円の価格で売買し、投資をしなければ売買しないと定めることになります）。しかし、このような完備契約を結ばなくても、単純な固定価格契約という不完備契約で、ここでは問題が解決できます。

◆価値増加投資

今度は、部品メーカーが4億円の投資することで製品の価値を16億円まで引き上げられるとします。上の場合と同様に、投資の費用はいったん投下すると回収できませんし、投資を条件とした契約は書けません。

この時は何が起こるでしょうか？ 4億円の投資で6億円の共同利益を生み出せますから、この投資も2社の共同利益の観点からはすべきです。

何の取り決めもなければ、この場合も上の場合と同じように、投資は起きません。いったん投資が起こると、双方の話し合いでは、得られる共同の利益を折半しようということになります。ここでは費用が10億円で16億円の価値がありますから、共同利益の6億円を3億円ずつ分け合って、結局13億円で取引されます。上と同じく、部品メーカーとしては、4億円投資して3億円の儲けでは、投資するとかえって損になります（表19-2の「投資後交渉」の行参照）。

この問題は費用削減投資の場合ほど簡単に解決できません。たとえば、上で考えたような固定価格の契約はうまくいきません。それを理解するために、15億円で必ず売買するという契約を結んだとしましょう。確かに投資が起これば、この価格で取引することで両社に正の利潤が生まれます。しかし、そうはなりません。部品メーカーにとっては投資を止めて売った方が利益が上がるからです（表19-2の下2つの行を比較してください）。投資をしてもらえなければ組み立てメーカーは大損害です。これを予想すると、組み立てメーカーはこのような契約に応じないでしょう。

では、価格を15億円に固定しておいて、買うか買わないかは組み立てメーカーが選べるとする方法はどうでしょうか。この場合、価格に両社がコミットで

表19-2　費用増加投資の時の費用・価値・価格・利潤

	費用	価値	交渉での価格	部品メーカー	組み立てメーカー
投資なし	10	8	ー	0	0
投資後交渉	10	16	13	－1	3
固定価格で投資	10	16	15で固定	1	1
固定価格で投資なし	10	8	15で固定	5	－7

きれば、この方法はうまくいきます。組み立てメーカーにしてみれば、投資がなければ買いませんし、逆に投資がされれば買った方が得です。ですから、15億円で買ってもらうためには投資が必要で、その場合は部品メーカーに1億円の利益が出ます。投資をしなければ、買ってくれませんから、投資をした方が部品メーカーにとっても得です。ところが、価格にコミットできないと、この方法はうまくいきません。買い手は買わないと脅して再交渉に持ち込むことができるからです。すると、状況は契約がなかった時と同じになり、結局13億円で取引されることになります。部品メーカーはその価格を予想すると投資しません。

◆利己的投資と協力的投資

　費用削減投資では、投資は自分の利得に直接（取引条件を通さず）影響します。このような投資は、**利己的投資**と呼ばれます。利己的投資では、固定価格の不完備契約で問題が解決できます。固定価格であれば、自分の利得の変化はすべて自分のものにできるからです。

　一方、価値増加投資では、相手の利得に直接影響します。このような投資は**協力的投資**と呼ばれます。この場合には、固定価格で必ず取引すると決める解決法は機能しません。固定価格では、投資の効果はすべて相手に帰属してしまうからです。

　ここから分かることは、取引に当たって事前に協力的投資が必要な時は、契約を整備してより完備なものを結ぶようにするかあるいは合併などで投資を直接管理する必要があることです。これに対し、投資が利己的なものであれば、単純な不完備契約で効率的な投資を引き出すことができます。

19-4. 所有権

　所有権は、単にあるものを持っていることを表すだけはありません。たとえば、民法の教科書には「物を使用・収益・処分する諸機能の集合なのではなく、物を全面的・一般的に支配すること」（我妻栄著『民法大意 第2版』岩波書店）と書いてあります。特定の契約か何かで定められていないことは、すべて所有者が決めてよいというのが所有権です。ですから、所有権は不完備契約であることが分かります。明示的な契約で決まったこと以外で残ったことは所有者が決定権を持つという意味で、**残余管理権**と呼ばれることもあります。具体例でこれを説明しましょう。太郎君が土地の所有権を持っているとします。この土地を、友達の花子さんに貸すことにしたとしましょう。そして、（次郎君が車を譲ってくれたお礼として）毎年入ってくる地代を弟の次郎君に譲ることにしました。太郎君は、その土地を使ってはいません（つまり使用権はありません）し、またその土地から得られる利益を受け取ってもいません（収益権もありません）。しかし、太郎君は土地の所有権は持っているので、何かあった時には太郎君の決断が重要になります。たとえば、洪水で土地が荒れてしまった時を考えてください。花子さんとの契約には、洪水のことは書いてなかったとしましょう。この状況でも、太郎君は所有者として、土を入れ替えるなどいろいろな決断に関与できます。

　所有権の配分は行動や利益の分配に影響します。とりわけ、それらが契約に書かれていないような場合には強く影響します。そしてそのことは、事前の投資に間接的に影響します。所有権のあるなしで、事前の投資の成果の分け前が多くなったり少なくなったりするからです。不完備契約としての所有権の意義は、事前の投資に対して誘因として機能することです。

◆合弁企業の管理権

　この節では、所有権の議論を一般的に行う観点から、企業の管理権の観点で議論します（以下では管理権と所有権を同等のものとして考えます）。会社は株主のものと商法は定めています。ただ、一般に株主は複数いますから、株主の間でどのように管理権を配分するかが重要になります。

　企業Cと企業Dが、共同で製品を開発することにしました。そのために、2

社で出資してその製品を作る企業Eを作りました（合弁といわれます）。企業Cと企業Dはそれぞれ製品開発のために事前の投資ができるとします。なお、前の節と同じく、投資を条件とした契約は書けないとします。

合弁企業の設立の際に重要な点は、出資の比率です。現在の日本の商法では、株主総会では、通常の決定は（株数で見て）過半数が賛成すれば可決され、重要な決定は3分の2の賛成で可決されます。言い換えれば、3分の2より多くの出資をした企業は、ほぼ自由にその会社の経営を管理できます。それに対して、ちょうど半分ずつ出資した場合は、両社の合意がなければ会社の経営が実質上できません。簡単化のために、ここでは3つのパターンを考えます。1つ目は、企業Cが3分の2以上を持ち、企業Cが合弁企業の管理権を持つ場合です。2つ目は、両企業が半分ずつ出資して、両社が合意して初めて合弁企業が経営できる場合です（正確には、重要な経営事項に両社が拒否権を持ちます）。そして、3番目は、企業Dが3分の2以上を持ち、企業Dが合弁企業の管理権を持つ場合です。

簡単なモデルで、管理権の配分が事前の投資に影響を与えることを見てみます。企業Cが4億円の投資をすると、それだけで合弁企業の価値は4億円上がるとします。具体的には、合弁企業の管理権を持っている企業は、開発された製品を単独で利用することで、4億円の価値を得ることができるとします。一方、企業Cと企業Dが協力すれば、この投資は追加的に2億円の価値があるとします。これは、開発された製品を両社が共同で販売すると6億円の利益が得られる場合と考えられます。4億の投資で6億円の利益が増えますから、全体としてはこの投資が行われることが効率的です。以下では、管理権の配分の仕方が、投資の行動に影響することを見ていきます。なお、前節と同じく、両社の交渉力は等しく、交渉の結果はナッシュ交渉解で予測できるとします。

◆1企業のみ投資

最初に、企業Dは投資機会がなく、企業Cのみが投資機会を持つ場合を考えます。この場合には、企業Cに管理権があれば企業Cは投資しますが、それ以外の管理権の配分では企業Cは投資しません。

企業Cが管理権を持っている場合を考えます。企業Cは管理権を持っていますから、単独でその投資から4億円の利益を獲得できます。ですから、投資後の利益の分配の交渉で、企業Dに対して、4億円は既得権益として、追加的な

２億円を折半するように要求します。第11章で説明した用語では、開発された製品を単独で利用することが脅し点となっています。こうして、企業Ｃは投資の結果５億円の利益を得ます。４億円の投資で、５億円の利益を得られますから、確かに投資した方がよくなります。

企業Ｄが管理権を持っている場合を考えます。上と同じに考えると、投資後の交渉で、企業Ｄは４億円を脅し点として持ちます。そこで、企業Ｃの取り分は、１億円になります。これでは、投資しても損することになります。

企業Ｃと企業Ｄが共同で管理権を持つ場合を考えます。この場合は、交渉がうまくいかなかった場合には、どちらの企業も単独で製品を利用できません。そこで、脅し点は共にゼロになります。そこで、交渉では共同で得られる全体の利益の６億円を半分に分けた３億円ずつ分けることになります。企業Ｄが管理権を持つのに比べると、企業Ｃの利得は増えますが、やはり４億円を下回り、この場合も投資をしない方が得になります。

◆ 2 企業に投資機会

次に、企業Ｄにも投資機会があり、どちらも投資できる状況を考えます。なお、企業Ｄの投資機会は、利益に対する影響の点からは、企業Ｃのものとよく似た成果をもたらすとします。具体的には、企業Ｄだけが投資した場合は、企業Ｃが１社で投資した場合と同じ効果があるとします。また、両社が投資した場合、その効果は累積的だとします。つまり、単独で企業を管理することで８億円の利益が得られ、協力することで12億円の共同利益が得られるとします。

投資が累積的に影響するということは、それぞれの企業の投資に関しては上の分析がそのまま適用できるということです。そこから簡単に分かることは、どんな管理権の配分をしても、２社が同時に投資をするようにはできないことです。管理権を持っている企業は、投資をする強いやる気を持ちますが、逆に管理権を持っていないと投資をするやる気が下がります。

実際には、企業Ｃと企業Ｄの投資機会の利益に対する影響は異なっていることが一般的です。その場合、もし企業Ｃの投資の方が共同利益をより多く上げるなら企業Ｃに所有権を持たせ、逆に企業Ｄの投資の方が共同利益をより多く上げるなら企業Ｄに所有権を持たせることが、それぞれ効率的になります。事前の投資においてより重要な企業（または人）が所有権を持つべきという教訓が、ここから得られます。

上の例では、1社が投資したことにより、共同することで追加的に得られる利益が2億円とそれほど大きくなかったので、共同で管理権を持つ場合には投資を引き出せませんでした。しかし、それが十分大きくてたとえば6億円だとすると（共同の利益は合計で10億円になり）、共同で管理権を持つことでも投資を引き出せます。共同で管理権を持っていますから、合計の共同利益の10億円を半分ずつ分け合って交渉により企業は5億円ずつを得ます。4億円の投資で5億円を得られますから、投資することになります（このことは両社に当てはまりますから、4億円ずつ投資して、共同利益の20億円を分けることになります）。なお、どちらか一方に管理権を持たせてしまうと、持っていない方は、追加的な共同利益の半分の3億円しか得られません。そこで、管理権を持っていない企業は、投資しないことになります。共同で管理権を持つことは、持っていないことに比べると、投資のやる気を高めることが分かります（ただし、単独で持っている時よりは低くなります）。合弁の場合に、半分ずつ持ち合うことがありますが、それはこのような状況であると判断できます。

◆所有権の論理

　上の分析から、管理権を適切に配分することで、事前の投資をよりよく引き出せることが分かりました。管理権を得た企業は、単独で利用することでも高い利益を確保できるため、投資のやる気が高まります。ここから分かる一般的な原理は、「所有権を持つと、利益の分配交渉での脅し点が自分に有利になるため、事前の投資のやる気が高まる」ことです。所有権が、不完備契約として誘因をうまく誘導できることは、このような論理が働いているからです。

　身近な例では、職人が道具を自分で持つことは、このような理由が背景にあると考えられます。自分で持っていることで、手入れなどの投資をするやる気が生まれます。もし、所有権が雇用者にあればそのようなやる気が低くなってしまいます。トラックやタクシーの運転手などでもこのようなことがあるので、比較的高価なのにもかかわらず、トラックやタクシーを運転手自身が所有する形態がしばしば取られます。

19-5．債権と企業統治

　所有権は、比較的簡単で人類の歴史の中でも最も古くからある不完備契約の

仕組みです。組織の発達と共により複雑な制度が、不完備契約として使われるようになりました。この節では、そのような例として債権と倒産について説明します。

◆債権と倒産の法

　倒産というと、会社がうまくいかなくなって営業を止めることだと思っている人が多いと思います。確かに倒産にはそういう意味もありますが、法律的には、倒産とは「借りたお金を返せなくなって、お金を貸してくれた人に会社のこれからを決めてもらうこと」です。具体的には、2つの可能性があります。1つは会社の営業を止めて、会社の資産をすべてお金を貸している人の間で分けることです（整理といいます）。もう1つは、これまでの株主の出資分を無効にして、お金を貸した人たちの会社として会社の営業を続けることです（会社更生といいます）。いずれにせよ、貸し手が会社の将来を決定します。こう考えると、倒産とは、「お金が返せなくなった時のことを詳細に定めておく代わりに、管理権を貸し手に移すことを定めること」であると解釈できます。条件付所有権といえるかもしれません。お金が返せなくなった場合のことを詳細に定めるのではなく、管理権を渡すことだけを定めるのですから、これは不完備契約の一例といえます。

　会社の管理権についてもう少し詳しく見てみましょう。会社の所有権は通常は株主に属します。株式取得により資金を出した人は、株主総会を通じて会社の経営に影響を与えることができます。また、会社の儲けたお金を配当という形で受け取ります。この意味で、株式というのは、会社の所有権を分割したものという解釈が成り立ちます。それに対して、債権（社債や銀行の貸付）により会社に出資した場合は、直接には会社の経営に影響を与えることはできません。お金を約束したとおりに返してくれる間は、会社に対してほとんど何もできません。また、返してもらう額も、契約で定められていて、会社の業績とは関係ありません。ただ、いったんお金が返せなくなると、株主の持っていた株式はその価値を失い、会社の管理権は債権者に移ります。これが上で条件付といった意味でした。このように、企業の管理権を誰にするのかといったことは、企業統治の主要な論点です。

　なぜ倒産の制度があるのでしょう。ここでは、これを長期プロジェクトの資金調達のモデルを使って説明します。

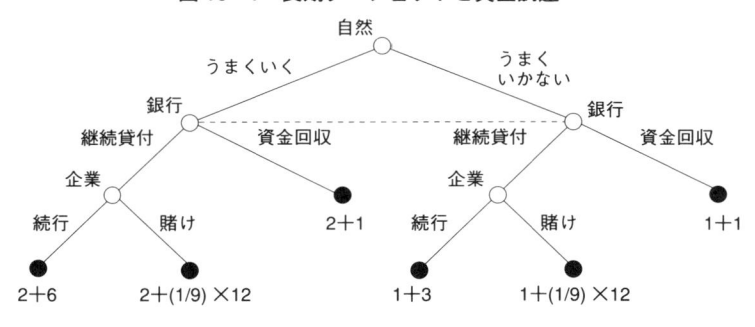

図19-1 長期プロジェクトと資金調達

```
                           自然
                   うまくいく / \ うまくいかない
                    銀行            銀行
           継続貸付 /   \ 資金回収  継続貸付 /   \ 資金回収
              企業       ●            企業       ●
          続行 / \ 賭け  2+1      続行 / \ 賭け  1+1
             ●    ●                 ●    ●
            2+6  2+(1/9)×12        1+3  1+(1/9)×12
```

◆長期プロジェクトと資金調達

　企業が2期間続くプロジェクトを始めるために4億円が必要だとします。このプロジェクトがうまくいく確率は3分の2だとします。うまくいけば、第1期目に2億円儲かり、次の期に6億円儲かります（ここでは、すべて第1期目で価値を測っています）。一方、うまくいかない時には、儲けは半分になるとします。つまり、第1期目に1億円儲かり、第2期目に3億円儲かります。プロジェクトがうまくいくかどうかは、プロジェクトを始める前までは誰にも分からず、プロジェクト開始後は企業の経営者にだけ分かるとします。企業は第1期目の終わりに、それまでのプロジェクトの内容を変更して、一か八かの賭けに出ることもできるとします。この場合は、既存のプロジェクトを中止してそのプロジェクトの資源を流用することで、確率9分の1で12億円の儲けが出るとし、残りの確率で儲けはゼロとなります。既存のプロジェクトを続けているか一か八かの賭けに出たかは、企業の経営者にしか分からず、外部には分からないとします。

　銀行がこの資金を供給するとします。なお、銀行が第1期目の終わりに企業の管理権を得たら、プロジェクトの資源を競売して1億円を回収できるとします。図19-1はこの状況を模式図に表しています。ここではどんな契約が結ばれているか定めていませんから、利益の分配は決まっていません。ですから、利得の代わりに終端ノード（図の黒丸）には、このプロジェクトから得られる共同利潤が第1期目と第2期目の利潤の和（の期待値）の形で書いてあります。なお、この図では、銀行はいつでも管理権を獲得して資金を回収できるように

302 第 2 部 情報の経済学入門

図 19-2 長期貸付による資金供給

```
                            自然
                うまくいく  /    \  うまく
                         /      \  いかない
                    銀行            銀行
            継続貸付  |------------|  継続貸付
                  企業            企業
              続行 / \ 賭け      続行 / \ 賭け
                 ●   ●              ●   ●
              (6,2) (22/9,8/9)   (4,0) (14/9,7/9)
```

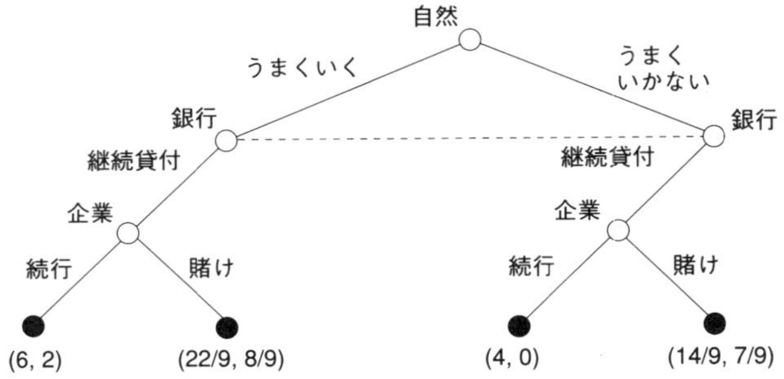

書いてありますが、契約によってはそうはならないことは後で述べます（利子を払えば貸し出しが自動的に継続されることはよくあります）。

◆長期貸付による資金供給

銀行としては、第 1 期目には何も要求せず、第 2 期目の終わりに元金と利子を払ってもらうという契約（長期貸付）もできます。たとえば、4 億円の元金に 2 億円の利子をつけて返すことにしたとしましょう。長期貸付の下では、第 1 期目の終わりで企業が倒産することはありません。

企業の経営者の行動を考えましょう。プロジェクトがうまくいく時は、そのままそのプロジェクトを続けることで、8 億円儲かりますから、手元に 2 億円必ず残ります。この場合は、一か八かの賭けに出ることは得ではありません。一方、プロジェクトがうまくいかないことが分かった時は、経営者は一か八かの賭けに出た方がよくなります。そのままプロジェクトを続けたら 4 億円の儲けです。6 億円返さなくてはなりませんから、この場合は破産して手元に 1 円も残りません。一か八かの賭けに出れば、確率 9 分の 1 で手元に 7 億円残ります（確率 9 分の 8 で破産します）。図 19-2 は、この状況をゲームの木に表しています。ここでは契約が定まっていますから、終端ノードには利得が示してあります。左側が銀行で右側が企業の利得です（銀行が最初に出した 4 億円はこの利得の計算には入っていません）。

銀行の立場に立つと、プロジェクトがうまくいっている時はよいのですが、うまくいかなくなっている時の経営者の行動はきわめて望ましくないもので

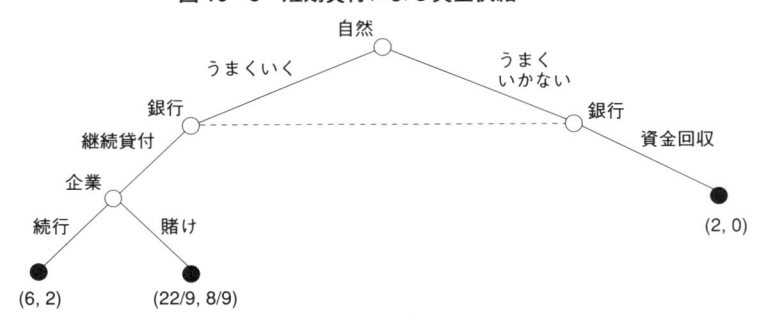

図19-3 短期貸付による資金供給

```
                        自然
              うまくいく  ○  うまく
                       / \  いかない
                  銀行 /   \ 銀行
            継続貸付 ○-----○ 資金回収
              企業 /         \
                 /            ● (2, 0)
            続行/ \賭け
              /   \
         (6, 2)  (22/9, 8/9)
```

す。そのままプロジェクトを続けてくれれば、必ず4億円回収できるのにもかかわらず、経営者は賭けに出ます。賭けに出ると、確率9分の1で6億円返ってきますが、確率9分の8で1億円しか返ってきません（図参照）。平均では、2億円にも満たない額しか返済されません。

　この問題は、経営者と銀行の利害が一致していないために起こっているエージェンシー問題です（第14章で扱いました）。銀行としてはできるだけ多く返済してほしいと考えます。一方、経営者としては返済した後に手元に残るお金が重要です。確実に返済するより、リスクはあってもたくさん手元に残るチャンスに賭けようとします。

　このエージェンシー問題はどう解決したらよいでしょうか？　企業の経営状況はしばしば外部からは分かりません。そこで、モニタリングしてもなかなかうまくいきません。

　経営者に聞いて、プロジェクトがうまくいっていない時には返済額を減らすことで、プロジェクトを続けることを選ばせることはできます。しかし、そうするとうまくいっている時も、うまくいっていないといって返済額を減らすようになります。ですから、単に経営者に尋ねたのでは、この問題は解決できません。

◆短期貸付による資金供給

　ひとつの解決法は、貸付の途中でも返済を要求することです。あるいは、貸付を短期にして、一定の条件を満たした場合にのみ、第2期目にも貸すように

します。具体的には、第1期目の終わりに2億円を返済するようにして、それが返せた時だけ、第2期目もプロジェクトを続けさせるとします。その場合には、第2期目の終わりに4億円を返済することにします。そして、第1期目に2億円が返済できなければ、企業は倒産し、銀行は資産を処分して1億円を回収するとします。図19-3はこの状況をゲームの木に描いたものです。

プロジェクトがうまくいっている時は、第1期目に2億円を返済します。企業にとって、第2期目もプロジェクトを続けた場合は2億円の儲けです。賭けに出ると確率9分の1で8億円手元に残るだけですから、利益の期待値は9分の8億円です。そこで、企業はプロジェクト続行を選びます。銀行としては、この場合は6億円を合計で受け取ることになります。

一方、プロジェクトがうまくいっていない時は、2億円は返せませんから倒産します。銀行はプロジェクトの資産を処分して1億円回収します。第1期目の企業の利益とあわせて、銀行は2億円を確保します。

銀行の儲けは、プロジェクトがうまくいっている時は6億円で、うまくいっていない時は2億円です。うまくいっていない時の回収額が、長期貸付の場合より大きくなっていることを確認してください。

◆長期貸付と短期貸付の比較

上の分析から、短期貸付の方が銀行の利益が高くなることが分かりました。短期貸付では、プロジェクトの途中で倒産が起こり得ることに注意してください。倒産すると資金は1億円しか回収できません。プロジェクトを続行すれば、3億円の利益がそこから発生します。しかし、企業で行われているプロジェクトの内容が外部に観察できない時は、経営者に任せておくと、リスクが高く貸し手に望ましくないプロジェクトを選ぶ恐れがあります。そこで、銀行としては、次善の策として倒産させるのです。

倒産をさせることが意味を持つ状況は、企業の経営者が自分の私的利益を高め会社の利益を損なうようなプロジェクトをするかもしれない時にも起きます。経営者の自己満足のために利益が上がらないプロジェクトをしたり、経営者の趣味で名画を買い集めたりすれば、借金が返せなくなり倒産します。

いずれの場合にも、倒産の可能性は経営者が貸し手の利害に反して行動すること（エージェンシー問題）を抑制する効果があります。不完備契約の観点からは、これが倒産の制度の意義であると理解できます。

19-6. 不完備契約の理論の今後

　人間が情報を処理する能力には限りがあります。そこで、すべてのことを契約に書いておくことはできません。そのような不完備契約の状況でも、現実の経済では、いろいろと工夫して適切な誘因を作り出してきました。この章では、その代表的なものとして、単純な契約や所有権そして倒産の制度がそのような役割を果たしてきたことを説明しました。

　不完備契約の研究は現実の組織や企業を扱っている点で、政策的には重要な意義があります。倒産の法制では、不完備契約の分析の成果が法改正の際に参考にされたりしています。ただ理論的には、不完備契約はまだ完成された分野ではありません。契約のどの部分が完全に記述されず、どの部分は記述されるかはよく分かっていません。また、不完備な状況での代替策は理論的に導き出すというより、現実の制度を参考にしながら分析しています。ですから、ある代替策がその場でもっともふさわしいかについては分析できていません。不完備契約の理論が、人間の合理性の限界を前提にしている以上、その理論が発展するためには、人間の行動の心理学的理解が必要になります。経済学と心理学は長く独立した道を歩んできましたが、今後はお互いに成果を取り入れあって、より現実的な人間の行動の分析をすることが期待されています。

第19章のまとめ

- 細かい条件が完全には書かれていない契約を、不完備契約といいます。
- 不完備契約の状況では、契約に取引内容を細かく定めること以外の工夫で、事前の行動に適切なやる気を出させる誘因を作り出すことが重要です。
- 所有権や管理権の配分は上記の工夫として現実に使われています。

練習問題 19-1

　所有権のモデルを、タクシーの車自体の保有に応用しましょう。ここでは、2期モデルでタクシー会社とタクシーの運転手について分析します。1期目には、タクシー会社に雇われたタクシーの運転手が車を運転します。この際に、運転手はメンテナンスをしつつ運転するかしないかを選びます。メンテナンス

の費用は、心理的なものも含めて30万円に相当するとします。2期目のはじめに、メンテナンスしたかどうかが分かります。メンテナンスした場合は車の価値は100万円だとします。一方、メンテナンスしていなかった時は50万円になるとします。そして、その車を使ってタクシー会社で営業すると追加的に400万円の価値があるとします。車の所有権が、運転手にある方が効率の観点から望ましいことを示しなさい。なお分析に当たってはタクシー会社とタクシーの運転手の交渉力は同じであるとします。なお、タクシーの運転手はすぐには転職できませんが、車の所有権を持っていればそれだけの価値に対応する収入は（別の運転手に車を貸すなどして）得られるとします。

😈略解

ここでは、30万円かかるメンテナンスで50万円分も車の価値が上がりますから、メンテナンスした方が効率的です。

まずタクシー会社が車の所有権を持っている場合を考えましょう。すると、ここでは追加的に得られる利益は400万円で共通ですから、メンテナンスのあるなしにかかわらず運転手の受け取る報酬はその半分の200万円となります。これでは、メンテナンスを行う誘因はありません。

車の運転手が車の所有権を持っている場合、車の価値は脅し点として機能します。そこで、メンテナンスした場合は上で求めた200万円に追加的に100万円余分に報酬が得られます。それに対して、メンテナンスしなかった場合は、同じ理由で追加的に得られる報酬は50万円にとどまります。メンテナンスの費用は30万円ですから、メンテナンスした方が運転手は得になります。ですから、この場合はメンテナンスが行われると予想されます。

所有権を持っていると、その財を効率的に使おうとする誘因が発生します。上では、それを車のメンテナンスについて示しました。実際のタクシー会社では、車の所有権は運転手にある場合と会社にある場合と両方あるようです。後者の場合には、たとえば会社がメカニックを雇ったりして、会社主導でメンテナンスをすることが必要になります。

練習問題 19-2

企業に資金を供給する方法としては、株式によるものもあります。
a）第5節の問題は、元金と利子の返済ではなく、利益の7割を資金供給者に渡すという配当契約ができれば、解消できることを示しなさい。
b）企業経営者が第2期の初めに選べる選択肢は、プロジェクト継続と一か八かの賭けの他に、自分の望みをかなえるプロジェクトに変更することもあるとします。本文中と同じように、どのプロジェクトを選んだかは外部には分

からないとします。なお、自分の望みをかなえるプロジェクトでは、経営者には2億円の私的な価値が発生しますが、銀行には1円も還流されないとします。この状況では、上の配当契約ではエージェンシー問題を解決できないことを示しなさい。

🐙略解

a) 定率で分ける場合には、期待利益が最大になる選択肢が、経営者の利得も最大にします。そこで、より期待利益の高いプロジェクト継続が選ばれることになります。なお、7割の利益配分を受けると、ちょうど本文で分析した短期貸付の時の利益が獲得できます。

b) この場合は、プロジェクトがうまくいかない時に、経営者が自分の望みをかなえるプロジェクトを選択することが起きます。というのは、プロジェクトを継続すれば、3割が自分の受け取る分ですから結局1.2億円を受け取ります。しかし、自分の望みをかなえるプロジェクトに変更すれば、2億円分の利得が得られます。ですから、企業の経営者は、自分の望みをかなえるようなプロジェクトに切り替えることになります。

　このような選択は、銀行にとっては利得を下げるようなものですから、エージェンシー問題が発生しています。この場合の解決法は、本文で述べた短期貸付と倒産の可能性を組み合わせたものです。本文の場合と同じように、その方法で銀行はより多くの利益を上げることができます。

参考文献

　本書を読んで、さらにゲーム理論や情報の経済学について学んでみたいと考える読者の方に、市販されている（日本語の）本を紹介します。

　ゲーム理論を扱う本は大きく3種類に分けられます：A）読み物風でビジネスマンあるいは経営専攻の学生向け、B）数式や例を使った経済学部の学部生向け、C）厳密かつ抽象的な大学院生向け。

　A）最初の読み物風の代表は、米国のビジネススクールで使われている教科書です。翻訳されているものとしてはA・K・ディキシット、B・J・ネイルバフ（著）、菅野隆、嶋津祐一（訳）『戦略的思考とは何か──エール大学式「ゲーム理論」の発想法』（阪急コミュニケーションズ、1991年）や、B・J・ネイルバフ、A・M・ブランデンバーガー（著）、嶋津祐一、東田啓作（訳）『ゲーム理論で勝つ経営──競争と協調のコーペティション戦略』（日経ビジネス人文庫、2003年）、そしてJ・マクミラン（著）、伊藤秀史、林田修（訳）『経営戦略のゲーム理論──交渉・契約・入札の戦略分析』（有斐閣、1995年）があります。

　B）数式を使った学部生向けの教科書としては、武藤滋夫（著）『ゲーム理論入門』（日経文庫、2001年）が簡潔かつ正確です。本書ではほとんど触れられなかった協力ゲームアプローチについても記述がありますので、その話題に興味のある読者は参考にしてください。従来のミクロ経済学の中に全面的にゲーム理論と情報の経済学を取り入れた新しいタイプのミクロ経済学の教科書として、梶井厚志、松井彰彦（著）『ミクロ経済学　戦略的アプローチ』（日本評論社、2000年）があります。

　C）本書でゲーム理論に興味を持ってもっと厳密に勉強したいという人には、岡田章（著）『ゲーム理論　新版』（有斐閣、2011年）かR・ギボンズ（著）福岡正夫、須田伸一（訳）『経済学のためのゲーム理論入門』（創文社、1995年）がお勧めです。なお、最近のゲーム理論の発展には日本人も貢献しています。その点で、今井晴雄、岡田章（編著）『ゲーム理論の新展開』（勁草書房、2002年）はかなり高度な内容ですが、日本人の最先端の研究者による解説が集められていて、ゲーム理論の研究の熱気が感じられます。

ゲーム理論の教科書が2000年ごろから順次発売されてかなりの種類が出回ってきたのに対し、情報の経済学を扱った本はそれほど多くありません。上であげたゲーム理論の本でも散発的に扱われていますが、体系的に扱ったものは（とりわけ入門レベルでは）それほど多くありません。

　少しレベルが高くなりますが、米国のビジネススクールの教科書として定評があるのが、P・ミルグロム、J・ロバーツ（著）、奥野正寛他（訳）『組織の経済学』（NTT出版、1997年）です。この本は大部で、実例の分析と概念の分析が両方収められています。全部読み通すのは時間がかかりますが、参考書代わりに使うと便利です。また、清水克俊、堀内昭義（著）『インセンティブの経済学』（有斐閣、2003年）は、インセンティブの観点から日本の例も含めた経済のいろいろな状況を分析しています。不完備契約に関しては、柳川範之（著）『契約と組織の経済学』（東洋経済新報社、2000年）が詳しく説明しています。

　情報の経済学をきちんと分析したい人には、伊藤秀史（著）『契約の経済理論』（有斐閣、2003年）が最適です。著者はこの分野の世界的な研究者であり、情報の経済学で知っているべき事柄を網羅しています。これと同等な本としては、B・サラニエ（著）、細江守紀、堀宣昭、三浦功（訳）『契約の経済学』（勁草書房、2000年）があります。

索引

あ

アカロフ　216

い

意思決定ノード　81
一括(プーリング)均衡　256
一般的熟練　275
依頼人　184
インセンティブ契約　189

う

ウィリアムソン　100,290
後ろ向き帰納法　90

え

エージェンシー問題　185,303

お

オークション　71
脅し点　146,152,299

か

外部効果　109
外部不経済　49
価格競争　59,104,110
確実性同値額　172
隠れた行動　168
隠れた情報　168
寡占　58,103,107
カルテル　64

き

企業特殊的熟練　275
逆選択　163,215

業績給　282
協調ゲーム　44
協調の失敗　44
協力　116,131
協力ゲームアプローチ　13,150
協力的投資　295

く

クールノー均衡　61
繰り返しゲーム　120

け

ゲームの木　22,82
ゲームの状況　11
限定合理性　291

こ

交互提案交渉　143
交渉解　150
交渉力　141
行動戦略　22
コース　290
個人合理性　191
コミットメント　96,130
コミットする　96
混合戦略　32

さ

最後通牒ゲーム　142
最適反応　29
サイモン　290
サブゲーム　87
　——完全均衡　89
差別化された財　59,104,110
残余管理権　296

し

シェリング　31
時間的不整合（タイム・インコンシステンシ）　97
シグナリング　226, 251
自己選択　230
支配戦略　25, 48
終身雇用制　271
囚人のジレンマ　25, 48
終端ノード　82
シュタッケルベルク均衡　103
純粋戦略　32
状態空間分析　177
情報構造　83
情報集合　84
情報の非対称性　162
職能給　276
職務給　277
所有権　296
信用できない脅し　89, 142

す

数量競争　59, 103
スクリーニング　226, 229
　——としての年功序列制　279
スティグリッツ　221
ストックオプション　200
スペンス　253

せ

ゼルテン　89
ゼロサムゲーム　40
先手必勝　101
戦略　19
　——形（正規形）　21
　——的効果　112
　——的代替　109
　——的補完　110

そ

相互補完性　284

た

タイプ　70, 216
代理人　184
男女の争い　27, 46

ち

チープトーク　252
逐次的に優越される戦略の除去　26
逐次手番　20, 101
直観基準　257

て

展開形　22, 81

と

統計的差別　223
倒産　300
同質財　59
同時手番　20, 59
トーナメント　201, 278
トリガー戦略　121

な

ナッシュ　27, 151
　——・プログラム　151
　——均衡　29
　——均衡の見つけ方　29
　——均衡の精緻化　90
　——交渉解　151, 292

に

2段階ゲーム　108

ね

年功序列制　271
年齢給　276
年齢賃金プロファイル　274

は

ハルサニ　69
反応曲線　60

ひ

非協力ゲームアプローチ　13
非ゼロサムゲーム　40
評判　100, 129

ふ

フォーカルポイント　31
フォーク定理　123
不確実性　171
不完全情報　69
不完備契約　288
不完備情報　69, 132
ふり　134, 149
プレイヤー　19
分離(セパレーティング)均衡　255

へ

ベイジアン＝ナッシュ均衡　70
ベイジアンゲーム　70
ベルトラン均衡　62

ほ

ホールドアップ問題　100, 292
保険　176
　——市場での逆選択　218
　——市場でのスクリーニング　240

ま

マルチタスク　197, 208

み

ミニマックス定理　41, 56

も

モニタリング　189, 204
モラルハザード　163, 186

ゆ

誘因（インセンティブ）　165, 273
誘因整合性　165, 191
優越される　25

よ

要求ゲーム　140

ら

ラチェット効果　244

り

利己的投資　295
リスク　171
　——回避とインセンティブのトレードオフ　193
　——(危険)愛好的　175
　——(危険)回避的　175
　——(危険)中立的　175
　——プレミアム　172
立地ゲーム　53
利得　19
留保　191

る

ルービンシュタイン　143

わ

ワイス　221

神戸伸輔（かんべ　しんすけ）

●略歴
1963年生まれ。東京大学経済学部卒業。
スタンフォード大学経営学博士号取得。
現在、学習院大学経済学部教授。

●専門分野
ゲーム理論、契約及び交渉の経済分析。

入門 ゲーム理論と情報の経済学

2004年10月25日　第1版第1刷発行
2022年12月30日　第1版第18刷発行

著　者　神戸伸輔
発行所　株式会社日本評論社
　　　　〒170-8474　東京都豊島区南大塚3-12-4
　　　　電話　03-3987-8621（販売）　03-3987-8595（編集）
　　　　https://www.nippyo.co.jp/　　振替　00100-3-16
印刷所　精文堂印刷株式会社
製本所　井上製本所
装　幀　國光芳枝

JCOPY　<（社）出版者著作権管理機構　委託出版物>

本書の無断複写は著作権法上での例外を除き禁じられています。複写される場合は、そのつど事前に、（社）出版者著作権管理機構（電話 03-5244-5088、FAX 03-5244-5089、e-mail：info@jcopy.or.jp）の許諾を得てください。また、本書を代行業者等の第三者に依頼してスキャニング等の行為によりデジタル化することは、個人の家庭内の利用であっても、一切認められておりません。

検印省略 © Shinsuke Kambe 2004　落丁・乱丁本はお取替えいたします。
Printed in Japan　　ISBN 978-4-535-55414-6

経済学の学習に最適な充実のラインナップ

入門 経済学［第4版］ 伊藤元重／著　　　　　　　　　　(3色刷) 3300円	**例題で学ぶ 初歩からの経済学** 白砂堤津耶・森脇祥太／著　　　　　　　3080円
経済学を味わう 東大1,2年生に大人気の授業 市村英彦・岡崎哲二・佐藤泰裕・松井彰彦／編　1980円	**例題で学ぶ初歩からの計量経済学**［第2版］ 白砂堤津耶／著　　　　　　　　　　　　3080円
マクロ経済学［第2版］ 伊藤元重／著　　　　　　　　　　(3色刷) 3080円	**例題で学ぶ初歩からの統計学**［第2版］ 白砂堤津耶／著　　　　　　　　　　　　2750円
マクロ経済学パーフェクトマスター［第2版］ 伊藤元重・下井直毅／著　　　　　(2色刷) 2090円	**実証分析入門** 森田 果／著　　　　　　　　　　　　　　3300円
入門マクロ経済学［第6版］(4色刷) 中谷 巌・下井直毅・塚田裕昭／著　　　　3080円	**最新 日本経済入門**［第6版］ 小峰隆夫・村田啓子／著　　　　　　　　2750円
マクロ経済学入門［第3版］ 二神孝一／著［新エコノミクス・シリーズ］(2色刷) 2420円	**入門 公共経済学**［第2版］ 土居丈朗／著　　　　　　　　　　　　　3190円
ミクロ経済学［第3版］ 伊藤元重／著　　　　　　　　　　(4色刷) 3300円	**入門 財政学**［第2版］ 土居丈朗／著　　　　　　　　　　　　　3080円
ミクロ経済学の力 神取道宏／著　　　　　　　　　　(2色刷) 3520円	**経済論文の書き方** 経済セミナー編集部／編　　　　　　　　2200円
ミクロ経済学の技 神取道宏／著　　　　　　　　　　(2色刷) 1870円	**経済学入門**［日評ベーシック・シリーズ］ 奥野正寛／著　　　　　　　　　　　　　2200円
ミクロ経済学入門 清野一治／著［新エコノミクス・シリーズ］(2色刷) 2420円	**ミクロ経済学**［日評ベーシック・シリーズ］ 上田 薫／著　　　　　　　　　　　　　2090円
しっかり基礎からミクロ経済学 LQアプローチ 梶谷真也・鈴木史馬／著　　　　　　　　2750円	**ゲーム理論**［日評ベーシック・シリーズ］ 土橋俊寛／著　　　　　　　　　　　　　2420円
ミクロ経済学 戦略的アプローチ 梶井厚志・松井彰彦／著　　　　　　　　2530円	**財政学**［日評ベーシック・シリーズ］ 小西砂千夫／著　　　　　　　　　　　　2200円
［改訂版］**経済学で出る数学** 尾山大輔・安田洋祐／編著　　　　　　　2310円	**計量経済学**［日評ベーシック・シリーズ］ 岩澤政宗／著　　　　　　　　　　　　　2200円
計量経済学のための数学 田中久稔／著　　　　　　　　　　　　　2860円	**マーケティング**［日評ベーシック・シリーズ］ 西本章宏・勝又壮太郎／著　　　　　　　2200円

※表示価格は税込価格です。

〒170-8474 東京都豊島区南大塚3-12-4　TEL:03-3987-8621　FAX:03-3987-8590　**日本評論社**
ご注文は日本評論社サービスセンターへ　TEL:049-274-1780　FAX:049-274-1788　https://www.nippyo.co.jp/